나
이

공
부

Ageless Soul

나이 듦에 대한 희망의 여정

토마스 무어 지음 | 노상미 옮김

나이
공부

Ageless Soul

나를 친구라 불러준 나의 인도자,
제임스 힐먼에게 바친다.

나이 드는 것이 즐거우려면

미국에 있는 어느 대도시의 아름답고 조용한 구역에서 젊은 건축학도가 긴 겨울을 보내고 새봄을 맞아 일본식 정원을 손질하고 있었다. 그 모습을 길 건너 벤치에 앉아 있는 노승이 지켜보고 있었다. 젊은이는 땅을 뒤덮고 있는 낙엽을 긁어모으고 초목과 관목들을 말끔하게 다듬었다. 그리고 낙엽을 커다란 방수포에 넣고 묶어서 멀찌감치 한쪽으로 치웠다.

젊은이가 승려 쪽을 건너다보았다. 승려가 일본식 정원 설계를 가르치는 유명한 선생임을 알고 있었던 것이다. 승려가 몸을 일으키더니 말했다.

"아주 멋진 정원이야."

"예, 마음에 드십니까?"

학생이 말을 받자 승려가 말했다.

"하나가 빠졌어."

학생은 노승을 정원으로 모셨다. 노승은 곧장 방수포 쪽으로 가서 끈을 잡아당겼다. 낙엽이 정원에 쏟아지며 바람에 흩날렸다. 그러자 노승은 새로이 흐트러진 공간을 바라보며 미소를 짓고 말했다.

"아름다워!"

와비사비Wabi-Sabi는 불완전하고 오래되고 닳고 부서진 것을 아름답게 여기는 일본의 미의식이다. 이는 현대인이 보기에도 이상하지 않은데, 오늘날 사람들도 칠이 벗겨지고 바랜, 파이고 긁힌 가구의 아름다움을 볼 줄 알기 때문이다. 오랜 세월 비바람에 씻긴 낡은 헛간과 충만한 인생을 살아온 사람은 전적으로 다르지 않다. 그러니 와비사비는 인간의 근본적인 두 가지 측면, 즉 세월의 흐름과 나이를 먹지 않는 신비를 논의해보기에 좋은 개념이다.

우리도 파이고 긁힐 수 있으며, 그럼에도 불구하고 우리 역시 아름다울 수 있다. 살다 보면 흡족한 일도 있고 심란한 일도 있다. 그러니 '불완전함에서 오는 아름다움the beauty of imperfection'이라는 단순한 말을 마음에 새겨두는 편이 좋다. 나이 들면 좋은 것도 있고 나쁜 것도 있다. 그러므로 불완전한 삶이 지니는 가치를 볼 줄 알아야 한다.

선사禪師라면 '늙게 마련이다'라고 할지 모르겠다. 우리가 할 일은 늙음이 어떤 모습이건 맞서기보다는 받아들이는 것이다. 무엇이건 싸우게 되면 적이 되고, 그러면 실제보다 더 나빠 보인다. 늙음에 계속 저항하다 보면 오래지 않아 그 싸움에서 지게 될 것이다.

잘 늙는 비결은 젊음의 아름다움과 힘의 상실을 직시하고, 거기서부터 출발해서 갖고 있는 모든 자원을 동원해 창의적이고 긍정적이고 낙관적이 되는 것이다. 나는 낙관이란 말을 쓸 때마다 로마 신화에 나오는 풍요의 여신 옵스Ops와, 그 여신이 인류에게 준 풍요를 떠올린다. 옵스는 바로 노년의 원형인 사투르누스Saturn의 누이이자 아내였다. 풍요 자체인 옵스는 가장 심오한 방식으로 늙음을 풍요롭고 즐거운 것으로 만들어주기 위해 있는 것이다.

심리치료사인 내가 사람들을 가장 잘 도울 수 있는 길은 그들이 처한 현 상황을 인정하도록 장려하는 것이다. 폭력적인 결혼 생활처럼 바로잡아야 할 나쁜 상황을 받아들이라는 말이 아니다. 굴복이나 체념을 말하는 것도 아니다. 그러나 자신의 상황이 어떤 건지도 모른 채 그에 맞선다면 결국은 지게 된다.

예를 들자면, 계속 이혼하고 싶다고 했던 여성을 상담한 적이 있는데, 그녀는 결혼 생활을 견딜 수 없다고 하면서도 해가 바뀌어도 아무런 일도 실행하지 않았다. 가족과 친구들이 남편과 헤어지라고 얼마나 자신을 설득하려고 했는지를 내게 이야기했지만, 그녀는 그들이 그럴수록 꼼짝도 하지 않았다. 그녀가 처한 상황에서 벗어나려면 먼저 그녀가 진실로 그 상황 속에 있어야 할 것 같았다. 그래서 이혼하는 게 좋겠다고 이야기하기보다는 그녀가 처한 현실을 깨닫게 하려고 애썼다. 마침내 그녀는 불평과 회피를 멈추고 간단히 이혼했다. 나중에 그런 결정을 내려서 얼마나 행복한지 모르겠다며 도와줘서 고맙다고 했다. 그러나 내가 한 일이라곤 그녀가 고통스런 결정에 도달하기까지 그 긴 시간 동안 곁에 있어준 것뿐이었다. 그녀의 모든 호흡에 맞춰 함께 숨을 쉬면서.

늙는 것도 비슷하다. 그에 저항하고 부정적인 면에 대해 불평을 늘어놓으면 남은 평생 비참해질 뿐이다. 늙음이란 좋아지는 게 아니니까. 지금 받아들일 수 있다면 다섯 살을 더 먹어도 똑같이 마음이 편할 것이다. 그냥 있는 그대로를 받아들일 수 있다면 좋은 출발점과 기반을 가진 것이다. 그 이후에야 상황을 개선할 수 있는 일을 할 수 있다. 흘러간 전성기를 그리워하며 헤매지 말고 다른 미래를 갈망하지 말자. 낙엽이 우리의 이상 위로 쏟아지게 하고, 그런 다음 풍요로운 인생의 아름다움을 바라보자.

나는 내가 하는 모든 일에서 앞서간 수많은 스승을 좇아 일상적 경험의 표면 아래에 놓인 심오한 이야기와 신화와 영원하고 원형적인 주제를 찾는다. 인간은 그저 원치 않는 귀결이 따르는 시간의 지배를 받는 존재가 아니다. 우리는 또한 영원하고 변치 않는 자기self - 나로서는 차라리 영혼이라고 부르고 싶은 - 가 세월 속에서 모습을 드러내는 신비하고 경이로운 과정을 걸어가는, 나이를 먹지 않는 존재이기도 하다. 이것이 우리가 나이를 먹는다는 주된 표시이다. 우리는 그저 시간만 쓰는 존재가 아니라 본래의 자기, 자신의 원래의 존재 방식을 서서히 발견하는 존재이다.

나이를 먹는 것은 하나의 활동이다. 그것은 그냥 일어나는 일이 아니라 우리가 하는 어떤 일이다. 능동형 동사의 의미로 나이를 먹으면 상황을 주도하게 된다. 진정으로 나이를 먹는다면 더 나은 사람이 된다. 수동적으로 나이만 먹는 경우에는 더 나빠진다. 부질없이 시간과의 싸움을 계속하기에 아마도 불행해질 것이다.

우리는 시간을 공장의 컨베이어 벨트같이 필연적으로 단조롭게 움직이는 선처럼 보는 경향이 있다. 그러나 인생이란 그렇게 기계적인 것이 아니다. 언젠가 랄프 왈도 에머슨Ralph Waldo Emerson은 나이 듦을 바라보는 관점을 바꿀 수 있는 간단한 글을 썼다.

> 영혼의 발달은 직선상의 운동처럼 단계적으로 이뤄지는 것이 아니라 알에서 구더기가 나오고 구더기에서 파리가 나오는 변태 과정처럼 상태의 상승으로 이뤄진다.[1]

상태의 상승. 나는 이 상승을 안정기, 입문, 통과라는 일련의 과정으로 본다. 인생은 직선이 아니라 한 단계에서 다음 단계로 움직이는 일련의 단계들이며, 각 단계는 몇 년씩 지속될 수도 있다. 새로운 단계로의 상승은 흔히 병에 걸리거나 어떤 관계가 끝나거나 직장을 잃거나 사는 곳이 바뀌는 것과 같은 비일상적인 사건에서 촉발된다.

에머슨은 애벌레 상태에서 나오는 나비에 대해서, 영혼과 나비를 모두 프시케psyche라고 불렀던 고대 그리스인들의 주제에 대해서 말하는 것일 수도 있다. 우리는 작고 볼품없이 시작하며, 나이가 들면서 나비의 날개와 아름다움을 갖게 된다는 이야기를.

에머슨은 '상태의 상승'이라는 말로 우리가 일련의 단계 내지는 상태를 거친다는 이야기를 하는 것 같다. 세월의 흐름 속에서 나의 성장을 살펴볼 때 나는 특별한 사건들에 초점을 맞추게 된다. 그러니까 집을 떠나 기숙신학교로 간 것, 수도원 생활의 실험을 끝낸 것, 대학에서 해고된 것, 결혼하고 이혼한 것, 딸이 태어난 것, 그리고 책을 써서 성공을 거두고 수술을 받은 것. 이런 사건들이 그 단계들을 특징짓는다. 하지만 각각의 단계는 긴 시간이며 그동안 내가 성장하며 나이를 먹은 것이다. 나의 영혼은 명확히 서로 다른 여러 시기를 거치면서 생성되었다.

나이를 먹는 일이 어떻게 이뤄지는지에 대해 한마디 더 하자면, 우리가 한 단계에서 다른 단계로 나아갈 때 그 이전 단계들을 완전히 떠나는 것은 아니다. 그 단계들은 사라지지 않는다. 언제든 이용될 수 있다. 그래서 때로 삶이 복잡해지기도 하지만, 또한 더욱 풍요로워지고 자원이 늘어난다. 우리는 어릴 때, 젊을 때, 그리고 중년에 했던 경험을 이용할 수 있다. 우리의 젊음은 이용 가능하고 접근 가능하다. 심지어 우리의 인격조차도, 혹은 좀 더 심오하게 우리의 영혼조차도 많은 나이와 많은 성숙도로 이뤄진다. 인간은 다층적 존재이다. 우리는 동시에 여러 나이를 산다. 이 모든 층을 가로지르며 그에 상응하는 법칙은, 우리 안에는 시간의 솔이 닿지 않는 무언가가 존재한다는 것이다.

나이 든다는 것의 의미

나는 나이가 든다는 말을 세월이 흐르면서 점점 더 사람이 되고 점점 더 자신이 된다는 의미로 사용한다. 나는 치즈와 와인을 떠올린다. 어떤 것은 그냥 시간이 지나면 좋아진다. 그런 것들은 준비가 될 때까지 한쪽에 가만히 두면 된다. 그럼 시간과 더불어 보이지 않는 내부의 연금술이 작용해 맛과 향을 부여하면서 좋아진다.

인간도 비슷한 방식으로 나이가 든다. 만일 삶이 우리를 빚게 놔둔다면 세월이 흐르면서 우리는 더 풍부해지고 더 흥미로운 사람이 될 것이다. 이는 치즈와 와인처럼 나이가 드는 것이다. 그런 의미에서 본다면 인생의 목적은 바로 나이가 드는 것이고 자기 자신이 되는 것이다. 그러니까 본질적으로, 타고난 본성을 펼치고 드러내는 것이다. 나이를 먹지 않는 우리의 자기self, 즉 우리의 영혼이, 계획을 세우고 열심히 일하며 성공하기 위해 애쓰는 좀 더 불안하고 적극적인 자기를 비집고 나오게 하는 것이다.

이런 식으로 생각하면 깊은 의미에서 나이 드는 일은 살면서 언제든 일어날 수 있다. 서른다섯 살에도 어떤 경험을 하고 새로운 것을 배우고 매우 흥미로운 사람을 만나 한 단계 더 성장할 수 있다. 그런 경우가 내가 말하는 의미에서 나이가 드는 것이다. 우리의 영혼이 나이가 드는 것이다. 살아 있음에 한 걸음 더 다가가고 세상에 참여하고 세상과 연결되는 것이다. 어린아이도 나이가 든다. 어린데도 꽤 나이 든 아이들이 있다. 그런가 하면 노인이라도 나이 드는 과정에서 그다지 나아가지 못한 이들이 있다.

나이를 먹지 않고 늙어가는 것

나이로는 노인이지만 세상과의 상호작용은 여전히 미성숙한 사람들이 있다. 그런 사람들은 계속 자신에게 초점을 맞춘다. 공감도 사회도 알지 못한다. 다른 사람에게 가슴을 열 줄도 모른다. 어릴 적에 사로잡힌 분노나 힘든 감정을 계속 붙들고 있을 수도 있다. 그런 사람들은 경험을 해도 성장하지 않는다. 해는 바뀌지만 나이는 들지 않는다.

작가로서 나는 이따금 나이를 먹는 힘든 과정에 굳이 신경 쓰고 싶어 하지 않는 사람들을 만난다. 책을 출간한 적도 있는 야심 찬 어느 작가가 자신의 작품을 봐달라고 했다. 그런데 읽어보니 생각이나 기교가 무르익지 않은 듯했다. 최근에 있었던 일인데, 그래서 나는 그 여성에게 문체에 대한 책을 읽으면 좋겠다고, 또 문법책도 읽으면 좋을 것 같다고 했다. 그녀는 모욕을 당했다고 여긴 듯했다. 그녀는 내게 말하길, 워크숍에 참가 중인데 거기서는 기본적인 것은 이야기하지 않고 책을 출판하는 흥미로운 방법에 역점을 둘 거라고 했다는 것이다.

그 워크숍 웹사이트에 들어가보았더니 아닌 게 아니라 정말로 '지루한 기본은 다루지 않고 작가로서 멋진 경력을 쌓을 수 있는 기법에 역점을 둔다'라고 광고하고 있었다. 나이를 먹는 것과 역행하는 광고라는 느낌이 들었다. 무슨 일을 하건 기량을 연마해야 한다. 그것을 그냥 건너뛰고 곧장 영광과 성공이라는 환상 속으로 뛰어들 수는 없는 일이다. 에머슨의 말을 빌리자면, 힘든 입문 과정 없이 한 상태에서 다른 상태로 나아갈 수는 없다. 숙제는 해야 하는 법이다.

이 마지막 말은 나이 든 사람의 관점에서 나오는 이야기라는 것을 알고 있다. 또 젊고 모험적인 작가는 곧장 영광으로 날아오르고 싶어 한다는 것도 나 자신의 경험을 통해서 잘 알고 있다. 그저 나의 경험을 너무 내세워 젊은 사람을 지루하게 만들지 않기만을 바랄 뿐이다. 젊음의 열정에 상처를 내지 않고 통찰을 건네줄 수 있다면 더

할 나위 없이 좋겠지만.

영향을 받는 기술

나이를 잘 먹으려면 경험을 하는 것으로는 충분치 않다. 경험의 영향을 받고 변해야 한다. 감화를 받지 않고 인생을 산다면 무슨 일이 일어나고 있는지 계속 의식도 못하고 생각도 하지 않게 될 것이다. 이는 보호를 받고 있거나 무감각한 상태이거나, 아니면 단순히 자신에게 무슨 일이 일어나고 있는지 이해할 수 있을 만큼 똑똑하지가 못한 것이다. 어떤 사람들은 진짜 사람이 되는 짐을 지기보다는 텅 빈 머리로 걱정 근심 없이 사는 것을 좋아하는 것 같다.

인생에 '예'라고 말하며 세상에 참여할 수 있는 이들은 어릴 때부터 늙을 때까지 모든 단계에서 성장한다. 여섯 달밖에 안 되었어도 인간성을 이끌어내는 일이 일어날 수 있다. 아흔아홉 살에도 진지한 삶에 뛰어들 수 있다. 그러니까 언제든 나이를 먹을 수 있다. 성장하기에 너무 나이 들었다고 생각할 수도 있지만 나이를 먹는 일에 시간제한은 없다. 그러나 나이를 먹지 않는다면 그것은 문제다. 그럼 인생의 어느 한 시기에 붙박이게 된다. 나는 통찰력이 탁월한 그리스 철학자 헤라클레이토스의 말을 자주 떠올린다. '판타 레이Panta rhei', 모든 것은 변하고 생성한다는 말을.

어느 날 상담실로 불쑥 들어와 더 이상은 못 참겠다고 말했던 60대 후반의 여성을 난 잊지 못할 것 같다. 그녀는 종교적으로 엄격한 가정에서 자랐고 자신에 대해서 좋은 느낌을 가져본 적이 없었다. 착해지려고 아무리 애를 써도 죄인 같았다. 또한 자신이 남편에게 심하게 군다는 사실도 알고 있었다. 남편이 조금만 재미를 봐도 불평을 해대며. 술과 춤, 스포츠, 그리고 그냥 즐거운 시간을 보내는 것에도 그녀는 전적으로 반대했다. 그녀는 그날 이렇게 말했다.

"하지만 이제 끝났어요. 난 다시 빛을 봤어요. 색깔이 다르더군요. 더 이상 숨지 않겠어요. 남편의 양심 노릇도 그만두겠어요. 나는 내 인생을 살고 남편은 남편의 인생을 살게 해줄 거예요."

나는 그 여성이 그날부터 긍정적으로 나이를 먹기 시작했다고 생각한다. 그녀는 어떤 사람들이 사춘기 후반에 내리는 결정을 그때 내렸던 것이다. 그러니까 가족의 협소한 관점의 지배를 받지 않겠다는 결정을. 어릴 적에 받았던 냉혹한 가르침에 휘둘리지 않기로 하면서 그녀는 어른이 되었다. 그녀가 말했다.

"난 평생 다섯 살이었어요. 이제는 어른이 될 때예요."

가족 신화에서 벗어나는 것은 나이를 먹는 과정에서 가장 중요한 일에 속한다. 아직도 그 일을 해내지 못하고 그 결과에 시달리는 성인이 많다. 어느 모로 보나 성인이지만 정서적으로는 여섯 살이나 열두 살, 혹은 스물세 살일 수도 있다.

60대 혹은 70대에도 드디어 불안하고 압도적이며 짐스러운 부모의 영향력에서 벗어나기로 마음먹을 수 있다. 오랫동안 성장의 가능성에 무감각했지만 일단 무슨 일이 있었는지를 알게 되면 그 오래된 패턴을 맹렬히 떨쳐버린다. 자신이 된다는 것이 어떤 것인지 맛보게 되고 다시 태어난 기분을 느끼게 된다.

나이 드는 즐거움

나이 들어 안 좋은 점에 대해서는 현실적이 되어야 하지만 나이 드는 즐거움도 인정하자. 나이 드는 것이 서럽거나 무섭거나, 심지어 혐오스럽다면 상상력을 손봐야 할 것이다. 절망만 보이던 곳에서 의미를 찾을 수도 있다. 낙엽에 대한 그 선적禪的 비유를 좀 더 깊이 생각해보면서 그 의미를 이해할 수도 있다. 그러니까 나쁜 시절이 좋은 시절을 아름답게 만들 수 있음을. 나이가 들면 우리는 진짜 사람이, 독자적인 판단과 고유한 인생관과 가치관을 지닌 사람이 된다.

긍정적으로 보이건 부정적으로 보이건 변화를 가져올 수 있는 경험에 마음을 열 때 영혼은 피어나기 시작한다. 영혼은 우리 안에서 거듭거듭 태어난다. 영혼이란 우리의 신비롭고 깊은 실체를, 의학과 심리학이 우리를 분석하고 설명한 뒤에도 남아 있는 것을 지칭한다. 그것은 소위 말하는 자아ego보다 훨씬 더 심오한 자기의식sense of self으로, 우리는 그것이 있기에 다른 사람들과 연결될 수 있다. 영혼은 강한 정체성과 개성을 제공하지만 동시에 인류의 일부라는 자각도 포함한다. 우리는 신비하게도 인간이라는 것이 어떤 것인지에 대한 경험을 공유하는데, 이러한 경험은 너무나 강렬하다. 그래서 많은 전통적인 설명에 따르면 우리는 하나의 영혼을 공유한다.

그런데 어떤 사람들은 그처럼 확장된 자기의식이 없어서 다른 사람들과 긍정적인 관계를 맺지 못한다. 그런 이들은 사람이라기보다는 기계와 비슷하다. 우리네 전문가들이 경험을 거의 항상 기계적으로 설명하는 요즘에는 사람들이 자신을 기계적인 시각으로 바라보는 경향이 있다. 그래서 그런 사람들이 진정한 경험을 하게 되면, 심지어 경험에 대한 뿌리 깊은 해석이라도 갖게 되면 새롭게 인생에 들어서는 느낌을 갖게 된다.

나는 여러 독자들로부터 영혼에 대해 배우고 나서야 자신에게 영혼이 있다는 것을 알게 되었다는 편지를 받았다. 그들에게는 자신이 직관적으로 느끼는 것에 대한 용어가 필요했던 것이다. 수 세기 동안 사람들이 영혼을 이야기하며 문화를 인간화했다는 사실을 그들은 알아야 했던 것이다. 이 영혼을 발견하게 되면 우리의 인생이 달라지고 우리 자신을 이해하는 방식도 크게 달라진다.

영혼은 기술적이거나 과학적인 용어가 아니다. 그것은 살아 있고 숨을 쉰다는 생각에 뿌리를 둔 아주 오래된 말이다. 사람이 죽으면 돌연 뭔가가, 생명과 성격의 근원이 사라지는데 그 사라지는 요소를 영혼이라 불렀다. 그것은 성격, 자아, 의식, 그리고 우리가 알 수 있는 것보다 더 깊이 있는 것이다. 그것은 너무나 거대하고 너무나 심오해서 이해하려면 영적이고 심리학적인 사고방식이 필요하다.

영혼을 키우지 않으면 우리는 나이가 들지 않는다. 그렇게 되면 우리 자신이 사회라는 기계의 하나의 톱니바퀴처럼 느껴질 수 있다. 활동적이라고 해도 그 활동은 자신을 둘러싼 세상에 대한 깊은 인식과 연결되지 못한다. 진정으로 나이가 들면 참여하게 되며, 참여자로 사는 그 깊은 맛을 보게 되면 인생의 목적과 의미를, 즉 영혼의 선물을 발견하게 된다. 그러면 나이가 드는 것은 즐거운 경험이다. 진화하는 삶에서 자기self의 싹이 돋고 꽃이 피는 것을 느끼기에 배움과 경험에 열려 있기를 원하기 때문이다.

차례

제2부 나이 들며 깊어지기

제3부 나이 듦을 다르게 상상하기

맺는말

늘 있는 그대로의 나 자신으로 ——— 369

누군가에게 자신의 나이를 말하는 법 | 중심점 | 나 자신으로 행동하자 |
분열 콤플렉스를 치료함으로써 잘 나이 들기

제1부

우리 모두가 걸어가는 길

'모든 사람이 명석한데 나만 흐리멍덩하구나!'라고 했던 노자의 말은 말년에 이른 지금의 내 심정을 잘 표현하고 있다. 노자는 가치와 무가치를 보고 경험했으며, 또한 삶의 끝에서는 그 자신의 존재로, 알 수 없는 그 영원한 의미로 되돌아가기를 바랐던 빼어난 통찰력을 지닌 사람의 본보기이다.

_칼 구스타프 융[1]

나이 듦의 첫맛

사춘기에는 사회적·심리학적 관점에서 나이를 의식해서 실제 나이보다 훨씬 더 나이 든 느낌이라고 말하는 사람이 많다. 이런 반응은 성인기의 초·중반까지 계속되지만 그 이후로는 나이에 대한 주관적인 느낌이 역전되어 실제 나이보다 더 젊은 느낌이라고 사람들은 말한다.[2]

처음으로 나이 들고 있다는 생각이 들면 마음이 심란할 수 있다. 여태 나이 생각은 별로 하지 않고 잘 지냈는데, 운동 후에 뻣뻣하고 쑤시는 낯선 느낌이 들면 신경이 쓰이게 된다. 쭈그려 앉았다가 일어서는 게 예전 같지 않고, 있는 주름에 새로운 주름까지 눈에 띈다. 사람들이 대하는 게 다르고, 도와주겠다고 나서고, 건강을 묻고 정말 멋지다면서 '그 연세에 좋아 보이시네요!'와 같은 말을 한다.

10년 단위로 느낌이 다르다. 서른이 되었을 때는 내가 젊다는 것을 몰랐다. 나이 생각은 하지 않았다. 마흔이 되었을 때는 처음으로 동요를 느꼈고 내가 몇몇 친구보다 나이가 많다는 것을 의식하게 되었다. 나이 들고 있다는 희미한 냄새를 맡은 것이다. 쉰이 되었을 때는 내가 늙어가고 있다는 사실을 더 이상 부정할 수 없었다. 우리 집 주소로 고령자 대상 우편물이 오기 시작했던 것이다. 하지만 나는 건강해서 신체적인 징후는 별로 없었다. 예순 살 생일 때는 마음이 편치 않았다. 아일랜드에 있었는데 나와 생일이 같은 이웃이 마흔 살 생일 파티를 열었던 것이다. 그와 비교하니 내가 늙은 기분이 들어 20년 후에 태어났더라면 좋았을 거라는 생각을 하게 되었다. 나이에서 느끼는 편안함은 미묘하고 뒤집어지기 쉽다.

나이 드는 것에 대해 생각할 때면 내 친구 제임스 힐먼James Hillman이 떠오른다. 그는 내가 만난 가장 탁월한 인물 중 한 명이었다. 작가로 시작했다가 정신분석학자가 되었는데, 그의 작업은 대체로 분석심리학의 개척자인 칼 구스타프 융Carl Gustav Jung에 근거했다. 그는 오랫동안 취리히의 융 연구소 소장이었다.

하지만 제임스는 융의 말이라면 다 떠받드는 사회에서 자신의 길을 갔으며 적절하다고 생각되면 융의 사상이라도 수정했다. 그는 독창적인 사상가로 늘 낡고 친숙한 관념을 전복시켰으며 삶의 모든 측면에 영혼을 불어넣는 일에 열정적이었다. 그는 자신이 행하는 치료를 그저 개인의 깊은 곳에서 일어나는 일들과 관련된 것으로 정의하고 싶어 하지 않았다. 말년에는 특히 세계의 영혼에 관심을 기울였으며 교통과 정치, 도시계획과 인종차별, 건축과 젠더 같은 문제에 대해 유려하고 설득력 있는 글을 썼다.

제임스는 예순 살이 되자 인생의 대전환을 기념하는 큰 파티를 열었다. 그는 내게 의식적으로 노년에 들고 싶지 세월이 지나가게 내버려두고 싶지 않다고 말했다. 코네티컷 시골에 있는 자신의 집에서 연기 자욱한 바비큐 파티를 열고 옥외에 작은 원형 무대를 설치해서 장기 자랑 대회를 열었다. 그의 친구 여럿이 참가했고 그 자신은 활기차게 탭댄스를 추었다.

하지만 그 파티 이후에도 그는 별로 바뀐 게 없었다. 여전히 활력이 넘치고 적극적이고 생산적이었다. 나는 그가 너무 일찍 그런 야단법석을 피웠다고 여겼지만 그에게 예순 살은 중요한 표지였다. 어쩌면 그 파티는 노년이 다가오지 못하게 하려는 무의식적인 방책이었을 것이다.

나는 60대 중반에 나이 드는 문제를 심각하게 생각할 수밖에 없는 일을 겪었다. 북 투어book tour 중에 샌프란시스코에서 가파른 언덕길을 오르내리는데 등에서 이상한 통증이 왔다. 시애틀로 넘어갔는데 평평한 거리에서도 그 통증을 다시 느꼈고 이번에는 현기증까지 났다. 나는 머리가 빙빙 돌아 대형차와 보행자들이 오가는 거리 모퉁이에 서서 전신주를 붙잡은 채 몇 분간 서 있었다. 이전에 두 차례 투어를 할 때 걸린 적이 있는 폐렴일지 모른다고 생각하면서. 집으로 돌아왔을 때 주치의는 심장 문제 같다면서 스트레스 테스트 일정을 잡았다.

대동맥 중 하나에 심각한 폐색이 발견되었다. 구멍을 뚫는 작은 도구로 그것을 제거하고 스텐트 두 개를 삽입하는 시술을 받았다. 고통스럽지는 않았지만 정서적 회복이 힘들었다. 퇴원해서 집에 오자마자 편안한 리클라이너 의자에 등을 기대고 누웠는데 사투르누스가 내 가슴에 걸터앉아 있는 것만 같았다. 나는 가벼운 우울증을 앓았다. 아내는 내가 다른 사람이 되었다고, 부드러워지고 더 편안해졌다고 한다. 나는 나이가 들었음을 확실히 느꼈다.

10년이 지난 지금도 그 회복기가 실제 내 나이를 느끼게 된 전환점이었다는 생각이 든다. 내리막길로 접어든 것이었다. 하지만 우울증은 오래가지 않았다. 게다가 치료 후 상태가 너무 좋아서 약간 다시 젊어진 것 같기도 했다. 그 이후로 일과 가정 모두에서 활동적이고 생산적인 삶을 살고 있다.

운동을 좀 더 해보려고 골프를 시작했는데 편하고 재미있었다. 많은 이들이 바보 같다느니 상류층의 전유물이라느니 하는 이 운동 덕분에 난 편안해지고 인생의 낙이 늘었다. 밝고 즐거운 환경에서 새로운 친구들도 사귀게 되었다. 소박한 컨트리클럽에서 골프를 치면서 온갖 배경의 다양한 사람들을 만나 깊고 감동적인 이야기도 많이 나눴다. 나는 골프를 칠 때면 명상 상태에 드는데, 때로는 마음속에 이야기를 담고서 코스를 빠져나온다. 그런 이야기들 중에 열여덟 편을 모아 책을 출간했는데, 각각의 이야기가 인간 본성의 미묘한 측면을 보여준다.

앞으로 보겠지만, 늙음과 젊음을 동시에 느끼는 것은 잘 나이 들고 있다는 표시이다. 수술을 받은 후 나는 더 늙은 것도 같고 더 젊어진 것도 같은 느낌이었고 각각의 이점을 모두 누렸다. 어느 정도 새로 얻게 된 마음의 평화는 부적절하게 젊음을 유지하려고 하는 대신 노년이라는 새로운 흐름에 들어간 데서 나왔다. 야심 찬 영웅의 흔적들은 다 사라진 것 같았다.

일흔여섯 살인 지금, 50대 초반이나 심지어 40대 여성이 늙어가는 것에 대해 불평을 하면 쳐다보게 된다. 내가 다시 쉰다섯이라면 좋겠다. 내 딸아이의 나이가 네 살이었던. 그때는 딸아이가 내 나이를 물으면 '5센트짜리 두 개', 아니면 '5학년 5반'이라고 말하곤 했다. 상태가 좋아 육체적으로 무슨 일이든 할 수 있었다. 심장이나 다른 데가 결딴나면 어떡하나 같은 걱정은 하지 않았다. 그러나 늙어간다는 자각은 단계적으로 온다는 것을 알고 있다. 언뜻언뜻 보이던 징후들이 쌓이면서 젊음이 사라진다. 심리학 전문용어로 그것을 '주관적 나이 듦'이라고 한다. 나는 그것을 영혼의 나이 듦이라고 생각한다.

덧없는 젊음

젊음은 덧없다고들 한다. 그 말은 보통 젊음은 훌쩍 지나가며 알아채기도 전에 사라진다는 것을 의미한다. 신화를, 인생의 영원하고도 본질적인 것을 들여다보는 통찰로 가득 찬 이야기들을 보면 젊은이들은 흔히 연약하며 오래 살지 못한다. 단지 세월이 빨리 지나가서가 아니다. 젊음에는 덧없고 취약한 뭔가가 있는 것이다. 흔히들 말하는 '영원한 젊음'이라는 말이 의미하는 바는, 젊을 때에는 젊음이 영원할 거라고 느낄 수도 있다는 것이다. 그래서 나이 드는 조짐이 보이면 충격이 크다. 영원한 젊음이라는 반짝이는 유리구에 금이 생긴 것이다.

그리스 신화에서는 흔히 젊은이가 급작스럽게 죽는다. 그래서 갑자기 요절한 젊은이의 이야기를 들으면 그런 신화가 떠오른다. 이카로스의 이야기가 유명한데, 그는 다이달로스가 만든 날개를 달고 하늘 높이 날아오르다 뜨거운 태양에 날개가 녹아 곧장 바다로 추락한다. 매일 아침 태양을 뜨게 해주는 아버지의 마차를 모는 야망을 가졌던 파에톤이라는 젊은이는 그 마차를 몰다 불에 타 떨어져 죽는다. 우리는 '스타'가 된 뒤 요절한 영화배우들을 우상화하며 짧은 생을 살다 간 주변의 젊은이들을 애도한다.

나이를 먹지 않는 영혼이 주는 교훈은 때로 씁쓸하다. 딸아이가 얼마 전 친구를 잃었다. 같은 시크교도로 앞날이 창창한 재능 있는 청년이었는데 한 시간짜리 가벼운 산행을 갔다가 산에서 추락사했다. 사고가 난 지 2년이 지났지만 그 사회는 여전히 충격에 휩싸여 있다. 전도유망한 젊은이가 목숨을 잃으면 그가 속한 공동체는 세상사에 대해 심오하면서도 고통스런 의문을 품게 된다.

우리는 나이를 먹지 않는 영혼, 온전한 성숙이 허용되지 않아 노년에 대해서 아무 말도 할 수 없는 인생의 의미를 이해할 수 있는 우리의 길을 찾아야 한다. 그 영혼의 삶이 노년을 포함해 일반적인 수명을 누리지 않아도 완벽하고 충만할 수 있다고 생각해야 하는 것이다. 온전한 인간이 된다는 의미에서 나이가 드는 것은 그냥 늙는 것과는 다르다.

젊은이들에 대한 신화에서 여러 교훈을 배울 수 있다. 하나는 너무 높지 않은 적당하고 온건한 야망을 가지라는 것이다. 너무 높으면 고통스런 추락이 따를 수 있다. 이는 심리학적으로 젊음과 늙음이 가능한 한 오랫동안 결합되어 있어야 함을 의미할 수도 있다. 그러면 우리 안의 성숙한 부분은 가치 있는 미성숙한 부분을 너무 높이 오르지 않게 말리고, 기백이 넘치는 젊음은 늙었다고 포기하지 말고 모험에 나서라고 우리를 내몰 것이다.

20대 초반 내가 음악을 공부하는 학생이었던 시절, 이카로스와 같았던 도널드 마틴 제니Donald Martin Jenni라는 교수가 있었다. 음악 신동이었던 그는 언어에도 탁월한 재능을 보였는데, 내가 만났을 당시에는 세계문학 학위를 따려고 공부하고 있었다. 그는 할당된 모든 텍스트를 원어로 읽었는데 러시아어로 된 『전쟁과 평화』를 읽고 있었던 모습이 기억난다. 대학을 방문한 베트남 연사의 통역관으로 막판에 나섰다는 이야기도 있다. 그는 또한 정상적인 인간의 한계를 넘어선 귀를 가진 음악 천재이기도 했다. 가끔 내가 음악을 업으로 삼지 않은 이유가ー나는 작곡을 전공했다ー그런 천재를 스승으로 두어 낙심했기 때문이 아니었을까 싶다. 나는 결코 그와 동등해질 수 없다는 것을 알았던 것이다.

도널드는 신화에 나오는 높이 솟아오른 소년들 같았다. 그 재주와 재능은 놀라웠다. 하지만 대체로 그는 너무 높은 곳에 이른 티를 내지 않았다. 적어도 나한테는. 그 모든 능력을 갖췄으면서도 열심히 훈련하고 공부해서 천재성과 노력이 균형을 이루었다. 그는 사람들과 다소 거리를 두는 스타일이었고, 그래서 오만하다고 여기는 사람들도 있었지만 내가 알기로는 매우 차분하고 겸손한 사람이었다. 나는 6년 동안 그의 친구였지만 그를 쫓아갈 수는 없었다. 나는 한갓 인간이고 그는 올림포스 산에서 태어난 존재였다.

전해 들은 소식에 따르면 말년에도 도널드는 평탄한 이력을 유지했다. 그 재능으로 사람들을 계속 놀라게 했지만. 학생들에게는 교수로서 사랑을 받았고 교육과 예술에도 상당한 기여를 했다. 나는 그를 태어날 때부터 젊음의 기백이 충만했지만 그 창조적 정신을 성숙한 인간적 자질로 물들인 탁월한 본보기로 든다. 우리도 그렇게 할 수 있다.

성숙의 이름으로 모험 정신을 포기하지 않고 자신의 비전을 진지하게 생각하면서 그것을 계속 살리고 실현하기 위해 열심히 필요한 노력을 함으로써 그렇게 할 수 있다. 도널드의 솟구치는 상상력은 그가 열심히 노력하고 연구하며 도전적인 콘서트를 준비하는 데 영감을 주었다.

천재가 아니라도 강한 젊음을 누릴 수 있다. 가능한 한 일찍 그에 상응하는 진지함과 열의로 젊음을 풍요롭게 만들고 세상에 기꺼이 참여하고 사람들에게 다가가면서 때로는 일상적이고 재미없는 일도 열심히 하는 것이다. 나이 들고 있다는 느낌을 처음 맛보게 되면 걱정을 할 수야 있겠지만 환영할 수도 있다. 거기서 얻을 게 많다는 것을, 그것이 젊음에 탐닉하느라 소홀히 했던 인생의 또 다른 절반을 갖게 되는 하나의 방법일 수 있다는 사실을 이해하는 것이다.

노년의 첫맛을 보게 되면 당연시했던 젊음이 덧없다는 사실을 처음으로 몸과 영혼으로 깨달을 수 있다. 한창 젊을 때는 알지 못했지만 이제는 잊지 못하게 될 것이다. 그 첫맛은 돌이킬 수 없는 전환점이다. 이제는 아마 그 어느 때보다 젊음의 소중함을 알게 될 테지만 포기하지 말자. 젊음을 영원히 간직할 수 있으니.

이웃이 연 포트럭 디너파티에서 이 주제를 깊이 생각하며 식사를 하기 위해 줄을 서 있는데 내 앞의 남자가 자신을 소개했다. 관자놀이가 희끗희끗하다는 것과 그 아내가 더 젊다는 게 눈에 띄었다. 내가 나이 듦을 주제로 책을 쓰고 있다고 하자 그는 바로 눈살을 찌푸리며 말했다.

"저는 마흔다섯인데 최근에야 제가 나이 들고 있다는 사실을 깨닫게 되었습니다. 그래서 나이 들어 좋은 상태를 유지하려면 지금 당장 몇 가지 일을 해야 한다고 마음먹었죠. 제대로 먹고 운동하고 젊을 때 젊음을 누리기로요."

이 불안정한 남자가 나이 드는 것과 관련해 자신의 문제를 설명하는 동안 식탁 앞의 줄이 멈췄다. 나이와 너무 격렬하게 싸우고 있는 게 아니냐는 말을 건넬 적절한 자리가 아니었다. 분명 그는 젊음이 사라지는 것을 느끼고 심란해하면서 초조하게 최선을 다해 싸우고 있었다.

우리는 자주 계속 젊음을 유지시켜줄 거라며 사회가 권장하는 일을 하면서 나이 드는 것을 막아보려고 한다. 그러나 나이 드는 것을 환영하면서 동시에 젊음에 감사하는 편이 더 나을 것이다. 디너 파티에서 만난 그 친구는 똑똑하게 굴면서 나이 드는 과정을 막아보려 애쓰고 있었다. 그는 젊음이 좋다고 했지만 나이 드는 것을 저지하고 싶어 했다. 나는 그가 나이 드는 것에 대해 좋은 말을 해주기를 기다렸다. 그는 젊음에도 안 좋은 면이 있다는 것을 잊어버린 걸까?

같은 파티에서 오랜 친구 게리Gary를 만나 한참 이야기를 나눴다. 그와 난 인생을 바라보는 시각이 매우 비슷해서 자주 의견을 교환하며 인간의 조건을 조롱한다. 게리는 우리가 지구나 지구에 사는 대다수 사람들을 돌보지 않기 때문에 우리의 노동 시스템과 화폐 시스템이 붕괴될 경우 우리 사회가 무엇을 할 것인가에 관심을 갖고 있다. 나는 이렇게 말했다.

"그래, 나는 개인적인 문제로서 나이 듦에 대한 책을 쓰고 있지만 사회도 마찬가지야. 우리는 우리의 노년을 준비하고 있지 않고 내가 말하는 의미에서 제대로 나이 들고 있지도 않아. 우리는 제대로 성장하고 있지도 않고 우리의 문제를 지적으로 다루고 있지도 않아. 그저 미래가 저절로 잘될 거라고만 생각하지."

"부정하는 거지."

게리가 말했다.

"현실 회피지."

"비극이야."

게리는 집에 가야겠다고 말하더니 외투에 손을 뻗으면서 읽어 보면 좋을 거라며 쇠퇴하는 시스템 문제를 다룬 책 몇 권의 제목을 알려주었다. 나는 개인적 차원의 나이 듦의 문제에 계속 집중하기로 했다. 그쪽으로 나아가는 어떤 움직임이 사회에도 도움이 될 거라고 희망하면서.

나이 듦의 시기

늙음은 서서히, 그리고 단계적으로 우리의 발목을 잡는다. 첫맛이란 일련의 안정기를 지나 새로운 상태로 들어가는 한 과정의 시작이다. 먼저 흰 머리카락 몇 가닥이 눈에 띄거나 예전처럼 빨리 걷거나 달릴 수가 없다는 것을 알게 된다. 조금 걱정은 되지만 늙음이 완전히 덮친 것은 아니리라. 다른 조짐을 찾기 시작한다. 대화를 하다가 나이 드는 것과 관련된 얘기가 나오면 민감해져서 귀를 쫑긋 세운다. 어쩌면 처음으로 친구의 나이가 궁금해지고 배우자와의 나이

차를 세어보게 될지도 모른다. 이런 생각들이 들고 이런 생각들을 떨쳐버릴 수 없을 때 나이 드는 게 문제가 된 것임을 알 수 있다.

우리 모두 직관적으로 알고 있고, 또 많은 연구가 보여주듯 언제부터 노년인지는 시대에 따라, 문화에 따라 다르다. 요즘에는 지금의 60대는 과거의 50대라고들 하고 노년의 진정한 시작은 74세부터라고 여기는 사람이 많은데, 어떤 이들은 그때를 정말 노년이라고 한다. 그러나 지금까지 내가 한 말에서도 알 수 있듯 나이를 정하는 것은 이보다 훨씬 복잡하다. 노년에 다가갈 때 사람마다 나이 드는 것에 대해 특유한 주관적 느낌이 있다. 더 나아가 각자의 인생 시기에 따라, 그리고 환경에 따라 더 젊게도 느끼고 더 늙게도 느끼게 된다.

이 책을 쓰는 동안 나는 정신과 의사 그룹과의 토론을 이끌었는데, 토론이 진행되는 동안 사회자가 나를 정신분석학계의 어른 중 한 분이라고 언급했다. 분명 내게 경의를 표하려는 의도였겠지만 나는 어른이라는 말을 예상치 못했고 누군가가 나를 그렇게 부른 것은 그때가 처음이라서 충격을 받았다. 그때 정말 노년의 첫맛을 보았다. 나는 불안하게 들려 안 하느니만 못한 유머로 응수했다.

나는 내가 나이 드는 문제를 꽤 잘 다뤄왔다고 생각했다. 그런데 여지없이 분명한 단어 하나가 촉발시킨 그 불편했던 순간은 내가 더 노력해야 한다는 사실을 보여주었다. 그 노력에 끝이 있기나 할까. 항상 또 다른 단계의 나이 듦으로 들어가는 새로운 경험을 하지 않을까? 나의 친구 조엘 엘키스Joel Elkes 박사-그에 대해서는 뒤에서 좀 더 말할 텐데-는 어서 빨리 100살이 되어서 나이에 신경 쓰지 않고 살면 좋겠다고 했다. 나의 아버지는 100세 생신 때 정말 그 파티를 즐기는 것처럼 보였지만 파티가 끝나자 행복하게 바로 일상으로 돌아갔다. 나이가 드는 것은 현실이다. 그에 경의를 표하고 반추하고 싶을 수야 있겠지만 사로잡힐 필요는 없다.

나이 드는 단계

나이 드는 단계를 정하는 데는 수많은 방식이 있겠지만, 나는 내 목적상 다음의 다섯 단계가 기본적이라고 생각한다.

1. 불멸의 느낌
2. 나이 듦의 첫맛
3. 성인으로 자리 잡음
4. 노년으로 이동
5. 세상만사 순리대로

태어나서 25년가량은 나이 생각을 별로 하지 않으며 끝을 상상하지도 않는다. 그러다 문자 그대로의 젊음이 지나가버리면 그 첫맛은 일종의 충격이다. 그다음 단계는 몇 년이 걸리는 점진적 과정으로 인생의 틀을 잡고 어엿한 한 인간이 되는 시기이다. 네 번째 단계는 이제 더 이상 젊지 않다는 사실을 정말 많은 방식으로 서서히 깨달으며 많은 변화에 적응해야 하는 시기이다. 마지막 단계에 이르면 노년을 맞춤 외투처럼 걸칠 수 있다. 그때에는 자신이 어른임을 인정하게 된다. 이 마지막 단계는 어찌 보면 불가사의하다. 나이를 잊고 육체적 문제들을 있는 그대로 무덤덤하게 처리하면서 판단이나 다른 제약에서 벗어나게 된다. 인생과 나이 먹는 일에 대해 보다 신비적으로 접근하게 되고 다른 사람들의 생각에는 별로 신경 쓰지 않게 된다.

최근에 40대 중반인 내 동료가 자신이 나이 들고 있다는 것을 어떻게 알아차리게 되었는지 이야기해주었다. 인쇄물을 읽으려면 팔을 쭉 펴서 읽어야 한다는 것이었다. 그는 마치 작은 비극이라도 일어난 것처럼 그 이야기를 했다. 사실 그것은 첫맛의 경험, 젊음에서 빠져나와 더 큰 시간 감각과 인생의 호弧에 대한 자각 속으로 들어가는 충격적인 경험이었던 것이다. 인생의 이 중대한 변화, 나이들고 있다는 이 자각은 처방전을 조정하거나 독서용 안경을 구입하는 일에 불과할 수도 있다. 그러나 아무리 사소해 보여도 깊이 들여다보면 이런 순간들은 진정한 통과의례이다.

고대 그리스인들에게 헤르메스는 주로 놀라움을 선사해서 우리의 성장을 돕는 인생의 동반자이다. 신화학적으로 볼 때 나이를 먹고 있다는 사실을 의식할 때마다 느끼는 충격은 헤르메스가 준 선물이며 운명으로 향하는 발걸음일 수 있다. 우리는 그런 충격의 느낌 덕분에 의식하고 통제하면서 나이를 먹을 수 있다.

그냥 세월 따라 흘러가지 않고 그 영향을 느끼려면 작은 충격이라도 필요하다. 충격은 작은 각성이며, 그런 충격이 없다면 반성도 건설적인 반응도 없이 무감각하게 세월이 흘러가도록 내버려둘 것이다.

보기에는 대수롭지 않아도 정말로 나이가 크게 느껴지는 전환점을 맞게 되면 나이 먹는 서글픈 현실에 푹 빠져버리고 싶어진다. 하지만 바로 이때가 자신이 가진 젊음에 감사할 가장 좋은 때일 수 있다. 그 첫맛은 영혼을 따끔하게 찔러 인생이 흘러가고 있음을, 어떤 일이 일어나고 있음을 자각하도록 만든다. 결정적인 순간에, 나이 들고 있다는 이른 자각에 도달한 것이다. 이제 인생을 더 길고 더 큰 호로 보게 되고 중대한 변화가 시작되고 있다고 상상하게 된다.

그 전에는 속 편하게 젊음이 영원할 거라고 가정했기에 그 첫맛이 충격일 수 있다. 앞에서 보았듯 그것은 젊음의 원형에 속한다. 우리는 젊음이 영원히 지속될 거라고 상상하는 것이다. 노년이 다가오고 있음을 느끼면 뭔가 다르다는 것을 감지하게 된다. 그것은 지향상의 심각한 변화 과정에 불꽃을 댕긴다. 그 불꽃이 전기 충격처럼 느껴지고 마음이 심란해질 수도 있다. 그러나 우리의 모든 것을 거기다 쏟을 필요는 없다. 진지하게 주의를 기울인 뒤 계속 젊음을 누리면 된다. 젊음을 최대한 오래, 가능하다면 끝까지 늘리는 것이다.

최근 칠십 남짓 잘 써온 젖니를 임플란트 치아로 바꾸려고 치과 의자에 앉아 있었다. 치과 의사가 자신이 본 것 중에서 가장 오래된 치아라고 했는데, 그 말이 반갑지 않았다. 특히나 훨씬 젊은 사람한테서 들으니. 그는 예약 시간보다 조금 늦었는데 내 턱에 드릴을 갖다 대기 전에 자신의 뺨에 붙인 반창고를 가리키며 기운이 꺾인 듯 말했다.

"오늘 아침 여기서 암을 제거했습니다. 마흔여섯인데요. 이러기에는 너무 젊죠. 이제는 햇빛을 피하고 자외선 차단제를 발라야 한답니다."

나는 속으로 말했다.

'나이 드는 첫맛이지. 입문하는 거야. 심각한 변화지. 익숙해지려면 좀 걸릴 걸.'

40대가 되면 자동적으로 나이 드는 첫맛을 보게 된다는 식으로 말하고 있지만, 어느 날 갑자기 우리 이모가 엉엉 울었던 어릴 적 기억이 난다. 가족들이 달래보려 했지만 울음을 멈추기까지 한참 걸렸다. 나이 들고 있다는 생각이 이모를 엄습했던 것이다. 당시 이모는 열여섯 살이었다.

딸아이가 태어날 때 나는 아내와 함께 분만실에 있었다. 딸이 태어난 지 몇 분밖에 안 되었을 때 딸아이를 안아보는데 아이가 벌써 나이 들고 있으며 도전과 질병에, 그리고 물론 죽음에도 직면하게 될 거라는 생각이 들었던 게 기억난다. 일부러 그런 생각을 해보려 했던 게 아니었다. 그냥 그런 생각이 들었다. 아버지가 딸의 인생의 호弧 전체를 처음 엿본 것이다.

막 태어난 딸이 어쩔 수 없이 나이가 들 거라고 생각하는 순간, 내게는 딸아이가 태어난 지 몇 분밖에 안 된 그 순간의 아름다움과 기쁨이 너무나 소중하게 여겨졌다. 나는 그때의 생각과 감정을 마음 한쪽에 간직해두었고 25년이 지난 지금도 그 기쁨에 기댈 수 있다.

지금 딸과 내가 좋아하는 일 중 하나는, 당시에는 아름다웠던 우리의 지나치게 큰 욕실의 커다란 욕조에서 목욕하는 어린 딸아이를 찍은 홈 비디오를 보는 것이다. 딸아이는 다리를 포개고 진주처럼 하얀 욕조의 가장자리에 누워 있고 나는 창밖의 전망을 바라보고 있다. 딸아이는 내게 가장 좋아하는 동물이 뭐냐고 묻고 네 살짜리 여자아이의 앙증맞은 말투로 말한다.

나는 그 어린 소녀를 너무나 사랑하기에 욕조에서 평범한 하루를 즐기는 우리를 보는 것이 한없이 즐겁다. 그 비디오를 보고 있으면 에덴과 같은 과거의 한순간을 방문할 수 있다. 나는 지금도 그때만큼 딸을 사랑하지만 마음속에 이런 순간들 – 딸이 태어난 순간과 딸아이가 목욕을 하던 때 – 을 간직하고 있기에 아버지의 영원한 사랑을 상기하고 또 되찾을 수 있다. 욕실에서의 그 순간이 영혼이 깃든 순간이 아니라면 나는 그런 것을 본 적이 없는 것이다.

또한 딸이 태어났을 때 내가 했던 생각은 인생을 시작부터 완전한 것으로 본 것이었다. 오늘날에는 모든 것을 선형적으로, 수평적으로 보는 경향이 있다. 우리는 인간을 왼쪽에서 오른쪽으로 0에서 100까지 숫자가 표시된 도표 위에 놓고 생각한다. 그러나 내 생각 속에서 나의 딸은 0에 놓이지 않았다. 그 소중한 탄생의 순간에 딸아이는 동시에 모든 나이였다.

오늘날에는 선형적으로 사고하기 때문에 아이들은 마치 아무것도 아닌 0처럼 취급하고 노인들은 셀 수 없는, 따라서 역시 무가치한 것처럼 취급하려 든다. 좀 더 미묘한 관점에서 보자면 우리는 애초부터 나이가 든 것인데, 나이 드는 것을 두려워한다. 우리는 그저 우리의 나이를 발견하고 있거나, 아니면 그 나이를 실행하고 있는 것이다. 이런 식으로 생각하면 나이가 드는 것은 자기 자신의 실현이지 쇠퇴가 아니다.

그래도 나이 드는 첫맛은 쓰라리다. 젊음을 알아볼 수 있는 한 나이 드는 문제는 진지하게 생각할 필요가 없다. 그러나 나이 들고 있다는 느낌이 들면 젊음이 사라지기 시작한다는 뜻이다. 우리 대부분이 들어가고 싶지 않은 시기에 접어드는 것이다. 전 세계 사람들은 청소년이 어른이 되는 이 특별한 시기의 중요성을 인식하고 그 이행을 돕기 위해 강력한 의식을 고안했다.

우리도 운전면허를 따고 첫 선거를 하고 고등학교를 졸업하는 것 같은 우리 나름의 의식이 있다. 이런 경험들은 한 발을 크게 내딛었다는, 모퉁이를 돌았다는, 그리고 미지의 영역으로 들어선다는 확실한 느낌을 준다.

우리는 그런 의식들을 평생에 걸쳐 이용할 수 있다. 성숙과 노년으로 들어가는 과정은 여러 단계에서 이뤄지며 그 이행은 다양한 경험으로 나타날 수 있기 때문이다. 질병, 새로운 직장, 새로운 관계, 가까운 친척이나 친구의 죽음, 그리고 사회적으로 중요한 사건을 통해서 우리는 인생의 새로운 단계로 접어들 수 있다. 그런 경험에는 각기 어느 정도 고통이 따를 수 있다는 사실에 주목하자.

이 아픔은 늙는 데는 꼭 필요하지 않아도 성장하는 데는 중요하다. 이런 아픔을 겪으며 자신의 한계를 깨닫지 못한다면 성품이 한쪽으로 치우칠 것이다. 오로지 젊음과만 동일시하면서 그 지혜, 무게와 더불어 노인의 원형이 주는 이점은 갖지 못할 것이다. 정서적으로 너무 젊은 사람들을 보았을 것이다. 그런 사람들은 성장하지 않으며 성숙해지지 않는다. 그들은 인생을 진지하게 받아들이지 않는다. 세상에서 사는 법을, 진지한 직업을 유지하는 법을, 사람들과 우아하게 교류하는 법을 그들은 알지 못한다.

인생의 모든 발전에는 아픔이 따른다. 그 아픔이 우리를 깨우며 유의하라고 촉구한다. 그 아픔을 피하거나 별것 아닌 것처럼 말하거나 거기에 무뎌지면 나이가 들지 않는다. 그것은 비극이다.

두 배관공 이야기

내가 바로 앞 문단을 쓰고 있을 때 배관공 두 사람이 우리 집 무덕트 방식의 난방 시스템을 수리하러 왔다. 나이가 들긴 했지만 아주 늙지는 않은 남자는 자기소개를 하더니 축전기를 살펴보자고 했다. 젊은 쪽은 한마디도 하지 않았다. 인사말도 대화도. 그러면서 자신과 아무 상관없는 방들을 들여다보았다. 그는 여전히 아무 말도 하지 않으면서 그냥 남의 사생활을 엿보고만 있었다. 나이 든 쪽이 침실을 살펴봐도 되느냐고 묻는 사이 젊은 남자가 말없이 욕실로 들어갔다. 나는 아내가 옷을 입고 있는 중이 아니기를 바랐다. 이른 아침이었으니까. 그는 둘러보더니 여전히 말이 없었다. 놀랄 일도 아니었다. 그가 욕실에 있을 이유가 전혀 없었으니까.

그 두 배관공이 떠나자 업체 소유자에게 전화를 걸어 그 젊은 사람은 다시는 우리 집에 오지 않았으면 한다고 말하고 싶은 심정이었다. 그는 그냥 미숙한 사람이었을지 몰라도 위협적인 느낌이었다. 그의 문제는 무엇이었을까? 어쩌면 아픔을 겪으며 나이 들어본 적이 없었을 거라는 생각이 들었다. 그는 사회적 예의, 책임감, 그리고 경계에 대한 감각도 없이 자신의 영원한 젊음에 빠져 있었다. 나이 든 쪽이 그 젊은이에게 어른들의 세상에서 행동하는 법을 가르칠 거라고 생각하고 싶었지만, 더 어른스럽긴 해도 그 사람 역시 어른이 될 능력은 없어 보였다. 그는 아직 그 젊은이를 이끌 수가 없었다. 나는 아직 어른의 세계에 입문하지 못한, 세대가 다른 두 명의 영원한 젊은이가 우리 집을 방문했다는 사실을 깨달았다.

어쩌면 우리 세계는 전반적으로 연장된 젊음을 다루지 못한 실패가 만연하여 그에 시달리고 있는지도 모른다. 우리는 노년을 두려워하고 품위 있게 노년에 들어서지 못해서 천박한 방식으로 젊음을 유지하고 있는 것 같다. 우리는 나이를 먹어야 한다. 정말로 끈질긴 젊음에서 젊음과 늙음이 공존하는 복잡하고 풍부한 성격으로 자연스럽게 옮아가야 한다. 나이를 먹으면 관계를 맺고 자극을 받으며 기여할 수 있는 성숙한 인간으로서 이 세상에서 확고하게 설 수 있다.

나이를 먹는 것은 그저 지구에서 산 햇수를 더하는 게 아니다. 그것은 인간화의 과정, 그러니까 영적으로나 문화적으로 더욱 복잡해지는 과정이다. 나이를 먹게 되면 진지하게 인생에 임하며 가치 있는 삶을 살 수 있게 된다. 또한 그것은 세월 속에서 젊음의 희망과 야망이 가치 있는 경험과 뒤섞이는 것이다. 한 인간의 타고난 재능과 잠재력이 실제적이고 미묘한 뭔가가 되는 과정이다. 융은 그것을 '개성화'라고 했고, 키츠Keats는 '영혼 만들기soul-making'라고 불렀다. 나는 그것을 인격의 원료의 창조적 처리로 생각한다.

앞서 말했듯 나이 듦의 첫맛은 그것을 상기시키는 몇 개의 잔주름이나 흰 머리카락 같은 경미한 것에서 시작해 점차 질병이나 운동 상실에 대한 걱정으로 커진다. 걱정이란 게 그렇듯 그것은 급속도로 확대되어 오래지 않아 인생이 끝났다고 느끼게 된다. 어떤 이들에게 나이가 든다는 것은 불안장애이고 그들의 감정을 지배하기도 한다. 우리는 그 불안을 잠재울 방법을 찾아내야 한다. 가급적이면 나이가 들고 있음을 처음 맛볼 때, 그것이 진정한 장애로 터지기 전에.

우리는 이 불안을 장차 어찌 될지는 생각하지 않고 그저 하루하루 주어진 것에 충실하면서 개인적으로 다룰 수 있다. 아프지도 않고 다른 문제도 없다면 우리는 주어진 하루를 즐길 수 있다. 어떤 사람들은 쇠약해질 미래에 자신을 투사해 닥칠 문제들을 상상하며 불안 속에서 산다. 서문에서 말했듯 나이 듦을 다루는 첫 번째 규칙은 있는 그대로를 받아들이는 것이다. 설령 상황이 안 좋더라도. 때로 우리는 마조히즘 - 고통을 즐기는 인간의 이상한 성향 - 에 빠져 즐거움보다 걱정을 더 좋아한다.

여기서 작용하는 또 다른 원칙은 젊음과 늙음은 항상 함께 존재하며 서로 영향을 미쳐야 한다는 단순한 생각이다. 그래야 고립된 젊음의 지나친 무지와 순진함 혹은 평범한 노년의 절망이나 심통에 빠지지 않는다.

첫맛은 가시지 않는다

나이를 먹고 있다는 느낌은 가시지 않는다. 노인이 되었어도 어느 날 아침 눈을 뜨고 갑자기 더 이상 젊지 않다는 사실을 깨달을 수 있다. 육십에는 오십이 되길 바라고 칠십에는 육십이었으면 한다. 그렇다. 나이 들고 있다는 이 느낌을 전에도 여러 번 느꼈는데 계속 느끼는 것이다. 그것은 시간을 벗어난 원형적인 것, 인생이 무엇인지를 끝없이 상기시켜준다.

　나이가 든다는 느낌은 생각보다 심오하다. 그것은 언젠가 죽는다는 사실, 바로 인생 법칙의 발견이다. 이 법칙을 이해해야 한다. 그러지 않으면 우리가 자주 쓰는 말로 부정에 빠지게 된다. 젊은 만큼 나이가 든다는 매우 중요한 사실을 깨닫지 못하게 된다.

　이것은 인생의 법칙이다. 태어나고 살고 나이 드는 것이다. 생을 누리면서 늙지 않을 수 있다는 생각은 환상이다. 그 환상에서 벗어난다면 나이 드는 것을 즐길 수도 있다. 특히 삶에서 뭔가를 배웠고 나이만 먹고 있는 것이 아니라 점점 나아지고 있다는 표지를 보게 된다면.

　나이 드는 것의 흥미로운 점 중 하나는 성sexuality과 관련되어 있다는 것이다. 다른 사람들은 어떤지 모르겠지만 일흔여섯 살인 나는 아름다운 젊은 여성을 보면 그 매력을 객관적으로 감상할 수는 있어도 관심은 생기지 않는다. 예전에는 안 그랬는데. 그런데 나이 든 여성, 60~70대 여성은 더 매력적으로 보인다. 왜 그럴까. 나이 들면 같은 나이 또래의 여성과 함께 있고 싶은 건가? 나는 그렇다. 나는 60대인 내 아내가 말할 수 없이 매력적이다. 젊은 여대생들을 보게 되어도 난 하던 일만 하게 된다.

　나이 든 여성이 매력적으로 보이기는 하지만 머리색이 짙고 배가 평평한 남성을 보면 상당히 부럽다. 이제 내 사진을 보면 머리카락과 수염이 하얗게 뒤덮여 있어서 충격을 받는다. 프랑켄슈타인의 신부The Bride of Frankenstein의 남성 버전 같다. 한동안은 머리를 진갈색으로 염색해볼까도 생각해보았지만 이제는 진짜 너무 늦었다.

어리석게만 보일 것이다. 그래서 네온화이트에 만족하려고 노력 중이다. 내 나이가 되면 잠깐씩 무모해지기도 한다는 것을 알겠는지.

나이가 드는 것은 너무 심란한 일이라 무모한 환상에 굴복할 수 있다. 갑자기 심리적 콤플렉스가 덮치기라도 한 듯. 이런 식으로 나이 드는 것은 때로 질투를 느낄 때와 비슷하다. 생각은 사라지고 감정이 들어선다. 일을 처리하고 감정을 추스를 능력을 상실하는 것이다.

나는 그리스 신화에 나오는 그라이아이Graeae로 알려진 세 자매에게 늘 강한 흥미를 느꼈다. 신화에 따르면 그들은 너무 늙어서 자신들이 젊었던 때를 기억도 못한다. 이 세 자매는 하나의 눈과 하나의 이를 서로 나눠 쓰는데, 고르곤(고대 그리스 신화에 나오는 괴물. 머리카락이 뱀으로 되어 있는 세 자매로, 이 괴물을 보는 사람은 누구나 돌로 변했다고 한다 - 옮긴이)과 대적하려는 영웅 페르세우스가 고르곤이 있는 곳을 알아내기 위해 그 눈을 훔친다. 융은 그들을 어두운, 부정적인 어머니의 이미지로 묘사한다.

여기에 노년을 바라보는 또 다른 방법이 있다. 거기에는 제한적이라고 해도 그 나름의 효과적인 비전과, 그리고 역시 한정적이라고 해도 자양분을 얻는 그 나름의 수단이 있다. 페르세우스처럼 우리도 때로 이 행성에서의 삶의 끔찍한 면을 다루기 위해 노인의 관점이 필요할 수도 있다. 단지 우리가 보거나 듣는 끔찍한 일들을 견디며 살아가기 위해서 실제로 나이 든 것보다 더 늙은 듯 느껴야 할 때가 있다.

그러나 나이 드는 것은 아름다운 일이기도 하다. 우리는 절정을 향해, 그 모든 것을 완수하는 황홀한 단계를 향해 나아가고 있는 것이다. 걱정할 게 전혀 없다. 육신은 허물어지는 것이고 떠나자면 초대장이 필요하다. 이 육체적인 존재를 포기해야 한다. 그렇지 않고서야 어떻게 자기실현으로 충만해질 수 있겠는가?

나는 죽음이 무엇인지, 죽으면 어떻게 되는지 모른다. 누구도 알지 못한다. 그러나 내가 끊임없이 더 흥미롭고 더 의미 있는 삶을 살았다는 것은 안다. 나는 자라면서 삶을, 특히 내 안에 있는 삶을 사랑하게 되었다. 자연이 날 여기로 데려왔으니 말년에도, 그리고 그 이후에도 나를 보살펴줄 거라고 믿는다.

나는 내가 늙고 있음을 상기시켜주는 것들이 있어서 좋다. 늙지 않는다면 걱정될 것이다. 도가에서 말하듯, 이것은 흘러 제 갈 길을 찾는 강물과 같다. 우리는 그저 흐르는 물결에 실려 가면 된다. 내 안에서 흐르는 인생의 강물을 막을 제방을 쌓을 필요가 없다. 제대로 나이 들려고 너무 애쓰지 않았다면 나이 드는 과정을 즐겼을지 모른다.

딸이 어렸을 때 나는 아버지로서 인생은 나이 듦과 죽음을 피할 수 없다는 사실을 아이가 몰랐으면 싶었다. 그렇지만 종교를 공부하는 사람으로서 부처가 자신의 보호 껍질을 벗어나 고통과 죽음을 보게 되었을 때에야 부처가 되었다는 사실을 잘 알고 있었다. 그런 뒤에야 부처는 사람들을 가르치고 이상적인 공동체를 만드는 자신의 일을 시작했다.

고통받는 인류의 발견은 부처가 맛본 나이 듦의 첫맛이었다. 그가 그 맛을 본 것이 세상에는 좋았다. 그런데 부처는 인간 진보의 또 다른 원형이다. 우리 모두 인류의 고통을 느낄 수 있다면 우리가 되어야 할 사람이 될 것이다. 그러나 우리는 보통 인생을 바꾸는 이런 앎으로부터 우리 자신을 보호한다. 현실 세계와 멀리 떨어진 유치원의 아이들처럼 구는 것이다.

예수·부처의 삶과 그들이 했던 일의 가장 큰 비결은 무엇일까? 둘 다 '함께 느끼는 것'을 의미하는 연민의 대가였다는 것이다. 그들은 다른 이들의 고통을 느낄 수 있었고, 그 경험을 통해 고통을 최소화할 수 있는 삶의 방식을 개발할 수 있었다. 우리는 두 인물을 존경하지만 보통 그들의 모범을 따르라는 초대는 사양한다.

만일 부처가 보호받는 자신의 환경에 머물렀다면 더 행복했을지는 몰라도 부처가 되지는 못했을 것이다. 마찬가지로 인생의 어려움을 모르는 채로 있겠다고 한다면 가장 심오한 자기self로부터 영원히 단절될 것이다. 그래서 기꺼이 나이 드는 것이 그렇게 중요한 것이다. 우리는 우리가 바라는 현실이 아니라 있는 그대로의 현실을 인정해야 한다.

한 인간으로서 성숙해지려면 세상의 고통을 느끼지 못하도록 막아주는 보호막을 뚫고 나가야 한다. 어쩌면 이것이 나이 듦의 핵심 비결일 것이다. 비현실적이고 안전하고 비실용적인 부정의 삶을 사는 것을 멈출 때, 인류의 심장에 놓인 타락을 느끼고 그에 대해 뭔가를 하겠다고 결심할 때 우리는 영혼으로 나이를 먹는다.

나이 드는 것은 우리를 파고드는 강렬한 것일 수 있지만 그 이점을 이용하려면 상상도 할 수 없이 늙은 사람의 깨달음을 품고 용감하게 고르곤에게 다가가야 한다. 때로 나이 먹는 두려움에 대처하려면 늙었다는 느낌 속으로 깊이, 깊이 들어가서 늙음을 외투처럼 걸치거나 오래된 마법의 안경처럼 갖고 다녀야 할 수도 있다. 그라이아이의 눈처럼.

늙은 몸, 젊은 영혼

나의 상상력은 수도원이고 나는 그곳의 수도승입니다.
_스물여섯 살의 나이로 죽기 6개월 전 존 키츠가 퍼시 비시 셸리에게

최근 우리의 옛집에서 새집으로 물건들을 옮겼다. 내가 오가며
책 상자들을 옮기는 데－소속이 없는 독립 학자이자 작가로서 불리
한 점 중 한 가지－2주일이 걸렸다. 내가 피곤하고 욱신거린다고 말
하자 아내가 "일흔여섯이잖아요, 뭘 바라요?"라고 대답했다.

아주 잠깐 내 발밑에서 시간 이동이 일어난 것 같았다. 내가 일
흔여섯 살이라고? 잊고 있었다. 늘 마흔 같은 느낌이었으니까. 20년
이 넘는 세월이 흘렀는데 나는 이른 중년이라는 샹그릴라에 붙박여
있었던 것이다.

이 글을 읽으면 어떤 사람들은 내가 부정에 빠져 있다고 할 것
이다. 늙어가고 있다는 사실을 받아들이지 않으려 한다고. 그러나
그보다 더 복잡하다. 나는 자신을 마흔 살의 나와 동일시하는 것이
다. 달력이 뭐라고 하건 간에. 내 안에는 강한 젊음의 요소가 있는데,

40대인 그 사람이 자주 내 몸을 차지하는 것 같다. 거울 속에서도 가끔 어떻게든 일흔여섯 살보다는 마흔 살에 더 가까운 남자를 보게 된다. 나는 늘 환상을 강하게 믿는 사람이었다.

이런 면에서 나의 아버지도 비슷했다. 아버지는 100세에 돌아가셨는데 그때조차도 50대 중반 같았다. 언젠가는 자신이 자라는 데 문제가 많았다고 했는데, 그 짧은 고백이 잊히지 않는다. 나도 성장에 문제가 많아서 돌아보면 내가 때로 얼마나 미숙했는지 – 영원한 젊음을 즐기는 대가 – 당혹스럽다.

사람들은 청춘의 샘을 찬양하지만 젊음에도 나름의 안 좋은 면이 있다는 사실은 망각한 것 같다. 젊을 때는 신체적으로 뭐든 할 수 있지만 인생을 어떻게 살아야 하는지 아는 게 별로 없어서 많은 실수를 저지르기도 한다. 이는 사람마다 다른데, 젊은 나이에도 성숙한 사람들이 있는가 하면 나처럼 연장된 긴 사춘기를 겪는 이들도 있다.

그런데 이상한 것은 내가 다른 사람들을 치료할 때면 200~300살은 먹은 것처럼 느껴진다는 것이다. 뭐든 다 알고 경험도 풍부하고 때로는 통찰력까지 갖춘 사람 같다. 위험한 환상일 수 있다는 것을 알지만 나의 깊은 곳에는 노인도 들어 있다는 생각이 든다. 젊은 쪽이 분수를 지키고 통제에서 벗어나지 않는다면 더 나이 든 자기가 피어날 수 있다.

푸에르와 세넥스

내 친구 제임스 힐먼은 프랑스와 아일랜드, 그리고 인도에서 몇 년을 보내고 그리스와 이집트와 이탈리아를 여행하면서 방황하는 청춘으로 인생을 시작했다. 내가 만났을 당시에는 70대 중반이었는데 미국으로 돌아가기로 결정한 때였다. 우리는 금세 친해졌는데, 나는 심리학에 대한 그의 접근법에 너무 매료되어서 우리의 우정이 깊어지자 그가 어떻게 사는지 면밀히 지켜보았다.

나는 가끔 그에게서 젊음과 늙음의 놀라운 결합을 보았다. 자신을 조금 진지하게 취급하면 좋겠다 싶은 때가 있는가 하면 노인처럼 군다고 여겨지는 때도 있었다. 나는 그가 플라톤 같은 위대한 지적 천재들과 맞먹는다고 생각하지만 그는 그럴 수 있어도 자신을 그런 반열에 올리지 않았다. 무게 같은 것은 모르는 사람 같았다. 그는 자신 안에 영원한 젊음이 강하다고 말하곤 했는데 나는 그것을 진단으로 받아들였다.

활동 초기에 제임스는 한 사람 안에서, 혹은 기관이나 사회의 내부에서도 일어나는 젊음과 늙음의 상호작용에 대한 글을 많이 썼다. 그는 삶을 지배할 수 있는 이 두 정신을 오래된 라틴어로 불렀다. '푸에르puer'(소년)와 '세넥스senex'(늙은 남자 혹은 늙은 여자)라는. 영어 'puerile'(유치한, 바보 같은 - 옮긴이)과 'senile'(망령이 난, 노망난 - 옮긴이)이 이 라틴어 뿌리에서 나왔다. 영어 단어들은 상보적이지 않지만 라틴어는 중립적으로 그저 청년과 노인을 가리킨다.

힐먼은 나이는 상대적임을, 우리가 생각하듯 문자 그대로가 아닌 우리가 상상하는 어떤 것임을 아는 것이 중요하다고 생각했다. 혹은 달리 표현하자면 우리 모두 우리의 기질 깊숙한 곳에 젊은이와 늙은이를 데리고 있다는 것이다. 그래서 갑자기 에너지와 아이디어가 넘치는 청년이 나오는 것 같다가도 질서와 전통을 더 중시하는 노인이 등장하는 것 같은 느낌이 들 수도 있다.

젊음의 열정과 모험 정신으로 가득 차서 일을 시작한 회사의 젊은 관리자가 이내 회사 시스템과 너무나 동화되어 규칙과 전통을 고집하며 노인처럼 행동하게 될 수도 있다. 성숙한 정신이 모험심이 강한 처음의 이상주의자 청년을 서서히 추월하는 것이다. 때로 푸에르와 세넥스는 서로 오가며, 그러니까 한쪽이 지배적이었다가 그다음에는 다른 쪽이 지배적인 식으로 작용한다.

다른 한편으로 기업을 일군 사업가들 중에는 젊음을 잃지 않는 이들이 있다. 회사의 소유주는 모험심과 창의성이 넘치는데 젊은 관리자들은 낡은 방식을 고수하며 형식과 권위를 내세울 수도 있다. 그러니까 요점은 나이란 한 사람이 살아온 햇수보다 그 사람이 사는 방식과 더 깊이 관련되어 있다는 말이다.

스티브 잡스의 자서전 『비커밍 스티브 잡스』를 쓴 브렌트 슐렌더Brent Schlender와 릭 테트젤리Rick Tetzeli는 그 컴퓨터 천재를 '그가 살았던 사회의 일반적인 통념에 반하는 아이디어를 가진 독보적인 자유사상가'로 묘사한다.[3] 그가 경험을 쌓고 나이 들면서 어떤 점에서는 부드러워졌지만 때로는 무모했던 청년의 정신을 결코 잃지 않았음을 보여준다.

그 자신이 반항적인 젊은이와 괴팍한 노인이 묘하게 섞인 힐먼에게 나이 듦의 상상적 본질을 이해하는 것은 매우 중요하다. 우리는 젊은이와 갈등을 빚는 노인들의 이야기를 하지만 우리 모두의 안에 반항적인 젊은이와 늙은 전통주의자가 있다는 사실은 깨닫지 못한다. 그것은 그냥 성격적 특질이 아니라 우리를 사로잡고 우리의 행동에 영향을 미칠 수 있는 유령과 같은 존재이다. 많은 콤플렉스 중 두 개가 아니라 우리가 하는 모든 일에 심각한 영향을 미치는 결정적인 관점이다. 우리는 때로 둘 중 하나와 동일시한다. 때로는 그 둘 각각의 존재와 그들이 우리의 삶에 미치는 영향을 감지한다.

40대 중반쯤 근처 대학에서 학생들을 가르치는 일에 지원한 적이 있었다. 대학 학부장과 면접 약속을 하고, 그런 만남에는 정장을 입는 것이 관례였던 텍사스에 있는 학교를 막 나왔던 때라 양복에 넥타이를 매고 - 매사추세츠의 따뜻한 7월 중순에 - 약속 장소로 나갔다. 그런데 학부장이 폴로셔츠와 반바지에 운동화 차림이어서 깜짝 놀랐다. 그는 마치 남미의 밀림에서 날아온 이국적인 새라도 되는 양, 훨씬 더 우중충한 모습이긴 했지만, 날 위아래로 훑어보았다. 면접은 잘 마쳤고 나는 채용되었다.

알고 보니 학부장은 나이가 들어도 늙어 보이지 않는 사람이었다. 청년의 정신을 지녔지만 학업 프로그램을 관리하는 데 탁월했으며 미숙한 티를 거의 내지 않았다. 그와 함께 있을 때마다 나는 젊음과 늙음이 접촉하는 경계 감각을, 나로서는 열망밖에 할 수 없는 그 창조적이면서 책임감 있는 경계 상태를 느꼈다. 달리 말하면, 내가 볼 수 있는 한 그의 정신 안에서는 젊음의 정신과 성숙의 정신이 사이좋게 잘 지냈다.

젊음의 정신과 성숙의 정신은 나이 먹는 경험에서 중요한 역할을 한다. 평생 젊음의 정신이 강했다면 당연히 늙어서도 그럴 것이고 계속 젊은 느낌을 유지할 것이다. 다른 한편으로 젊음의 정신이 약하거나 사라진다면 전적으로 노인의 정신, 노인의 영역 안에서 나이가 들 것이다. 그러면 나이 듦은 고통스런 짐이 될 수 있다. 나이를 먹어서가 아니라 영혼을 짓누르는 과도한 노인의 정신의 무게 때문에.

예기치 못한 젊음의 부활

젊음의 정신이 있으면 나이를 먹으면서 예기치 못하게 실제로 젊어질 수 있다. 나는 이것이 사실임을 80대 남자를 상담하다가 알게 되었다. 아내가 죽자 그는 서서히 쇠퇴하다 인생이 끝날 것이라고 생각했다. 그런데 대학교수였던 젊은 시절이 꿈에 나타나기 시작했다. 처음에는 그런 꿈들이 무엇을 의미하는지 우리는 확실히 알지 못했다. 그러나 그런 꿈을 계속 꾸게 되고 또 그가 새로운 일에 대한 아이디어를 얻게 되면서 그가 정신적으로 새로운 경력을 쌓기 시작하는 젊은 시절로 돌아갔다는 게 분명해졌다.

80대인 그가 이제 젊을 적에 있었던 곳과 같은 곳이나 그 비슷한 곳에 있는 것 같았다. 유사한 모험 정신을 지니고 실제로 새로운 정체성을 실험하고 있었다. 그것은 육체적으로는 아니지만 정신적으로는 젊음의 부활이었다. 노년의 정착 경향이 아니라 젊음의 혁신성이 그를 규정하고 있었다.

다른 사람들에게서도 이런 예기치 못한 새로운 사태를 보았다. 우리 모두 노년기에 자기 역사의 초창기, 그 창조적이고 존재의 윤곽을 형성하는 시기로 돌아가 다시 시작할 기회를 갖는 걸까? 젊음은 자연스럽게 돌아오는데 단지 우리가 기대하지 않아서 보지 못하는 것일까?

간단히 말해 영혼의 젊음을 유지하려면 인생에서 화석이 되지 않아야 한다. 앞으로 나아가는 세상에 보조를 맞춰야 하고 이해와 가치관이 참신해야 한다. 인생의 초대를 거절하지 않고 세상을 미워하기보다는 사랑하면서 계속 심장을 뛰게 해야 한다. 만성적인 증오는 괴팍스런 노년에 붙박이는 지름길이다.

또한 생각과 행동의 낡은 습관을 피함으로써 젊음을 유지할 수 있다. 새로운 것을 시도하고, 편안하고 낡은 방식을 거부하는 것이다. 맞다, 옛 전통을 누릴 수는 있지만 그것에 지배되지는 않는 것이다. 원칙적으로 낡은 형식에 머물지 않는 것이다. 낡은 것과 새로운 것을 섞는 것이다.

나이 들면서 젊음을 유지할 생각을 할 때 흔히들 너무 육체적으로, 물질적으로, 문자 그대로 생각한다. 주름 제거 수술은 받아도 성격의 주름은 걷어낼 생각을 하지 않는다. 자신이 하는 모든 일에 젊음을 불어넣지 않고 아무 생각 없이 노년에 주저앉는다. 젊어지지 않고 젊어 보이려고 하는 것이다.

정반대로 젊음을 유지하는 것이 좋을 것이다. 그러니까 젊어 보이려 하지 않고 젊어지는 것이다. 신체 상태가 정서적 태도를 따라가는 사람들이 있다. 내부에 젊음의 정신이 강하면 몸에도 드러난다. 나의 아버지가 100세에도 젊어 보였던 것은 그 청년 정신 때문임을 나는 의심하지 않는다. 그래서 젊게 보이려고 열심히 노력하는 사람들에게 성격의 측면이자 인생을 대하는 태도인 심오한 젊음을 되살리라고 권하고 싶다.

우리는 처음부터 우리 안에 있는 젊음의 정신을 더 깊이 탐구하고 자각할 수 있다. 자신을 젊게 만들 필요가 없다. 내면이 젊기 때문이다. 그 젊음은 풀어주기만 하면 된다. 내가 상담했던 나이 든 사람들에게서 본 바에 따르면 노후에 젊음을 되찾는 것은 그냥 일어날 수 있는 일이다. 그것을 만들어낼 필요는 없지만 환영하고 받아들여서 그에 따라 사는 방식을 바꿀 수 있어야 한다.

나는 삶이 제공하는 초대를 환영하라고 자주 권한다. 그 초대가 이사를 가거나 새로운 직업을 얻는 것처럼 항상 외적인 것은 아니다. 위험을 감수하거나 모험을 바라는 새로운 젊은 충동의 신호를 알아차리는 것처럼 내적인 것일 수도 있다.

가령 나는 요즘 강의나 강연을 하기 위한 여행을 줄이고 집에서 온라인 강좌를 열어볼까 생각 중이다. 새로운 모험에 필요한 청년의 정체성을 깨울 수 있어야 성공할 것이다. 나중에 오는 젊음은 작고 평범해 보일 수 있다. 이렇게 평범해 보이는 푸에르의 기운에 마음을 연다면 영혼의 젊음을 유지하게 되는데, 궁극적으로는 그것이 중요한 것이다.

나는 내 생애에서 대부분 그 푸에르의 정신을 갖고 있었던 것 같다. 이미 말했듯 나는 성장이 더뎠다. 언젠가 어머니가 나를 찾아와 나의 셋집과 빌린 가구를 둘러보더니 이렇게 말씀하셨다.

"톰, 언제쯤 진짜 네 가구를 가질 거니?"

막 오십이 되었을 때인데 나는 셋집에서 살면서 내 소유의 가구가 없는 것을 걱정하지 않았다. 돈을 많이 벌지는 못하지만 집세를 내고 자잘한 즐거움을 누리기에는 충분했다. 그 시절에는 꿈도 많이 꿨는데, 이는 푸에르 심리를 지닌 이들에게 흔한 일이다. 나는 특히 이륙을 시도하거나 대도시의 고층 건물 사이를 낮게 날다가 거리에 착륙을 시도하는 비행기 꿈들을 꿨다.

이제는 그 꿈들이 일상적인 삶의 요구를 처리하면서 정신을 자유롭게 유지하려는 나의 노력을 반영한 것임을 안다. 결국 결혼을 하면서 돈을 벌기 시작했고 아이를 가졌으며 글쓰기에 대해 더욱 진지해졌다. 그러자 흥미롭게도 비행기 꿈들이 사라졌다. 그 이후로는 다시 꾸지 않았다.

40대 초반의 중요한 순간이 생각난다. 집에서 심리 치료를 공부하는 학생들을 대상으로 꿈 그룹을 이끌던 때였다. 어느 날 저녁 내 꿈 중 하나를 발표했는데, 평소처럼 거대한 제트기를 타고 이륙을 시도하는 꿈이었다. 그런데 나의 아버지도 그 비행기에 타고 있었다.

지금 와서 돌아보면 그 시절 내 일은 범위가 너무 좁았다. 나중에는 내 책들이 전 세계에 팔리고 내 정신은 날아올랐지만. 그 시절에 나는 이륙을 할 수가 없었는데, 아버지도 당신에게는 너무 하찮은 직업에 만족해야 했다는 사실을 나는 알고 있었다. 지금 와 보건대, 아버지는 당신의 학력 제한에 굴복했던 것이다. 거기서 벗어나 날아오르고 자신의 일에서 더 많은 즐거움을 찾을 수도 있었건만.

일의 영역에서 자기 자리를 찾기 위한 아버지의 분투가 나와 함께 '비행기를 타고' 있었던 것이다. 분명 나는 이런 패턴을 물려받았고 그것이 나를 계속 땅에 붙들어놓고 있었다. 내가 아는 한 아버지는 행복한 삶을 살았지만 거기에는 약간의 체념이, 적어도 기꺼이 한계를 받아들이는 태도가 있었다. 일단 내가 날아오르기 시작하자 아버지는 관심을 보이며 지지해주었지만 우리 사이의 골은 더 깊어진 느낌이었다. 나의 경계는 확장되고 있었지만 아버지는 자신이 하는 일에 만족했다. 이 흥미로운 역학이 우리 사이를 더 가깝게도 더 멀게도 만들었지만 우리의 사랑에는 영향을 미치지 않았다. 나는 평생 매일같이 그분을 사랑했다.

처음으로 작가의 삶을 맛보게 되었을 때 비행기의 착륙장치가 땅에 닿는 것을 느낄 수 있었다. 내게 모험심보다는 유치함에 가까웠던 푸에르의 상태에서 벗어나 성장하는 것은 해방감을 주었다. 그렇다고 해도 일상생활의 실질적인 세부 사항들을 처리해야 했지만. 그 특유의 아이의 정신이 떠나면서 나는 나이가 들었고, 그러면서 나의 능력과 잠재력을 과소평가하던 그 짐이 사라졌다. 당시 나는 몇몇 친구를 진정한 작가라고 생각하며 큰일을 하는 것은 그들의 몫이라고 여겼다. 그렇게 나 자신을 폄하하던 것이 바뀌고 그런 변화를 겪으면서 의미 있고 유익하게 나이를 먹게 되었다. 지금 나는 진지한 작가의 역할을 맡게 된 것이 행복하고 감사하며 내 책들이 갖는 국제적인 영향력을 받아들이고 있다.

40대 때 가까운 친구와 나눴던 대화가 생생히 기억난다. 앞서 말했던 것처럼 내가 제임스 힐먼을 처음 만났을 때부터 그를 숭배했다는 사실은 분명하다. 한 친구가 언젠가 내 책이 힐먼의 책보다 더 큰 영향력을 떨칠지 모른다고 했다. 나는 그 생각을 비웃으며 '내게는 힐먼의 천재성이 조금도 없어. 절대 그럴 일 없어'라고 했다.

이후 그 대화를 여러 번 생각해보았다. 문자 그대로 그 문제에 관심이 있어서가 아니다. 나는 아직도 힐먼의 천재성과 글쓰기 스타일이 독보적임을 알고 있다. 하지만 나도 이제 나름의 천재성을, 그 나름대로 작동하는 창조 정신을 갖게 되었다고 느낀다. 내가 40대에 한 말들에서 젊음을, 그리고 자기 발견의 부족을 감지할 수 있을 것이다. 나 자신의 불꽃을 발견하고 소중히 여기면서 나는 가장 좋은 의미로 나이가 들었다.

이제 나는 나이를 먹는 느낌이 좋다. 무엇을 준대도 그 푸에르 시절로 돌아가지 않을 것이다. 아직도 전반적으로 그 젊은 정신이, 내게 너무 친숙한 그 정신이 나의 노년을 물들이는 것 같다. 어쩌면 내 안에 그 푸에르 정신이 조금 남아 있다고 말하는 편이 더 정확할 것이다. 비록 그 형태는 바뀌었지만. 오늘날 내게 영감을 주는 것은 그 어린 푸에르가 아니라 비타협적인 세계의 자기 파괴성에 좌절하는 푸에르다. 나는 보다 이상적인 사회를 원한다.

나는 지금 그 영혼의 모습들이 변화를 겪고 성장할 수 있다고, 그리고 그것이 나이 듦의 일부라고 말하고 있다. 우리를 추동하는 정신이 인생의 한 시기에서 다른 시기로 가면서 어떻게 변하는지 지켜볼 수 있다. 이전의 푸에르 정신은 계속 나를 어린애처럼 만들었지만 나중의 푸에르 정신은 내가 나이를 먹게 도와주었다.

영혼은 서로 다른 많은 정신들이 우리의 인생에서 노는 운동장 내지는 올림포스라는 것을 기억하는 것도 중요할 것이다. 젊음의 푸에르 정신은 그중 하나에 불과하며 지배적이지 않아야만 번창할 것이다. 르네상스 시대의 건강한 작가들은 단 하나의 정신이 '군주'처럼 군림하는 것을 피해야 한다고 했다. 가령 사투르누스의 우울과 깊은 사고는 그 자체로 가치 있을지 모르지만 그것이 우리를 지배하게 되는 경우 우리는 우울한 사람이 된다. 그것은 우리의 목표가 아니다.

어떤 사람들은 잘 나이 들려면 나이에 굴복해 나이 든 사람처럼 행동해야 한다고 여기는 것 같다. 비록 그 페르소나가 그들을 우울하게 만들지라도. 그렇지 않다. 젊음의 열정과 상상력이 많아야 잘 나이 들 수 있다. 나이 드는 일에 적응할 때조차도. 내가 여러 가지로 말했듯, 잘 나이 들려면 지극히 늙고 지극히 젊어야 한다.

임대 가구가 딸린 나의 셋집에서 어머니와 이야기를 나누고 있을 때 나는 그 당시 나 자신에게 적절한 상태에 있었다. 나는 자신을 순진한 젊은이와 동일시했지만 그러한 동일시가 바로 그 정신으로부터 자신을 방어하는 방법이 될 수 있다. 나는 전형적인 푸에르처럼 보였지만 나중에야, 내가 나의 일을 사회에서 진지한 역할에 고정시켰을 때에야 내 푸에르 정신이 날아올랐다는 것은 역설이다. 그 이후 나는 더 이상 꿈을 꿀 필요가 없었다.

이 패턴에 주목하자. 나는 젊은 정신 덕분에 유행하는 참신한 생각들을 글로 쓸 수 있었지만 동시에 그런 글들이 나를 세계와 더욱 직접적으로 연결시키고 나의 삶을 땅에 붙들어놓았다. 완전한 삶을 만들기 위해 때로 젊음과 늙음이 협력하는 것이다.

나 자신을 분석하는 다소 미약한 이 시도로 나는 이런 젊음과 나이 듦의 패턴이 우리의 영혼 안에 얼마나 깊이 자리하고 있는지, 그리고 그것이 우리 삶의 형태에 어떤 영향을 미치는지 보여주려 하고 있다. 우리는 모험적인 동시에 안정적일 수 있다. 두 개의 근본적인 성향, 그러니까 때로는 혁신적이고 창조적인 미묘한 정신과 세상에서 자신의 자리에 대해 새로이 진지하게 다가가는 또 다른 정신에 힘입어서.

내면의 조종사

젊은 심리를 지닌 사람들은 자주 날아다니는 꿈을 꾸며 매우 위험한 모험과 굉장히 창조적인 실험, 그리고 모든 종류의 참신함을 즐긴다. 그들은 한계와 족쇄로부터 자유를 원하며 맨땅에서 창조하고 싶어 한다. 또한 연약하고 부드러워 보여서 흔히 다른 사람들의 사랑과 보살핌을 받는다. 사람들은 자주 이런 유형의 젊은 남자들과 사랑에 빠져서 어리석음에서 구해주고 싶어 하고 약할 때 돌봐주고 싶어 한다.

나는 어릴 때부터 날아다니는 꿈을 꾸기 시작했다. 방 안에 있다가 두 팔을 움직여 날아서 천장 가까이 떠다니는 꿈이었다. 너무 신이 나서 그런 꿈에서 깰 때면 매번 실망스러웠다. 나중에 그 꿈들은 내가 이미 말했던 꿈들로 바뀌었다. 여객기를 이륙시키려 하거나 복잡한 도로에 착륙시키려고 하는. 그러다 약 10년 전에 비행하는 꿈은 끝났고 다시는 꾸지 않게 되었다.

사람들은 또한 젊은 영혼을 가진 여자들에게도 끌린다. 그들은 스타일과 모습이 양성적인 경향이 있는, 아르테미스 유형의 여자들이다. 아르테미스는 개인의 온전함과 관련되는 그리스 여신으로, 어린 소녀를 보호하는 것이 주된 일이었다. 고전 할리우드 시대의 유명한 배우 캐서린 헵번Katharine Hepburn은 근사하고 독립적인 매력과 아름다움으로 보는 이들을 끌어당겼다. 나이 들었을 때 찍은 그녀의 옛 사진을 보면 그녀는 '사유지'라고 쓰인 자신의 집 현관 표지판 옆에 서서 미소 짓고 있는데, 그 표지판 아래에 '들어오지 마시오'라고 쓰인 표지판이 하나 또 있다. 이는 단순히 일화적인 관심사가 아니다. 그 사진은 헵번의 영혼의 어느 측면을 무심코 드러내고 있기 때문이다. 즉 자기 자신으로 존재해야 할 그녀의 필요성과 평생 젊은 여성 정신의 흥미로운 면을.

그러나 신화 속의 소년이나 아르테미스의 소녀들 중 한 명인 젊은 여자에게는 단점이 있다. 신뢰할 수 없고 불안정하며 균형이 잡혀 있지 않다는 것이다. 그런 사람은 굉장히 민감하고 반항적이며 일반적으로 미숙하다. 내면이 젊은 사람은 자신을 받쳐주는 전통이 없어서 보통 권위를 싫어한다. 그런 사람은 계속 살아가면서 인생을 만들어나가기 때문에 자기도취적인 경향이 있다. 사랑스럽고도 성가실 수 있는 존재이다.

이런 특성 때문에 소년의 심리가 강한 사람은 성숙에 집착하는 사람과 충돌할 때 공손하거나 타협하기가 힘들다. 두 종류의 사람들 사이에는 많은 싸움이 벌어지지만, 그 싸움들은 자기중심적인 그들의 자기self가 아니라 그들 각자 안의 정신의 싸움이다. 이 사람들은 무엇 때문에 그 싸움이 벌어졌는지 알지 못할 수도 있다. 그들 안의 그 강한 정신은 표면 아래에 숨어 있기 때문이다.

이런 사람이라면 나처럼 그 내면의 소년과 친하게 지내야 한다. 마치 그가 다른 사람, 그러니까 나 자신이 아니라 내 안에 사는 누군가라도 되는 것처럼. 그는 개별성을 지니는데, 그 독립적 존재를 허용해준다면 그와 약간의 진전을 이룰 수 있다. 그와 완전히 동일시하기 위해서 그러는 것이 아니다. 그에게 내 삶의 일부를 허용해주면서 좀 더 복합적인 존재가 되어야 하기 때문이다.

나는 평생을 그 소년과 늘 함께했다. 다른 사람이 잘 대해주길 바라는 나의 성향에서 나는 그를 느낀다. 누가 깔보거나 속이면 나는 정말 화가 난다. 이 세상을 바꿀 나의 최신 아이디어에 왜 사람들이 달려들지 않는지 나는 자주 이해가 안 된다. 내게는 쓰다 만 희곡과 소설과 각본이 많다. 이는 일과 관련해 그 소년의 또 다른 흔적들이다. 또 내가 진지하고 성숙한 유형을 잘 다루지 못하는 것 같을 때도 그 소년을 강하게 느낀다.

예를 들면 내가 만났던 한 사업가 그룹이 문제를 냈다. 10만 달러를 물려받았다고 합시다. 어떻게 투자하시겠습니까? 경험 많고 진지한 이 남자들은 한 명씩 똑똑한 재정 전략을 내놓았다. 내 차례가 되자 나는 3~4년 동안 그 돈으로 살면서 글을 쓰겠다고 했다. 나쁜 생각은 아니었지만 매우 소년다웠다. 현명하고 나이 든 그 남자들은 나의 순진함에 미소를 지었다.

이제는 글 쓰는 시간을 마련하는 데 돈을 투자할 생각은 하지 않는다. 글을 쓰는 것은 내 일의 일부이며, 나는 글을 쓰고 돈을 받는다. 현재 나의 젊은 정신은 나의 참신함과 창조성을 유지시켜주면서 내가 똑같은 오래된 재료를 우려먹지 못하게 막아주는 역할을 한다.

우리는 우리 자신을 정서적으로 진단할 수 있고 우리 안에 있는 젊음과의 접촉을 상실하고 있는지 아닌지 판단할 수 있다. 만일 나이 드는 것이나 노인처럼 행동하는 것에 너무 자주 정신이 사로잡힌다면, 혹은 자신이나 다른 사람 안의 젊음과 싸우게 된다면 자신이 예전에 지녔던 젊음을 찾아볼 수도 있다. 우리는 그 젊음이 되살아날 수 있도록 하거나, 아니면 그냥 그 젊음이 살아나도록 내버려둘 수 있다. 받아들여주기만을 기다리는 내면의 젊음을 무시하는 것만큼 비극적인 일도 없다.

소녀의 정신

다시 아르테미스를 보자. 로마인들에게는 디아나로 알려진 그 처녀신은 숲에 살다가 가끔 마을로 내려가며 젊은 시녀들에게 둘러싸여 있는데 그녀의 궁에는 젊은 남자들도 있다. 그녀는 푸에르에 상응하는 푸엘라puella의 상징으로, 푸엘라는 소녀를 지칭하는 라틴어이다.

아르테미스는 남성과 여성 모두에게 정신의 중요한 측면이지만, 특히 여성에게서 두드러진다. 그녀는 다른 사람과의 관계를 통해 식별되기를 원치 않는 사람의 정신이다. 결혼을 원하지 않으며 인간으로서의 온전함을 고스란히 유지하려고 한다. 그래서 자기방어에 강할 수 있다. 아르테미스는 적어도 자신을 보호할 경우에는 번덕스럽고 공격적이다. 또한 취약하고 부드러울 수도 있다. 그리스인들에게 그 여신은 어린 소녀들과 ─ 아홉 살짜리 소녀들은 그녀의 이름으로 힘든 통과의례를 치렀다 ─ 산모들의 수호자였다.

남자들 안에 있는 그 소녀의 정신을 생각하든, 아니면 여성들

안에 있는 좀 더 문자 그대로인 그 소녀를 생각하든 그녀는 경험에 대한 유연한 개방성과 삶의 기쁨을 제공한다. 그녀는 보통 남성들과 남성 사회에 굉장히 천진하고 취약하다. 결혼을 원치 않았던 아르테미스의 소녀들 중 한 명인 다프네는 의학의 신인 아폴로의 관심으로부터, 그리고 음악과 문화 전반으로부터 자신을 지켜야 했다. 결국 그녀의 아버지는 딸의 순결을 지키기 위해 그녀를 나무로 변신시킨다. 우리 안에는, 특히 영혼의 그 소녀적 측면 안에는 아폴로의 뛰어난 아이디어, 세련된 음악, 그리고 예의 바른 사회에 휘말리기보다는 자연 속에 있는 것을 더 좋아하는 뭔가가 있다.

나는 아르테미스에 대해서도 푸에르에 대해 내가 했던 말을 똑같이 하고 싶다. 그것은 그 모든 복잡성에도 불구하고 나이 들수록 우리의 젊음을 유지시켜줄 수 있는 정신이다. 배우자나 파트너와 동일시할 수 없는 내 안의 그 정신을 존중하자. 자연nature스럽게 살면서 문화culture에 전부를 바치지 말자. 아무리 그것이 좋아도. 개인적 온전함을 지키자. 그러자면 공격적으로 바뀌어야 한다 해도.

많은 이들이 아르테미스와 다프네의 정신을 개인적인 분노와 신경증적 공격성으로 혼동한다. 그러나 지나친 교육이나 의학적 처치를 받지 않으려 하고 사회의 단순한 일부가 되지 않으려는 불만에 찬 시도의 이면에는 여신이 있다. 우리 안에는 커플이 되고 결혼하는 것에 전부를 바치고 싶어 하지 않는 뭔가가 깊이 자리하고 있다. 그 정신이, 소년과 소녀의 특질을 모두 지닌 그 정신이 우리가 젊음을 유지하도록 도와준다.

삼투를 통한 젊음

물론 젊음과 다시 접촉하는 다른 방법들이 있다. 과거에 했던 일, 적어도 아직 가능하고 편안한 일을 해보는 것이다. 젊은 시절의 사진을 들여다보며 그때의 장소들을 찾아가볼 수도 있고 젊은 시절에 중단한 프로젝트를 오늘날의 의식과 지성으로 해볼 수도 있다.

자신의 정신을 구체적인 방식으로 치유하는 데 능숙했던 칼 구스타프 융은 어른이 된 그가 어떻게 열한 살 시절로 돌아갔는지 이야기한다. 그는 현재 자신의 정서적 문제의 뿌리가 그 시절에 있다고 느꼈고 실제로 그 시절의 장난감을 가지고 놀았다. 그러는 것이 창피하고 힘들었지만 도움이 되었다고 그는 말했다.

다음은 그 과정을 융이 기술한 것이다.

'식사를 마치자마자 놀기 시작해 환자들이 올 때까지 놀았다. 저녁에도 일찍 일을 마치면 다시 성 쌓기를 했다. 이 놀이를 하는 과정에서 생각이 명료해졌으며 내 안에서 희미하게 감지한 환상을 확실히 이해할 수 있었다.'[4]

융은 자신의 현재 행동을 이해하기 위해 과거로 돌아가기만 한 것이 아니라는 사실에 주목하자. 그는 그 당시 자신이 지녔던 정신, 세상을 보았던 방식, 그리고 어려운 문제를 해결했던 방식까지 되살리려 했다. 그는 현재를 위해서 자신의 젊음의 한 측면을 부활시키려고 과거로 돌아갔다. 또 그는 '생각이 명료해졌다'는 강력한 표현을 쓴다. 그 또한 우리 모두를 위한 교훈이다. 과거의 특정 순간으로 돌아감으로써 현재의 생각이 명료해질 수 있다. 어쩌면 문제의 뿌리가 과거의 특정 순간에 있음을 알지 못해서 빠져 있는 혼란 상태에서 벗어날 수도 있을 것이다.

한 가지 주의할 점은, 그 그림자를 불러내지 않고는 그 신화 속의 소년을 되살릴 수 없다는 것이다. 때로 사람들은 영혼의 그림자 측면에 대해서 이 점을 오해한다. 모든 것에 어두운 면이 있다는 것은 인정하면서도 그것을 극복하고 거기서 자유로워져야 한다고 생각하는 것이다. 사실은 젊음의 정신을 비롯해 영혼의 모든 표현에 수반되는 그림자를 허용해야 한다. 젊음의 정신을 가지려면 그 어리석음과 미숙함도 어느 정도 받아들여야 한다. 필요한 것은 그림자와 싸울 근육이 아니라 그것을 허용하는 자기 확장이다.

우리는 이 원리가 나이 듦의 모든 측면에서 작용하는 것을 보았다. 우리는 인생을 완벽하게 상상하는 대로가 아니라 주어진 것으로 받아들인다. 이해하기 어렵겠지만 그림자는 밝은 면만큼이나 우리에게 줄 게 많다. 젊음도 마찬가지이다. 젊음을 유지하자면 미숙함, 어리석은 모험, 나르시시즘을 어느 정도 보유해야 한다. 영원한 젊음은 완벽하지 않지만 그래도 유익할 수 있다.

어린 시절 나는 뉴욕 주 북부에 있는 삼촌의 농장에서 여름을 많이 보냈다. 부모님은 한두 주일 동안 왔다가 나를 데리고 디트로이트에 있는 집으로 돌아가곤 했다. 내 기억으로는, 농장 생활은 힘든 노동과 한담閑談이 뒤섞인 것이었다. 아버지는 기술이 많았는데, 농장에 오면 보통 농장 집의 페인트를 칠하고 벽지를 바르고 손볼 게 있으면 고치면서 시간을 보냈다. 그러고 나면 삼촌이 아버지에게 들판에서 묶지 않은 건초를 가져오는 요령을 가르쳐주곤 했다. 농장에서 보내는 아버지의 휴가는 온통 일이었다.

어느 해 여름, 골프를 좋아했던 아버지가 집 앞 잔디밭에 작은 퍼팅 그린을 설치했다. 구멍 몇 개를 만들고 자신의 퍼터와 골프공을 가져와 삼촌들과 다른 사람들이 지켜보는 가운데 골프를 쳤다. 처음에 그들은 '왜 다 큰 사람들이 땅에 판 작은 구멍에 작은 공을 넣으려고 쫓아다니느냐'며 그 게임이 바보 같고 시간 낭비라는 흔한 논평을 내놓았다.

그러나 아버지는 끈질기게 계속하다 게임이 끝나자 써보라며 골프채를 잔디에 놔두었다. 이내 삼촌들과 숙모들은 이 구멍 저 구멍으로 골프공을 쳤고, 아버지는 그들에게 골프채 잡는 법을 가르치고 있었다. 다들 금세 골프에 빠져버렸다.

이 별것 아닌 이야기에 젊음과 성숙함의 많은 측면이 펼쳐지고 있다. 젊은이의 놀이에 대한 세넥스의 비판, 일에 대한 문화적 강조, 그리고 마지막으로 젊은이의 무익한 게임의 억누를 수 없는 매력. 나의 아버지가 어리석다는 비판에 굴복하지 않았음에 주목하자. 그는 여전히 게임에 충실했는데 그것은 젊음의 그림자를 피하고 비판 앞에서 포기하지 않는 좋은 방법이다. 아버지는 자신의 젊은 놀이를 진지하게 취급했고 승리를 거두었다.

여성들 안에서 가끔 나타나는 그 젊은 모습은 양성적이고 각 젠더에게 적용할 수 있는 어린 소년인 푸에르나 아니면 푸엘라일 수 있다. 때로는 남자에게서 푸엘라를 볼 수 있는데 인생에 대한 놀라운 개방성, 부드러운 정서적 민감성, 그리고 어쩌면 풍부한 활력과 욕망을 덮고 있는 것일지 모르는 수줍음이 나타날 때이다.

영혼의 이런 젊은 인물들은 청춘의 샘이고, 여물지 못한 미숙함의 원천이며, 계속 희망을 품게 해주는 경이의 눈이다. 그들이 없으면 완전히, 그리고 노년에 굴복하게 되어 우울해진다. 내면에 젊음의 정신이 있다면 세월의 무게와 육신의 불평에 심하게 짓눌리지 않을 것이다. 그것은 문자 그대로 이해하지 않고 꾸준히 상상력을 발휘하는 문제이며, 나이 듦을 육체적 쇠퇴로 받아들이지 않는 것이다. 계속해서 영혼이 충만한 삶을, 비물질적이고 보이지 않는 것이 젊음을 유지시키면서 나이 들도록 해주는 삶을 사는 것이다.

이고르 스트라빈스키Igor Stravinsky는 말년에 어느 인터뷰에서 노년에 작곡가로 사는 것은 다르냐는 질문을 받았다. 영감을 찾기가 더 힘들지 않느냐는. 당시 80대였던 그는 특유의 미소를 지으며 그들, 즉 기자들은 자신을 노인으로 보지만 자신은 그렇게 느끼지 않는다고 했다. 그러니까 그 질문은 그에게 무의미한 것이었다.

그는 좋은 교훈을 준다. 내가 느끼는 것보다 나를 더 늙게 볼 수도 있는 다른 사람들의 일반적이고 제한적인 견해를 받아들이지 말라는 교훈을. 약하거나 건강하지 못한 모습 혹은 숫자가 아니라 영혼의 나이에 충실하라는 교훈을.

스트라빈스키에 대한 이야기가 나온 김에 그에 대해 좀 더 이야기하자면, 나는 50년 동안 고전음악가로서 그의 헌신적인 팬이었다. 내가 보기에 역사상 완벽한 천재성을 전적으로 구현한 두 명의 작곡가가 있다면 요한 제바스티안 바흐Johann Sebastian Bach와 이고르 스트라빈스키가 아닐까 싶다.

스트라빈스키에 관한 가장 대단한 이야기 중 하나는 1913년 그의 「봄의 제전」의 파리 초연에 관한 것이다. 불협화음과 쾅쾅 울려 대는 강한 리듬에 관객들 사이에서 소동이 일었다. 그런데 그다음의 주요 작품은 프랑스 계몽주의 시대의 가발과 반바지 차림의 오락물처럼 거의 달콤하기까지 한 「풀치넬라 모음곡」이었다. 사람들은 그에게 무엇을 기대해야 할지 알지 못했다. 스타일에서 그는 이 시대에서 저 시대로 옮겨 다니며 시대에 갇히기를 거부했다. 그는 늙는 것이 어떤 것이냐고 묻는 기자들의 질문을 이해할 수 없었던 사람이다.

영혼의 그 깊고 신화적이고 젊은 측면이 많은 이들이 찾았던 진정한 청춘의 샘이다. 우리 영혼의 젊음과 계속 접촉한다면 나이 듦의 무게를 고스란히 느낄 일은 없을 것이다. 나이가 들 때 많은 이들의 문제는 나이를 너무 문자 그대로, 곧이곧대로 받아들인다는 것이다. 달력상으로는 여든다섯일지 몰라도 영혼의 상태는 마흔에 더 가까울 수 있다. 우리 모두 스트라빈스키처럼 말할 수 있다면 멋지지 않을까.

'나는 늙는다는 것이 무슨 말인지 모릅니다.'

인생의 통로

결국 나의 인생에서 이야기할 가치가 있는 것은
불멸의 세계가 이 덧없는 세계로 불쑥 끼어든 사건들뿐이다.
_칼 구스타프 융[5]

　내가 비록 우리 인간은 인격의 필수 요소와 씨앗으로 가득 찬 영혼을 갖고 태어난다는 오래된 생각을 좋아하긴 하지만 그래도 우리는 처음부터 시작한다. 다른 사람들로부터 얼마나 많은 것을 배워야 하는지, 그리고 노년에도 계속 배워야 한다는 사실이 놀랍다. 우리 대다수는 세월이 흐를수록 더 현명해지고 더 유능해지고 강한 인격과 개성을 발달시키지만, 이는 수고와 끈기와 지성이 필요한 일이다.

　대체로 우리는 경험을 통해, 심지어는 실수를 통해 배우면서 더 섬세하고 복잡한 사람이 된다. 우리는 인생의 가시 – 직업상의 실패, 질병, 관계의 상실 – 에 찔리며 그 아픔 속에서 다가올 도전을 더 잘 인식하고 준비할 수 있다. 정서적 고통은 사고와 성격의 촉매로 작용할 수 있다. 그것은 우리를 깨울 수 있다. 잠깐이라도.

그러나 나는 40년이 넘도록 사람들을 심층 상담해온 심리치료사로서 우리는 모두 각자의 속도로 발전한다고 자신 있게 말할 수 있다. 어린 시절에 성적인, 혹은 신체적인 학대와 같은 충격적인 경험을 한 이들은 성인으로 가는 통로를 직시하기 힘들 것이다. 그런 사람들은 기억의 어느 한 장소에 갇혀 있는 경향이 있다. 트라우마의 이미지가 강력히 남아 있어 문제가 생길 때마다 폭발하는 것이다. 우리 대부분은 더 작은 문제를 가지고 있지만 그런 것도 뿌리 깊고 민감하고 깨어 있고 성숙한 인간으로 꾸준히 발전해나가는 데 방해가 된다. 우리 모두는 개인적 여정에서 상이한 단계나 장소에 있는 것처럼 보이며, 많은 사람들이 그다지 준비되지 않은 채 노년에 이르는 것 같다.

여기서 이 책의 주안점 중 하나를 강조하자면, 인생의 모든 영역에서 긍정적인 전망과 창조성을 지니고 노년을 즐기면서 잘 살려면 인생의 모든 단계에서 성숙해져야 한다는 것이다. 아이들도 나이 먹는 수고에 직면하고 단계들을 거치며 또 다른 성장의 문턱을 지키는 무서운 파수꾼과 대면하면서 나이가 들어야 한다. 약한 애들을 괴롭히는 아이들과 까다로운 친구들을 상대하는 법을, 완벽하지 못한 부모와 사는 법을, 흔히 아이들을 어떻게 대해야 하는지 모르는 문화에서 살아남는 법을 알아내야 한다. 어렸을 때 '어른이 되면 아이라는 것이 어떤 것인지 잊지 말고 이해심을 가지고 아이들을 대하겠다'고 마음먹었던 기억이 난다.

우리가 나이를 먹고 실제 노년에 이르는 방식은 인생의 전환점과 길목들을 어떻게 지나왔느냐에 크게 좌우된다. 그러므로 나이가 드는 것은 단지 노년의 문제가 아니라 인생 전체의 문제이다. 또 나이 든 사람들만이 아니라 인생을 온전히 사느냐, 아니면 인생의 도전을 피하느냐의 선택권을 가진 젊은이들의 문제이다. 계속 나아가고 깊이 숨어 있는 잠재성을 펼치고 진정한 개인이 되고 갈수록 인생을 사랑하고 준비된 채로, 그리고 준비를 하면서 노년에 이르는 것이 중요하다.

나이 든 이들이 할 일은 젊은이들이 본질적으로 자기 자신이 되는 길에서 벗어나지 않고 나아가려 할 때 충고하고 지도하는 것이다. 앞으로 살펴보겠지만, 나이 든 이들의 필생의 사업은 어른이 되는 것이고 후대를 위해 유산을 남기는 것이다. 그러나 인생의 모든 단계에서 나이를 잘 먹어야 이 일을 효과적으로 할 수 있다.

오랫동안 나를 인도해준 랄프 왈도 에머슨의 에세이 「오버소울 The Oversoul」에 나오는 구절을 다시 보자. 다른 이들에게도 도움이 될지 모르니 좀 더 길게 인용해보겠다.

영혼은 영혼만을 안다. 사건들의 그물은 영혼이 입고 있는 흐르는 듯한 의복이다. 그 진행률은 산수가 아닌 그 자체의 법칙으로 계산된다. 영혼의 발달은 직선상의 운동처럼 단계적으로 이뤄지는 것이 아니라 알에서 구더기가 나오고 구더기에서 파리는 나오는 변태 과정처럼 상태의 상승으로 이뤄진다.[6]

이 구절은 통찰력으로 가득 차 있다. 에머슨의 19세기식 글쓰기 스타일에 구애받지 말고 한 번에 몇 단어씩 읽어보자. 예를 들어 영혼에 입혀지는 사건들과 관련된 구절을 깊이 받아들인다면 현대 심리학은 하루아침에 바뀔 것이다. 그것은 우리의 경험이나 표면적인 삶은 그 안에 담긴 영혼과 관련해 이해가 된다는 말이다. 삶의 패턴을 바꾸는 것으로는 충분치 않다. 그 패턴들에 감싸인 그 영혼의 문제를 보고, 그것을 다루어야 한다.

그런 다음 에머슨은 우리는 유아기에서 노년으로 직선적으로 성장하지 않는다고 얘기한다. 한 상태에서 다른 상태로 단계를 거친다는 것이다. 한 단계에서 다음 단계로 옮겨가는 과정은 끊임없이 흐르는 물줄기가 아니라 배들이 잠시 멈추고 다른 단계로 들어 올려지거나 내려지는, 수문이 가득한 강물과 같다. 에머슨은 그 과정을 '상태의 상승'이라고 부른다. 그는 우리처럼 꾸준한 성장이라는 은유를 쓰지 않고 변형의 순간을 강조한다. 익숙한 삶을 살아가는 데 더 높은 소명이 있음을 무언가가 깨우쳐줄 수도 있다. 나는 더 직접적으로 영혼을 돌보기 위해서 갑자기 하던 일을 그만둔 사람을 많이 만났다.

그러나 한 단계에서 다른 단계로의 이동은 저절로 일어나지 않는다. 애벌레에서 나비로의 변신을 경험할 때 우리는 스스로를 도와야 한다. 그것은 보통 쉬운 과정이 아니다. 스스로를 직시하고 중대한 변화가 일어나도록 해야 하는 일이다. 가령 대학을 졸업한 뒤 안전하고 편안한 학교를 떠나 노동과 생산의 삶 속으로 들어가는 것은 쉬운 일이 아니다. 이것이 상태의 상승, 보상은 있지만 그래도 힘든 변태를 통한 성장이다. 영원히 학생으로 남고 싶어 하는 이들도 있다. 성장하지 않는 것을 더 좋아하는 것이다.

빙점

　우리 대부분은 살다가 갇혀서 꼼짝할 수 없는 지점에 도달하기도 한다. 불확실성과 불안이라는 겨울에 인생의 강물이 얼어버리는 것이다. 나는 그것을 친구들의 얼굴에서, 그리고 여행 중에 만난 사람들의 얼굴에서 본다. 눈 주위에서는 걱정을, 굳어버린 입가에서는 슬픔을, 웅크린 어깨에서는 바랐던 대로 되지 않은 인생에 대한 환멸을 본다. 재능 있고 노련하고 똑똑한데도 내면의 뭔가가, 삶 전체는 아니라고 해도 내면의 뭔가가 멈춰버린 사람이 너무나 많다. 그런 사람은 겉보기에 매력적이고 활기차도 움직이지 않는 부분이, 두려움이나 자신에 대한 불신으로 석화된 것처럼 보이는 부분이 있다.

　차갑게 얼어붙은 이런 부분은 흔히 매우 강력해서 삶 전체를 가로막는다. 그리하여 자신이 원하는 것을 성취하지 못하고 늘 좌절감을 느끼면서 불안에 굴복하지 않은 주변 사람들을 질투한다. 이런 삶이 전적으로 불행한 것은 아니다. 어느 정도까지는 성공적인 인생일 수 있다. 어쩌면 그래서 그 얼어붙은 부분을 돌파할 수 없었을 것이다. 의미 있는 변화를 시도할 만큼 방해가 되지 않았기에. 그래도 상당히 행복하게 살 수 있고, 그래서 그렇게 꽁꽁 얼어 있는 것을 부수기 위해 더 이상의 노력을 하지 않는 것이다. 그런 이들은 어느 정도 체념한 것처럼 보이는데, 체념은 인생의 문제를 해결하는 가장 불행한 방법이다.

　창조적 잠재력은 조금만 억압해도 분노를 일으킬 수 있다. 영혼의 일부가 얼어버린 사람들에게서 내가 본 슬픔에는 폭발하지는 않지만 늘 싸늘하게 존재하는 분노가 일렁였다. 분노는 유익할 수도 있지만 이런 상태의 분노는 삶에 꼭 필요한 부분을 잠들게 할 뿐이다. 그것은 관계에 개입하고 행복을 망친다.

그것만 아니라면 활기가 넘칠 친구에게서 죽어 있는 부분을 보게 되면 보통 나는 약간의 위험을 감수해보라고 조언한다. 내 눈에 보이는 그의 재능을 장담한다. 가령 작가인데 자신이 불충분하다는 느낌을 떨쳐버리지 못하는 친구가 있는데, 자신의 대한 기대치가 낮기 때문에 그는 늘 실망하고 질투하고, 그리고…… 그렇다, 체념한다. 나는 이런 사람들을 보면 반성과 부활의 과정에 시동을 걸려고 노력한다.

이런 일에 다른 이들은 실패했지만 나는 성공했다는 말을 하고 있는 것이 아니다. 내게도 녹았으면 싶은 얼어붙은 부분이 있다. 가령 가끔은 내가 좀 더 대중적인 목소리를 지녀서 정치나 정부에 직접적인 영향을 주었으면 싶다. 나는 내가 겸손함을 즐기고 뒷전에 물러나 있는 것을 좋아하는 집안 출신임을 알고 있다. 그런 가족적 특질이 내 기억의 벽장 속을 서성이며 나를 저지하고 내 입을 다물게 한다. 그것은 처리가 필요하다. 그러나 다른 한편으로 나의 그 방식은 그 나름의 힘이 있어 내가 사람들의 영혼을 깨우고 체념에서 벗어날 수 있도록 설득하는 데 도움이 된다.

체념이란 멈추는 것이다. 어쩌면 너무 낙담해서 장기전을 벌이는 대신 그냥 포기해버리는 것이리라. 나는 체념한 사람들을 많이 만나는데, 삶의 에너지와 열정의 부족이 느껴진다. 그들의 분위기에서 그것을 느낄 수 있다.

헨리 데이비드 소로Henry David Thoreau의 『월든』에서 자주 인용되는, 왜 그가 그 호숫가로 갔던가를 설명하는 구절은 체념이 어떤 것인지를 이해하게 해준다.

'나는 삶이 아닌 삶은 살고 싶지 않았다. 살아 있는 것은 너무나 소중하다. 나는 체념하고 싶지 않았다. 아주 불가피하지 않는 한. 나는 깊게 살며 인생의 정수를 모조리 빨아들이고 싶었다.'

신뢰하는 자아

영혼으로 나이가 들려면 삶이 우리에게 제시하는 많은 통로를 통과해야 한다. 때로는 나만을 위한 계획이 있는 것 같고 각각의 도전은 나 자신이 되는 데 꼭 필요한 것처럼 보인다. 그러나 사람들은 보통 그 초대를 사양한다. 현상 유지가 너무 편해 나이를 먹지 않는 것이다. 그저 살아온 햇수만 쌓아간다. 나이를 먹지 않고 늙어서 그들의 삶은 비극처럼, 실현되지 않은 약속처럼 보인다.

인생 전체를 일련의 긴 통과 과정이라고 상상할 수 있다. 우리는 늘 뭔가를 통과하고 있는 것 같다. 그러나 각자의 역사를 살펴보면 성장에 도움이 된 특별한 전환점이나 문제가 보일 것이다. 나 자신의 인생을 돌아보면 바로 결정적인 전환점이 열두 개 정도 보인다. 그때마다 나는 따라가라는 초대를 사양할 수도 있었다. 열세 살 때부터 몸담은 수도원을 떠나기로 결정했던 때처럼. 이 이야기는 내가 통과한 대부분의 통로에 대한 이야기와 함께 뒤에서 할 것이다.

나는 내가 대단히 결단력이 있고 영웅적인 기질을 가진 사람이라고 생각하지 않는다. 그와 정반대로 나는 조용하고 내성적이다. 그렇지만 내 안에는 기꺼이 변하고 다음 단계로 나아가려는 뭔가가 늘 있었다. 몇몇 경우에는 나 자신에게도 그렇고 내 친구들에게도 무모해 보였지만 나는 앞뒤 가리지 않고 나아갔다. 만일 내 안에서 주로 작용하는 신화적·원형적 인물이 있다면 그것은 파르시팔Parsifal일 것이다. 지나치게 어머니와 가까웠고 대체로 어리석은 젊은이처럼 굴었던 아서 왕의 원탁의 기사에 나오는 그 젊은 기사 말이다. 그렇지만 그는 자신의 역할을 해냈으며 결국에는 성배를 찾았다. 그는 나의 영웅이다.

나이 드는 과정에서는 누구나 영웅이라고 말하는 게 아니다. 강한 자아와 의지력이 필요하다고도 생각하지 않는다. 그러나 인생을 사랑하고 신중하게 믿어야 한다고 생각한다. 주의 깊은 관찰자가 되어 인생이 어떻게 돌아가는지 잘 살펴보고 두 가지 선택이 있음을 깨달아야 한다. 즉 삶이냐 죽음이냐는. 삶의 원리를 따르겠다고 선택하면 앞으로 나아가며 더 많은 활력을 얻기 위해서 삶이 건네는 초대를 받아들이게 된다. 죽음의 원리를 선택할 경우에는 새로운 아이디어와 새로운 삶의 실험을 피하고 그 자리에 머무는 것이다. 죽음의 길 – 문자 그대로 죽음이 아니라 영혼의 죽음을 말한다 – 은 더 안전하고 어떤 면에서는 더 편하다. 그것은 예측 가능하며 굳이 변화를 시도할 필요가 없다. 하지만 죽음은 죽음이다. 그런 삶은 살아 있는 것 같지 않으며 의미와 목적을 위한 기반이 없다.

나이 드는 과정

이제 통과의례와, 깊이와 실체가 있는 사람이 되는 과정에 대해서, 그냥 늙어가는 것과는 대조적으로 나이를 먹는 전제 조건이라고 생각되는 것에 대해서 좀 더 자세히 말해보겠다. 과정이라는 단어에 주목해주기 바란다. 나이가 든다는 것은 진짜로 살아 있는 누군가가 되는 과정이다. 그 과정은 늘 진행 중이지만 때로 특히 강렬해진다. 그 과정을 거치지 않으려고 버티고 서 있을 수도 있다. 한동안 한 발 물러나 빈둥거릴 수도 있고 정말로 겁이 나는 경우에는 영원히 그럴 수도 있다.

나는 치료사로서 상담을 받으러 오는 사람들을 지켜보았다. 그런 사람들은 보통 열심히 살려고 하고 자신을 더 잘 이해하려는 열망을 드러낸다. 그들에게는 흔히 그들을 미치게 하거나 괴롭히는 특정 문제가 있다. 어떻게 치료를 받는 것인지를 모르는 사람들도 있어서 나는 치료가 어떤 것인지를 경험을 통해 가르친다.

그러면 많은 이들이 그 작업에 달려든다. 보통은 너그럽고 사려 깊어서 한번 잘해보려고 한다. 그런데 그 과정을 밀쳐내는 것처럼 보이는 이들도 있다. 그런 이들은 상담 시간에 나타나기는 하지만 계속 거리를 둔다. 자신을 드러내거나 약함을 인정하거나 문제를 복잡하게 만드는 것을 두려워한다. 물론 나는 그들을 이해하지만 그들에 대해 어떤 판단도 하지 않는다. 그들이 참여할 수 있는 치료 형태를 찾기만 바랄 뿐이다.

치료 과정에 들어서는 이들은 보통 그것이 얼마나 오래 걸릴 수 있는지를 알면 놀란다. 나는 속도를 높이려 하지 않는다. 그것이 내게 달린 일이라고 생각하지 않기 때문이다. 어릴 적에 자주 구타를 당한 사람은 그 충격적인 기억을 하룻밤 사이에 극복하지 못한다. 나는 인내하라고 촉구한다. 대부분의 내담자는, 올바른 표현인지 모르지만, 합당한 기간 동안 상담을 받고 나면 약간의 진전을 보인다.

때로는 특히 도전적인 순간에서 물러나버리는 사람도 있다. 그럼 그러지 말라고 말리고 싶어진다. 나는 그들이 큰 도전에 직면하고 있음을 알고 있으며, 인내하면 삶에 큰 변화를 일으킬 수 있다고 생각한다. 최근에 한 남자가 와서 결혼 생활의 일상적인 갈등을 내보였다. 우리는 그의 꿈을 분석하다가 금세 그의 영혼 속에 남아 있는, 몇 가지 중요한 어린 시절의 압박감을 발견했다. 그는 또한 그 압박감에 기인한 신체적 증상들도 보였다. 그런데 우리가 문제의 핵심에 가까워지고 있다는 생각이 드는 순간 그가 치료를 끝내고 싶다고 했다.

나는 이 작업을 하는 동안 '신 콤플렉스God complex'를 피하려고 노력한다. 그래서 이 남자에게 무엇이 최선인지 아는 척하지 않았다. 그는 선택을 했고 나는 그 선택을 존중할 것이다. 겁이 난 것이라고 생각할 수밖에 없지만 누가 알겠는가? 그는 계속해서 다른 치료 방식을 찾을지도 모르지만 일단 참여하던 과정에서는 물러났다. 아마 나이 먹는 것을 멈추고 그냥 늙어만 갈 것이다. 나는 그가 몇 가지 핵심적인 문제에 직면하게 되기를, 그리하여 새로운 단계로 올라설 수 있기를 바라고 기도한다.

나이를 먹으려면 용기가 필요하다. 그것은 적극적인 결정이다.

자신의 인생을 계속 살아가는 것이다. 인생이 건네는 초대에 '예'라고 말하는 것이다. 징후를 읽고 모든 것을 받아들이는 것이다. 물러서지 않고 변명하지 않는 것이다. 안전한 곳으로 도망치지 않는 것이다.

모든 사람에게는 자세히 살펴봐야 할 과거에서 비롯된 문제가 있다. 나는 그런 문제를 인생과 인격을 형성하는 기본 재료로 본다. 연금술은 우리의 경험이 축적된 덩어리를 라틴어로 프리마 마테리아prima materia, 즉 원료라고 부른다. 그러나 이 재료에 작업을 하려면 용기와 통찰력이 필요하다. 또 너무나 많은 감정을 불러일으키기 때문에 많은 사람들이 피한다.

이것이 어떤 식으로 작동하는지 예를 들어보겠다.

그녀를 브렌다라고 하자. 브렌다는 전문직 여성이다. 겉보기에는 자신의 삶을 완벽하게 통제하고 있는 것 같다. 성공했고 심리적 이해도 상당하다. 그녀의 문제는 다른 사람들이 그녀를 이용해먹도록 계속 놔둔다는 것이다. 대화를 하다 보니 오히려 그녀가 자신에게 신세질 사람들을 필요로 하는 것 같지만. 그녀는 그들을 돌봐주고 돈을 대주고는 그들이 그녀에게 그런 부담을 지우지 말았으면 좋겠다고 생각한다. 그녀는 자신을 위한 시간이 거의 없으며 압박감을 느끼고 가벼운 우울증을 앓고 있다.

나는 그녀의 부모에 대해 물어본다. 성인의 모든 문제가 부모의 영향 때문이지는 않지만 성인기까지 지속되는 어린 시절의 패턴에 주목하는 것은 도움이 된다. 그녀는 '아버지가 항상 할 일을 알려준다'고 말한다.

그녀는 오십쯤 되었다.

"내가 기억하는 아버지는 내게 무엇이 최선인지 알고 있으며, 내가 어떻게 느끼는지 또는 어떻게 하면 우리 사이가 더 좋아질 수 있는지 하는 문제에 대해서는 이야기하지 않으려고 해요. 그분은 그런 종류의 친밀한 대화를 좋아하지 않아요."

"아직도 가끔 아버지를 만납니까?"

"1주일에 서너 번은요. 제가 조언을 구하죠."

성인의 갈등을 과거 부모와의 관계로 돌리고 싶지는 않지만 얼마나 많은 사람들이 성인이 되어서도 부모와 옛날의 행동 패턴을 반복하는지 흥미롭다. 그들은 그 관계의 복잡성을 눈치채지 못할 수도 있다. 어린 시절의 상황과 비교하면 두드러지지 않기 때문이다. 그러나 그것은 여전히 존재하며 중요하다.

우리는 어린 시절의 패턴과 성인이 된 후의 관계에 대해 토론하고 나는 두 기간에 있었던 여러 이야기를 경청한다. 그러나 듣는 것만으로는 늘 충분치 않다. 나는 실제로 우리 사이의 역학을 날카롭게 의식하고 있으며 때로는 내 안에서 갈등이 이는 것을 감지한다. 그러니까 자신의 감정을 탐색할 수 없을 정도로 내담자를 자극하고 싶지 않지만 그 이야기가 더 깊어져야 한다는 것을 알고 있다. 그래서 위험을 감수하고 그녀에게 맞선다.

"아직도 아버지에게 어린아이인 게 좋나요?"

"내가 그러는 게 아니에요. 아버지죠. 아버지의 역할에서 벗어날 수 없나 봐요. 나를 세 살 어린애로 취급하는 건 아버지예요."

"하지만 그 작은 드라마에서 당신이 당신의 역할을 하지 않았다면 어떻게 당신의 아버지가 그렇게 할 수 있겠어요? 당신이 그의 보호와 승인을 원치 않나요?"

그녀는 말을 멈추고 고개를 숙이더니 생각에 잠긴다.

"그런 것 같네요, 그렇죠? 어릴 때와 똑같이 아버지에게 의존하는 거네요. 불평을 하지만 어쨌거나 그렇게 하는 거네요."

우리는 그녀의 깊고 근본적인, 의식하지 못했던 감정 속으로 조금 들어가고 있다. 그녀는 이전에 의식하지 못했던 뭔가를 보고 있다. 인생을 처리하는 일은 이런 식으로 진행된다. 흔히 한 번에 작은 걸음 하나를 내딛지만 곧 이 작은 걸음이 모여 전환점에 이르게 된다. 그러면 의미 있는 변화가 일어날 수 있다. 그것은 치료 상황에서 항상 일어나는 일인데, 그 과정을 계속한다면 일상에서도 가능하다.

패턴을 약화시키는 이 작은 발견이 이 여성을 나이 들게 해준다. 아주 약간이긴 하지만 그녀는 자신의 선택으로 자신을 계속 어리고 미숙하게 만들었던 패턴에서 벗어난다. 그녀는 성장해서 이제 좀 더 자신의 나이에 가까워진다. 이제 영혼의 나이와 육체의 나이가 좀 더 비슷해졌다고 할 수 있을 것이다. 그녀는 더 이상 어른의 몸을 한 아이가 아니다. 그러니까 완전히는. 그녀는 아직 발견해야 할 것이 많으며, 이 발견은 그녀의 변화가 깊이 자리 잡을 때까지 거듭되어야 할 것이다.

나이 드는 데 있어 문제는 우리가 육체적으로 늙어가는 것을 거부할 뿐 아니라 정서적으로, 지적으로, 그리고 영적으로 성장하는 것도 원치 않는다는 사실이다. 우리는 영혼의 확장 여부에는 관심을 갖지 않는다. 그러나 우리가 몸만이 아니라 영혼으로도 나이가 든다면 우리의 성숙을 기꺼이 받아들이고 시간과 개인의 성격 사이에서 벌어지는 갈등을 더 이상 겪지 않을 것이다. 영혼과 육체가 일치하면 나이 드는 일이 더 쉬울 것이다.

임계점

항해에서부터 숲속 하이킹에 이르기까지 대부분의 여정에서 여행자는 인격을 시험하는 위기에 봉착한다. 호메로스의 『오디세이』는 전부 여정 중에 만난 임계점에 대한 이야기이다. 그런 것들은 그냥 장애물이 아니라 시련이다. 그 시험을 통과할 수 있다면 좋은 쪽으로 변해 더 이상 같은 사람이 아니게 된다. 시련은 우리를 변화시키며 진정으로 나이 들게 한다.

시련을 겪으며 변하지 않는다면 고정된 상태로, 성장하지 못한 상태로, 내가 말하는 의미에서 나이 들지 않는 채로 머물게 된다. 우리 모두 정체성을 갖고 이 세상을 창조적으로 살아갈 만큼 성숙하려면 약간 규칙적으로 나이 드는 과정을 거쳐야 한다. 정체성과 창조성이 결여되면 우리의 영혼은 약해지거나, 심지어 사라지게 된다. 그러면 우리는 텅 비게 되어서 무익한 중독이나 무의미한 행동으로 그 공허를 채우려 할 것이다. 정체성이 없으면 무의미함과 실존적 우울을 겪게 되며, 창조적이지 못하면 우울과 분노가 생기게 된다. 나이가 든다는 것은 대단히 중요한 일이다.

결혼은 통과의례이다

우리 대다수가 지나가는 일반적인 통로는 결혼이다. 대부분의 사람들은 결혼이 정확히 무엇인지, 그리고 그것이 어떤 것인지 명확히 설명하기 힘들 것이다. 그것은 삶의 표현이고 삶의 공유이며 헌신적인 관계이다. 또한 새로운 삶의 상태로 들어가는 일이다. 흔히 결혼 생활에 문제가 생기는 것은 당사자들이 결혼을 하나의 과정이 아니라 상태로 여기기 때문이다. 결혼 생활이 힘든 것은 우리 각자가 결혼 전의 모습과 매우 다른 사람이 되어야 하기 때문이다. 인생을 다르게 보고 이제는 '나'가 아니라 '우리'에 대해 생각해야 한다. 나에서 우리로의 이동은 장대한 일이며 근본적으로 현실이 바뀌는 일이다.

나로부터 우리로 가는 변화는 오래 걸릴 수 있다. 그 도전은 위대하며 미지의 것으로 가득 차 있다. 흔히 자신에게 충실하면서 상대방에게 마음을 열기 위한 분투가 있고 다른 사람의 세계관과 삶의 방식에 어느 정도 항복해야 하는 도전이 있다. 당연히, 결혼이 동질적인 사람들의 결합인 경우는 극히 드물다. 거의 항상 근본적인 차이들의 결합이다. 그러므로 부부가 결혼 상태에 깊이 들어갈 만큼 바뀌는 데 수십 년이 걸리는 것은 당연하다.

많은 사람들이 중간 지대에, 그러니까 결혼한 것도 아니고 결혼하지 않은 것도 아닌 상태에 갇혀 있다. 그들은 이 고통스런 상태를 결혼을 했는데 결혼하지 않았기를 바라거나 이 사람과 결혼했는데 저 사람과 함께 있고 싶은 것으로 경험한다.

만일 결혼한 사람이 결혼하지 않은 상태를 원하는 자신의 욕망을 아주 오랫동안 억압하려고 애쓰면 그 결혼 생활은 만족스럽지 못할 것이며 당사자도 그 결혼을 전적으로 받아들이지 못할 것이다. 그래서 내가 말한 상태에, 그러니까 주어진 삶을 온전히 받아들이지 못하는 상태에 처하게 된다. 그러면 삶에 저항하게 되어서 진정으로 나이를 먹지 못하게 된다. 세월이 흘러도 그 사람의 인생은 깊어지지 않는다. 시간이 성숙을 견인하지 못하는 텅 빈 곳에 갇히는 것이다. 그런 경우 결혼 생활은 영혼을 만드는 작업이 아니다.

나는 결혼 생활이 이런 교착 상태에 빠진 경우를 많이 보았다. 예를 들자면, 조니라는 한 여성은 좋아하긴 하지만 사랑하지는 않는 남자와 결혼해 자식을 한 명 낳았다. 그녀는 자신이 그 남자가 부유한 집안 출신이라서, 그리고 그가 그녀에게 안전하고 편안한 삶을 줄 수 있을 것 같아서 그와 결혼했다는 사실을 알고 있다고 했다. 그녀는 잘사는 집안 출신이 아니어서 안전과 편안함이 그녀에게는 많은 의미가 있었다. 그녀와 남편은 친구였는데 그녀는 사랑 없이 살 수 있을 거라고 생각했다. 그녀는 대부분의 경우 그다지 진정한 사랑을 느끼지 못했던 것이다. 그러나 세월이 흐르면서 결혼 생활이 점점 더 공허하게 느껴졌다. 그녀가 틀렸던 것이다. 그녀에게도 사랑은 꼭 필요한 것이었다.

사랑은 나이를 먹게 해주는, 인생이 순조롭고 중요하다고 느끼게 해주는 주된 경험 중 하나이다. 나를 찾아왔을 때 조니는 사는 게 행복하지 않았다. 결혼 생활에서 정서적 거리를 느꼈고 사랑이 중요하다는 사실을 점차 깨닫고 있었다. 그녀는 심각한 실패가 될 것이라서 이혼을 원치 않았다. 가족 중 누구도 이혼한 적이 없었고 아들에게 상처를 주고 싶지도 않았다. 그녀는 많은 사람들을 괴롭히는 그런 종류의 난관에 처해 있었다. 갇혀서 꼼짝할 수 없다고 느끼는 교착 상태에. 치료를 하면서 교착 상태에 처한 관계를 흔히 보는데, 나는 이 해결책, 저 해결책을 고려하는 당사자의 게임에 빠지지 않으려고 노력한다. 그런 접근 방식은 그 교착 상태를 더욱 분명하게, 그리고 더욱 나쁘게 만들 뿐이다. 대신 나는 당사자의 인생 이야기, 결혼 생활 이야기, 두려움과 소망, 꿈, 삶의 희망을 탐색한다.

나의 치료 방식은 일반적으로 다섯 가지 요소로 이뤄져 있다.

1. 이야기 : 인생 이야기를 주의 깊게 듣는다.
2. 꿈 : 영혼의 재료와 타임라인을 보기 위해 꿈을 추적한다.
3. 관점 : 자신의 관점을 표현하게 한다. 예를 들면 내담자가 자신을 판단하는 것을 판단하지 않는다.
4. 악마와의 대면 : 자신 안에서 생기는 문제를 다룬다.
5. 영성 : 궁극적인 의미와 신비 – 영적인 차원 – 의 문제에 마음을 연다.

치료의 목적은 문제에 대한 합리적이고 논리적인 해결에 도달하는 것이 아니다. 문제를 다른 방식으로 탐색해 결국 새로운 관점이 나오게 하고 치료의 진지한 반향에서 해결책이 나오게 하는 것이다.

치료는 다시 삶에 참여하게 해주고 교착 상태를 통과하게 해줌으로써 나이 드는 과정을 도울 수 있다. 가령 진정으로 결혼 생활에 임하거나 이혼을 할 수 있을 것이다. 삶의 다른 영역에서도 비슷한 움직임이 필요할 수 있다. 맥 빠지는 직장 생활이나 일에서 벗어나거나 다른 곳으로 이사하는 것과 같은.

나는 사람들이 표면적으로는 조니의 이혼처럼 변화를 원할 수도 있다는 것을 알게 되었다. 그러나 변화는 두려운 것이라서 그들은 달라지지 않을 좋은 이유들을 찾아낸다. 때로는 그 이유가 너무 매끄럽고 설득력이 있어서 나도 한참 뒤에야 무슨 일이 벌어지고 있는지 알게 된다. 그들은 가진 지력을 총동원해 능장을 부리고 방어를 한다. 인생의 변화를 원하면서도 죽을 만큼 그것을 두려워하는 것이다.

조니는 이혼이 유일한 해결책이라고 결심했고 이별하는 과정이 오래 걸리긴 했지만 결국 결속감을 느끼고 헌신할 수 있을 것 같은 새롭고 희망적인 독신의 삶을 마주하게 되었다. 고군분투하며 불행한 몇 년을 보낸 뒤였다. 그 세월은 적어도 끝날 즈음에는 내적으로 생산적이었다. 이제 그녀는 온전히 자신의 삶을 살면서 만족감을 느낄 수 있었다. 그녀는 다시 나이를 먹는 과정에 들어섰다. 시간과 활력이 다시 함께하게 된 것이다.

노년으로 가는 통로

우리가 생각해야 할 또 다른 통로는 나이 듦의 첫맛이 아니라 노년의 첫맛이다. 인생의 시기별로 나이가 드는 것과 실제 노년에

다가서는 것은 다르다. 나는 일흔 살에 접어들면서 진정으로 노년이 시작된다는 것을 알았다. 나 자신을 달리 보기 시작했는데, 이는 사람들이 나를 대하는 방식 때문이기도 하다. 그들이 나를 노인이라 칭하기 시작했다. 마음속으로는 늙었다고 느끼지 않았지만 내가 노인이기를 원하는 것처럼 보이는 세상에 적응해야 했다.

그런 뒤 노인으로 사는 데 정착하기까지 적어도 5년이 걸렸다. 아직도 완벽하게 적응하지 못했다. 나는 내가 젊은 일흔여섯 살이라고 생각하기 때문이다. 하지만 젊음을 유지하기 위해서 할 수 있는 일을 하더라도 이제 인생에서 다른 역할을 택할 때라는 것을 안다. 달리 말하면, 아직도 젊다고 느끼지만 사회에 나가면 기꺼이 노인이 되는 것이다. 결혼 생활에서는 노인이 되고 싶지도 않고 내 나이를 느끼지도 않는다. 그 노인은 공적 생활에서 더 많이 나온다. 거기서는 사람들이 관습적으로 반응하는 경향이 있다.

그래도 노년에 들어서는 것은, 언제 일어나든 이전의 정체성상의 변화만큼 중요한 통과의례이다. 이제는 생각과 행동거지를 재조정하고 진정으로 나이 든 사람의 역할을 선택해야 한다. 틀림없이 알고 있는 나이 든 사람들이 떠오를 것이다. 그들 중 고령으로 보이는 이들도 있을 텐데, 우리가 이제 인생의 그 지점에 도달한 것이다.

최근에 아내와 영화를 보는데 노인 대접을 받는 아주 나이 들어 보이는 여자가 나왔다. 그게 그 이야기의 요점이었다. 그러다 영화 속 누군가가 그녀의 나이를 언급했는데 그게 내 나이였다. 잠깐 나는 새로운 연결을 지어야 했다. 외모나 스타일에서 그 여자만큼 늙을 필요가 없다는 것을 알고 있었지만 다시 한 번 노년을 받아들이는 법을 배워야 했다.

우리는 통로를 단번에 통과하지 않는다. 잠시 망연자실해 있다가 인생과 정체성을 다시 생각하고, 그런 다음 다른 방식으로 세상을 사는 경험을 반복해왔다. 통과하는 순간마다 바퀴가 약간 돌아 새로운 실현을 향하도록 한다. 아무리 하찮아도 매 순간은 적절하게 나이 들게 해주는 총체적인 영향력에 더해진다. 우리가 할 일은 시간과 운명의 전환을 받아들이면서 동시에 늙음이 이기지 못한 내면의 젊음을 즐기는 것이다. 시간의 흐름을 거부한다면 우리는 그 젊음을 가질 수 없다. 내면의 젊음과 달력상의 나이 듦은 동전의 양면으로 서로를 지탱한다.

통과하기가 늘 쉽지는 않다. 이건 너무 심하다고 결론을 내리고서 편안한 단계에서 그대로 꼼짝하지 않을 수도 있다. 직업상 나는 제대로 준비되지 않은 것 같은 작가를 많이 만났다. 그들은 즉각적인 성공을 원하며 필사적으로 작품을 인정받고 싶어 하고 칭찬받고 싶어 하는 것처럼 보인다. 내게 도와달라고 하지만 성장한 다음에 작가가 되어야 한다고 말하면 내 말을 듣지 않을 것임을 안다. 그런 일은 저절로 일어나지 않는다. 열심히 노력하고 특정 입문 과정을 거치면서 개인적으로 성장해야 한다. 맞다, 그들이 성공할 수도 있다. 행운을 잡는 미숙한 작가들도 있다. 그러나 정말 훌륭한 창작이 주는 깊은 희열과 성취감은 누리지 못할 것이다. 물론 나는 '성장하라'는 말을 할 수 없지만 그럴 수 있으면 좋겠다.

살아가면서 좁은 수로를, 변화가 요구되는 불편한 시기를 통과하는 것은 너나없이 나이 드는 데 필수적인 것 같다. 너무나 고통스러울 때는 성장이 일어나는 것을 보기 힘들 수 있다. 나이 듦에 대한 개인의 철학이, 충분히 생각해서 준비한 접근 방식이 어려운 도전에서 긍정적인 가능성을 볼 수 있도록 도와줄 것이다. 인생이란 고통과 즐거움, 좋은 시절과 나쁜 시절이 뒤섞인 것임을 이해하도록 도와줄 것이다. 그리하여 인생이 우리를 조이고 누르며 적응하기를 강요할 때 절망으로 무너지지 않게 될 것이다. 도전을 받아들이고 용기를 내어 또 다른 통로를 감내할 때 우리는 진정으로 나이 들기 시작한다.

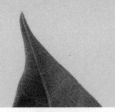

제2부

나이 들며 깊어지기

아무리 많은 길을 여행했어도 영혼에 이르는 길은 결코 찾지 못할 것이다.
그 의미가 너무나 심오하기에.
_헤라클레이토스

멜랑콜리 : 행복에 이르는 길

우리는 흔적으로 남는다. 중국의 실크스크린, 안료나 먹지의 미세층 위 거의
보이지 않는 선들처럼 바로 그 희박함으로, 그럼에도 한 얼굴의 실체적 심오
함을 담은 흔적으로 남는다. 짧은 멜로디, 불협화음들의 독특한 조합에 지나
지 않으나 그것은 우리가 사라진 뒤에도 오래도록 울린다. 이것이 우리의 가
냘픈 미적 현실인데, 이 오래되고 아주 소중한 이미지가 남아 지속한다.

_제임스 힐먼[1]

그렇다, 나이 드는 것은 슬픈 일이다. 인생의 끝을 향해 가고 있
으니까. 몸은 예전처럼 강하지도 유연하지도 않고 친구들은 죽어가
고 건강은 걱정되고 기억은 빠져나간다. 이러니 노년이 뭐가 좋겠는
가? 그러니 멜랑콜리는 갈망과 기쁨처럼 자연스러운 기분이다. 그
것을 이해할 방법을 찾아내지 못한다면 멜랑콜리를 아는 순간 행복
은 모르게 될 것이다.

늙어가면서 슬픔은 자연스레 따라붙는다. 그것을 이겨내려고
약을 먹거나 인위적으로 행복해지려고 애쓸 필요가 없다. 사실 실존
적이고 자연스러운 이 슬픔을 받아들이면, 그것은 압도적인 감정이
아니라 다른 기분들처럼 한 가닥의 기분에 불과할 수도 있다. 우리
안에 떠다니거나 밀려드는 감정과 기분을 지닌 채 살아갈 수 있을
때 좀 더 살아 있고 좀 더 현존하는 것 같고 보다 덜 방어적인 기분이

들 것이다.

이 슬픔, 너무나 적절하고 자연스러운 이 슬픔을 우울증이라고 부르지 말자. 오늘날 '우울증'이라는 단어는 자동적으로 대중요법 반응을, 보통 알약을 요구하는 임상 용어이다. 더 나쁜 것은 그것이 세월의 흐름에 우리가 느끼는 멜랑콜리를 병이라고, 치료해 없앨 것이라고 생각하도록 만든다는 것이다.

우울증이라는 용어를 사용하는 데 대안이 있다. 느끼고 있는 것을 구체적으로 말하는 것이다. 슬프면 슬프다고, 아쉬우면 아쉽다고 하자. 화가 날 경우에는 목소리로 표현하고 분명하게 말하자. 우리가 겪고 있는 것을 좀 더 구체적으로 설명할 수 있다면 대부분의 감정 문제는 가벼워질 것이다.

다른 대안은 이제는 거의 들을 수 없는 훨씬 더 오래된 용어를 사용하는 것이다. 그러니까 멜랑콜리라는 말을. 멜랑콜리는 의학 용어가 아니다. 우리는 멜랑콜리를 호소하려고 의사나 약사를 찾아가지 않는다. 멜랑콜리를 조심하라는 경고신호를 찾아볼 수도 없다. 그것은 씁쓸한 슬픔이고 활력의 상실이나 병은 아니다.

나이 드는 것과 멜랑콜리를 연관 짓는 수 세기에 걸친 전통이 있다. 그 말 자체는 중세적 뿌리를 지닌다. 'Melanis'는 검은색을 의미하고 'choly'는 더 이상 일상생활에서 사용하지 않는 고대의 기질 또는 성격적 특질 중 하나를 가리킨다. 역사상 그 시기의 작가들은 멜랑콜리를 '흑담즙black bile'이라고 했다. 근사하지는 않지만 자연스럽다.

멜랑콜리의 검은 기질은 병이 아니라 상태, 성격적 특성이나 상황에 의해 만들어진 기분이다. 그것은 특정 생활 방식의 결과일 수도 있다. 내가 자주 인용하는 르네상스 시대의 현자 마르실리오 피치노Marsilio Ficino는 'De Vita', 즉 『인생에 대하여』라는 3권짜리 책을 썼다. '건강한 인생에 대하여On a Healthy Life'라는 제목이 붙은 제1권에서 그는 흑담즙을 어떻게 다루는 게 좋을지 말하고 있다. 많은 음식과 좋은 음악을 언급한 후에 이렇게 말한다.

'반짝이는 물이나 녹색이나 빨간색 사물을 응시하는 것이 좋다. 정원이나 숲, 강가나 아름다운 초원을 걷는 것도 좋다. 또한 승마나 하이킹, 차분한 항해 등 온갖 종류의 다양한 일들, 그러니까 유쾌하고 편안한 여러 가지 일들을 해보는 것도 좋다. 그리고 기분 좋은 사람들과 늘 함께하라고 말하고 싶다.'

일상적이고 단순한 활동은 건강을 증진시키고 많은 노인들을 괴롭히는 멜랑콜리의 흑담즙을 완화시킬 수 있다. 숲속을 산책하고 반짝이는 호수나 강을 찾고, 부정적인 사람들과 시간을 많이 보내지 않는 게 좋다. 오늘날 우리는 피치노 같은 르네상스 시대 의사의 지혜를 상실했다. 우리는 우리의 건강과 기분을 위해 자연에 의지하고, 주변에 어떤 종류의 사람들이 있는지 생각하고, 또 정원과 나무의 가치를 이해하는 것이 얼마나 중요한지 알지 못한다. 그런데 피치노가 반짝이는 물가를 산책하라고 할 때 가장 중요한 것은 그 반짝거림이다. 그냥 보통 물이 있는 데는 안 된다. 그리고 그 반짝거림을 볼 수 있도록 천천히 걸어야 한다.

세월이 흐르는 것이 슬프다면 그 감정을 억눌러서는 안 된다. 그 기분을 누군가에게 털어놓자. 그런 뒤 멜랑콜리를 상쇄하는 흥미로운 경험으로 인생을 채우자. 만일 우울증 진단을 받았다면 우울의 뿌리로 내려가보라고 권할 테지만 이것은 멜랑콜리이다. 자연 속에서, 그리고 우호적인 사람들 사이에서 긍정적인 경험을 하면서 위로와 격려를 받으면 된다.

멜랑콜리는 삶의 자연스러운 일부이기에 그것이 성격적 특질이라고 하더라도 그냥 놔둬도 된다. 억압하지 않는 것이 적절한 선을 넘지 않는 데 도움이 된다. 너무 빠질 수도 있는데, 그럼 문제가 된다. 전반적으로 말해 슬픔도 수많은 감정 중 하나라고 받아들이는게 좋다. 그것이 우리의 삶을 지배하거나 감정의 표준이 될 필요는 없다. 일어나고 있는 다른 모든 일과 연결된 것으로 볼 수 있고, 그렇게 되면 적정한 선을 넘지 않을 것이다.

내 친구 힐먼은 늘 자신의 분노에 대해 말했고 드러내야 할 경우에는 표출했다. 그의 사진을 보면 쉽게 분노를 엿볼 수 있다. 미소를 짓고 있어도, 그의 앉아 있는 자세를 보면 싸울 준비가 되어 있다. 나의 경우는 슬픔에 대해 말해야 한다. 내게는 멜랑콜리한 구석이 있다. 그것이 내 행복이나 유머 감각을 저해하지는 않지만 있는 것은 확실하다. 힐먼에게 분노가 그랬듯 나의 상상력에 불을 지피는 것은 멜랑콜리이다.

최근에 나는 내 사진을 보는 순간 당황했다. '이 슬픈 눈 좀 봐'라고 나는 혼잣말을 했다. 가끔은 그 슬픔이 네 살 때 보트 사고로 죽을 뻔했던 사건 때문은 아닐까 생각한다.

우리는 모두 소처럼 끊임없이 과거의 기억을 되새김질하며 이해하려고 노력하면서 약간의 평온이라도 얻으려고 한다. 최근에 나는 아내에게 '호수에서 죽을 뻔했던 일에 대해, 할아버지가 나를 살리기 위해 자신의 목숨을 버린 일에 대해 생각하지 않고 단 1주일도 보낸 적이 없다'고 말했다. 그것은 사실이다. 나는 자주 네 살밖에 안 되었을 때의 그 기억을 떠올리며 그 모든 것이 무엇을 의미할까 생각한다. 내가 간혹 느끼는 두려움은 그 기억 때문일까. 확실히 그 기억은 지금도 내가 호수에서 재미 삼아 노를 저어보려 하거나 편안하게 수영을 해보려 할 때면 영향을 미친다. 내가 편안한 수영이라고 생각되는 것을 하면 다른 사람들의 눈에는 극심한 공포에 빠져 허우적대는 것으로 보일 것이다.

그러나 또한 이 위험하고 무서운 경험이 내게 준 것은 무엇일까 생각한다. 가끔은 그 경험이 있었기에 공부하고 성찰하는 진지한 삶을 살게 된 것 같다. 죽음에 가까워지면 흔히 주의를 집중하게 된다. 그것은 또한 종종 어릴 적에 질병이나 부상에서 회복되어 영적인 지도자가 되는 샤먼의 경험을 상기시킨다. 내가 샤먼이라는 말은 아니다. 우리 모두 인생의 껍질을 뚫고 위아래의 신비를 꿰뚫어볼 수 있는 샤먼의 잠재력을 가지고 있다는 의미에서가 아니라면.

나의 친할아버지는 가끔 나를 노 젓는 작은 보트에 태우고 작은 호수에서 물고기를 낚았다. 한번은 모험 삼아 큰 호수로 갔는데 강풍에 배가 뒤집혔다고 한다.

할아버지는 내가 거친 파도에 휩쓸리지 않도록 당신이 할 수 있는 모든 일을 했다. 전복된 보트의 뒤집힌 바닥에 필사적으로 날 올려놓고서. 할아버지는 익사했고 나는 제시간에 구조되었다. 할아버지는 분명 오늘날 많은 이들이 좋아하는 사람은 아니었다. 정치적으로 올바르지 않았고 타고난 여성적인 면도 별로 없었다. 세련되지는 않았지만 섬세했으며 세상의 소금 같은 사람이었다. 그런데 날 위해 목숨을 바쳤다. 어떻게 그토록 너그러울 수가 있을까? 또한 나는 그날 모든 남자를 그토록 비난받아온 가부장제의 대표자로 간주하지 않고, 모든 사회적 병폐를 하나의 계급으로서 남자들에게 돌리는 것을 거부함으로써 남자들을 지지하는 법을 배웠을 것이다.

또한 그 사건은 나를 죽음과 접촉하게 했다. 나는 네 살이었는데 의식이 돌아왔을 때 담요와 시트로 몸이 꽁꽁 감싸인 채 큰 침대에 누워 있었다. 누군가가 던진 장의사라는 말을 듣고 당연히 내가 죽었다고 생각했다. 나는 단단히 말린 시트 때문에 움직일 수가 없었고 방 안의 목소리는 모두 나지막하고 침울했다. 나는 인류학자들의 책에 나오는, 공동체에서 새로운 삶에 대처하기 위해 나뭇잎 아래에 묻혀 죽은 것처럼 애도되는 통과의례를 치르는 젊은이 같았다. 네 살 때 치른 나의 이니시에이션initiation은 정신에 헌신하는 나의 긴 삶을 위한 준비였다.

인생 초년에 겪은 그 사건은 나를 나이 들게 만들었다. 그 이후 나는 집안의 다른 아이들과 같지 않았다. 물론 어떤 소년다운 진지함은 내 성격과 정체성의 일부였지만 죽음을 알게 되면서 보기 드물게 심각해졌던 것 같다. 9년 후 나는 사제가 될 생각으로 집을 떠났다.

언젠가 그 사건의 의미와 함축에 대한 결론에 도달하게 될 것이라고 생각하지는 않는다. 그러나 70년 동안 그 일을 들여다본 것은 내가 나이 드는 데, 나 자신으로 피어나는 데 중요한 부분이었다. 그 사고 이야기는 70년을 살아오는 동안 인생이 내게 준 원료의 일부이다. 그 사건은 굉장히 중요하다. 나는 그 일을 자주 생각하며 그 사건이 내게 어떤 영향을 미쳤을까 생각한다. 그 순수한 궁금증은 내 인생을 처리하는 내 영혼의 일이다.

또 가볍지만 상존하는 나의 슬픔은 열세 살의 나이로 기숙신학교에 들어가려고 집을 떠날 때 느꼈던 강렬한 향수병의 잔재가 아닐까 생각한다. 그냥 내 기질일까? 어디서 비롯된 것이건 멜랑콜리는 나한테 좋다. 그것은 날 침묵하게 해주는데, 나는 그 상태가 좋다. 만일 내가 멜랑콜리를 거부하거나 너무 심하게 통제하려 한다면 열정과 기쁨을 상실할 것이다. 멜랑콜리는 행복에 이르는 길이다.

시인 윌리스 스티븐스Wallace Stevens는 '한 신의 죽음은 모든 신의 죽음'이라고 했다. 나는 이 현명한 교훈이 감정에도 적용된다고 생각한다. 슬픔을 억제하면 정서적 삶 전체가 고통받을 것이다. 감정은 꾸러미로 온다. 그러니까 기분 좋고 받아들일 수 있는 것만 택하고 나머지는 떨쳐버릴 수 없는 일이다.

토성 밑에서 태어나다

초기 르네상스 시대의 책들은 흑담즙도 나름의 좋은 점이 있다고 했다. 검은색은 본질적으로 아름다운 색임을 기억해야 한다. 먼저 그것은 무게를, 진지함을 부여한다. 많은 사람들이 삶의 진지함을 느끼지 못한다. 인생을 너무 가볍게 취급하며 스치듯 살아간다. 멜랑콜리는 우리를 멈추게 하고 생각을 강요한다. 흔히 침울한 기질이라 일컬어지는 흑담즙의 전통적 이미지 중 하나는 두 손으로 머리를 붙들고 있는 노인이다. 로댕의 유명한 「생각하는 사람」이 그 예이다. 일종의 무드라(손동작 - 옮긴이) 혹은 영적이고 뭔가를 표현하는 포즈인 이 제스처는 멜랑콜리에 시달리는 사람이 해야 할 일을 보여준다. 멈추고 인생을 들여다보고, 그리하여 진지해져야 하는 것이다.

멜랑콜리는 좋은 삶에 필요한 그 침울한 정신이 인격에, 그리고 태도와 행동에 점차 스며들게 해준다. 다른 사람들이 자신의 삶을 결정하게 놔두지 않고 자신의 권위를 느낄 수 있다. 자신의 인생을 자신이 책임지면서 자신의 지식과 직관과 경험을 더욱더 신뢰할 수 있다. 『인생의 책』에서 피치노는 고대인들이 사파이어로 토성의 이미지를 만들었는데, 그에게는 검은 가운을 걸치고 머리를 검은 리넨 천으로 덮은 채 머리 위로 두 손을 들어 올리고 낫이나 물고기를 들고 왕좌나 용 위에 앉아 있는 노인으로 보인다고 말한다.

여기에 멜랑콜리에 관한 몇 가지 단서가 있다. 그것은 우리를 우리 자신의 삶이라는 옥좌에 앉히고, 수동적으로 삶에 시달리기보다는 삶을 지배하도록 할 수 있다. 그 노인은 머리에 천을 쓰고 있다. 르네상스 시대의 사람들은 사방이 둘러싸인 곳에 머물고 챙이 넓은 모자를 쓰도록 권장되었다. 항상 감성의 햇살을 받지 않도록. 토성은 멀리 떨어져 있는 행성으로 고요와 물러남을 상징한다. 만일 노년의 멜랑콜리를 느낄 때 피치노의 충고를 따르게 된다면 어떻게든 머리를 덮고 세상에서 물러나 있을 좋은 곳을 찾아가 삶을 관장할 더 많은 권한을 쥘 수 있을 것이다.

그러나 이 무거운 정신은 너무 과도할 수 있는데, 그러면 그에 대응해야 할 때도 있다. 피치노는 흰옷을 입고 활기찬 음악을 듣고 가능한 한 야외에서 많은 시간을 보내라고 조언한다. 내 생각으로는 두 가지를 동시에 할 수 있다. 즉 멜랑콜리를 받아들이고 실제로 멜랑콜리해지면서, 또한 좀 더 활기 있고 흥미로운 활동으로 그것을 완화시키는 길을 찾는 것이다.

나는 거의 매일 노년의 멜랑콜리를 느낀다. 영원히 살 수 있으면 좋겠다. 죽음에 대해서는 생각하고 싶지 않다. 그러면 어떤 식으로든 죽음을 받아들여야 하는데, 그게 싫은 것이다. 인생은 힘들기도 하지만 아름답다. 어쨌거나 대안은 뭘까? 더욱더 좌절감을 주는 것은 죽음에 관해 아는 게 전혀 없다는 것이다. 그저 내세가 있었으면 하고 바랄 뿐이다. 지적인 사람들은 내세란 우리를 위로하기 위한 환상이라고들 많이 이야기한다.

우디 앨런Woody Allen은 '나는 죽음이 두렵지 않다. 그저 죽음이 일어날 때 거기에 있고 싶지 않을 뿐이다'라는 유명한 말을 했다. 내 기분이 꼭 그렇다. 비록 나는 한 발 더 나아가 아주 늙는 것에 대해서도 그런 기분이지만. 나는 원칙적으로 죽음의 진가를 이해할 수 있지만 한가롭게 그러고 있을 시간은 없다.

언젠가 힐먼은 결투라도 신청하듯 내 눈을 똑바로 쳐다보며 이렇게 말했다.

"죽음에 대해서 난 유물론자라네. 죽으면 끝이라고 생각해."

그와 난 아주 가까운 친구였지만 그는 내 안에 있는 수도승을 좋아하지 않았다. 나는 그가 유물론자라고 선언했을 때 그 수도승에게, 유물론적 삶의 방식에 반대되는 주장을 펴는 데 생애의 대부분을 보낸 사람에게 말하고 있다고 느꼈다.

늙어가면서 멜랑콜리해지는 데에는 충분한 이유가 있다. 아내는 밤에 멜랑콜리해진다고 하는데, 이 느낌은 아내의 나이 듦의 일부이다. 우리는 거의 모든 면에서 반대라 나는 아침에 멜랑콜리해진다. 내가 얼마나 더 많은 아침을 맞게 될까 생각할 때. 멜랑콜리는 사람마다 다르고 어떤 규칙이 있는 것도 아니다.

이미 고백했듯 나는 타고난 그대로 머리카락이 무성한 남자를 보면 멜랑콜리를 느낀다. 나도 저렇게 숱 많고 진하고 매끄러운 머리카락을 가졌는데 하면서. 그냥 지나가는 느낌이긴 하지만 인생이 멜랑콜리해지기에는 충분하다. 나도 나의 젊음이, 나의 갈색 머리가, 끝없는 아침이 있었으면 좋겠다.

나는 이 만성적인 멜랑콜리를 없애는 길을 찾다가 그것을 받아들이는 법을 배워야 한다는 사실을 깨닫는다. 그것은 사라지지 않을 것이다. 그것은 나이 듦의 일부이고 좋은 대안 같은 것은 없다. 나는 멜랑콜리를 느껴야 하고, 그것이 내게 스며들어 나를 달리 어찌해보려고 늘 애쓰지 않는 진정으로 나이 든 사람으로 바꾸도록 놔둬야 한다. 세월 앞에 장사 없다. 세월을 이길 수는 없다. 내버려두자. 늙자. 있는 그대로의 나이로 열망 없이 서 있자. 변명도 하지 말고 부정도 하지 말고 빠져나가지도 말고.

주말 워크숍 도중에 앞줄에 앉은 적극적이고 활기차 보이는 나이 든 여성이 '나이 드는 것은 겁쟁이들을 위한 게 아니다'라고 선언하듯 말한다. 그녀의 주된 불만은 친한 친구 대부분을 잃었는데 나이 들수록 그 나머지도 계속 잃게 될 것이라는 거다. 그녀가 감정을 실어 그 말을 할 때 당시 100세였던 나의 아버지가 친구들이 다 먼저 갔다는 이야기를 했던 게 생각났다. 슬픈 일이다.

그런데 이 슬픈 현실의 이면에는 우리가 살아 있다는 사실이 있다. 우리에게는 노년이라는 선물이 있다. 새로운 친구들도 있고, 먼저 간 친구들에게는 허락되지 않았던 경험을 할 기회도 있다. 아직 소박한 기쁨을 누릴 이유가 있는 것이다. 또한 우리의 운명에, 우주가 우리에게 준 수명에 따르는 깊은 즐거움을 발견할 수도 있다. 슬픔에 빠져 있지 않아도 되는 것이다.

나이 드는 것뿐만 아니라 모든 게 다 그렇지만, 자신의 성격과 역사, 능력과 약점, 지식과 무지와 더불어 자기 자신으로 사는 것이 심한 신경증 없이 사는 비결이다. 얼마나 많은 사람들이 자신의 본성과 경험을 무시하는 미묘한 방식들을 찾아내는지 모른다. 자신을 감추고 자신에 대해 사소한 거짓말을 하고 다른 사람인 척 가장하며 남의 눈에 띄지 않으려고 유머를 사용한다. 그럴 필요가 없다. 멜랑콜리한 노년을 다루는 좋은 방법 중 하나는 사람들에게 그냥 자신을 보여주는 것이다.

철학에는 '존재하는 것은 지각된 것이다'라는 오래된 말이 있다. 존재하려면, 생명과 활력을 가지려면 보여야 한다. 정확히 있는 그대로의 자신이 보일 때 나는 존재하게 된다. 보임으로써 존재로 나아가게 된다. 나의 생명을, 나의 현존을 느끼게 되는 것이다. 부끄러워 숨는다면 나는 존재하지 않는다. 나 자신에게도. 우리의 존재가 줄어드는 것이다.

그래서 나이를 먹는 좋은 전략은 자신을 보여주는 것이다. 나이를 공개하자. 감추지 말고 변명하지도 말자. 사람들에게 있는 그대로의 자신을 보여주자. 진갈색 머리카락이 잿빛이 되었어도.

몇 년 전 우리의 소규모 공립도서관 지하실에 많은 사람들이 몰렸다. 시인 도널드 홀Donald Hall의 강연과 낭독을 듣기 위해서였다. 당시 그는 80대였는데 그의 말을 듣고, 그리고 거기에 모인 사람들에게 그의 존재가 얼마나 중요한지를 보고 나니 여든이 넘으면 공개적인 자리에 나서지 않겠다고 마음먹었던 것을 재고하게 되었다. 나이를 감추고 나약하거나 허약한 모습을 보이지 않을 생각이었던 것이다. 그런데 그런 소박한 상황에서 도널드 홀의 넉넉한 존재감에 대담해져서 할 수 있는 한 나의 일상적인 일을 하는, 그러니까 강연을 하고 가르치는 나의 모습을 상상하게 되었다. 여든 살에도 사람들 앞에 나서보지 뭐.

요즘 들어 응시의 중요성에 대해 많이들 얘기한다. 어떻게 이 세계를 속속들이 강렬하게 봐야 하는지에 대해서. 그러나 우리도 보여야 한다. 우리도 응시의 대상이 되어야 한다. 진정한 인간이 되는 이 과정에는 다른 사람들이 필요하다. 그것은 공동체 과정이다. 그리고 우리는 있는 그대로의 우리를 볼, 그 모든 훌륭함과 불완전한 모습을 볼 공동체가 필요하다.

멜랑콜리한 기분도 보여주자. 멜랑콜리는 더 충만한 존재와 존재감을 줄 수 있다. 그것이 없다면 일부만 존재하게 된다. 멜랑콜리는 우리 자신의 일부이므로. 우리는 우리 자신을 발명하지 않는다. 우리는 발명된다. 우리는 우리가 되고 싶은 사람이 아니라 우리가 어떤 사람이 되었는지를 보여줘야 한다. 우리 자신을 보여줌으로써 있는 그대로의 우리가 되는 것이다.

멜랑콜리는 어두워야 한다

멜랑콜리하다고 말할 때면 그와 연관된 생각들이 머릿속을 맴돌 것이다.

'밝아져야 해. 난 왜 이러지. 사람들이 날 좋아하지 않을 거야.'

우리는 멜랑콜리를 병리적으로 보는 경향이 있어서 정당한 기분이 아니라 문제라고 여긴다. 그러나 항상 쾌활한 사람들을 궁금하게 여겨야 한다. 영원히 햇살 속에 있을 만한 이유를 가진 사람은 아무도 없다. 사실 내가 보기에는 변함없는 난공불락의 행복이란 기분 장애이다.

멜랑콜리할 때는 자신이나 세상에 대해 쾌활할 때는 보이지 않는 것들을 발견할 수 있다. 그 어두운 기분은 어떤 것들이 변해야 한다는 것을, 현 상황이 행복하지 않다는 것을, 어떤 관계들은 자신에게 좋지 않다는 것을, 창의성이 잠자고 있다는 것을 깨닫게 해줄 수 있다. 그 잿빛 기분은 햇살에 가려 있던 것들을 볼 수 있게 해주는 필터와 같으며, 그 새로운 자각은 유익할지 모른다. 멜랑콜리는 우리에게 도움이 될 수 있다.

『도덕경』은 '행복은 비참함에 뿌리를 두고 있다'고 말한다. 그런 식으로 본다면 쾌활함은 멜랑콜리에 뿌리를 두고 있다고 말할 수 있을 것이다. 두 기분 모두 우리의 삶에서 자리를 요구할 뿐만 아니

라 멜랑콜리는 또한 행복의 어머니, 행복의 뿌리이자 기반이다. 멜
랑콜리를 허용할 수 있다면 더 깊은 행복을 맛볼 수 있는 더 나은 기
회를 갖는 것이다.

좀 더 자세히 말하자면, 때로 사람들이 행복이라고 부르는 것은
그저 슬픔을 피하려는 노력에 불과하다. 보다 심리학적인 용어로 표
현하자면, 행복은 때로 불행에 대한 방어일 수 있다. 우리는 불행하
거나 슬픔을 보이기를 원치 않으며, 그래서 실재하지 않는, 적어도
깊이가 없는 쾌활함을 드러낸다. 이 거짓 행복은 실제 만족을 주지
않지만, 어쨌든 순간적으로는 슬프게 보이는 것보다 낫게 느껴질 수
있다.

그 도교의 구절 뒤에는 여기에 적용되는 다음과 같은 또 다른
통찰이 이어진다.

현자는 예리하지만 찌르지 않고
날카롭지만 꿰뚫지 않으며
솔직하지만 멋대로 하지 않고
눈부시나 눈멀게 하지 않는다.

여기다 이렇게 덧붙일 수도 있다.
'멜랑콜리하지만 우울하지는 않다.'

흔히 진짜 기분을 드러낼 때는 그것을 감추려고 애쓸 때만큼 확
연하지 않다. 『도덕경』은 기분을 드러내되 극단으로 흐르지 말라고
권한다. 이는 감정을 털어버리지 않으면서 그 감정을 드러내는 미묘

하고 흥미로운 기술이다. 그것은 음과 양이다. 실제로 느끼는 것을 한 톤 낮춰 표현하는 것이다.

멜랑콜리를 다루는 제1단계는 그 기분과 싸우거나 그것을 치료할 필요가 없다는 것을 아는 것이다. 사람들에게 그 기분을 이야기해 알리고 자신이 그 기분을 받아들이고 있다는 사실도 알리는 것이다. 또한 거짓 쾌활함을 유지하며 살겠다고 마음먹는 대신 멜랑콜리에 맞춰 인생을 설계할 수도 있다. 적어도 한동안은 파티나 모임 초대를 사양하고 외톨이처럼 살아보는 것이다. 멜랑콜리에 굴복해 인간 혐오자가 되어야 한다는 말이 아니다. 멜랑콜리가 안전하게 삶에 섞여들 때까지 잠시 멜랑콜리를 받아들이는 얘기를 하고 있는 것이다. 한동안은 열심히 멜랑콜리해져야 할 수도 있다.

이 책에서 나의 멜랑콜리에 대해 쓰는 것은 나를 위한 치료 전략이다. 앞에서 말했듯 내게는 지속적이고 이해하기 힘든 복잡한 슬픔이 있다. 나이 듦에 대해 긍정적인 이야기를 쓸 수는 있지만 슬프다는 사실을 고백하고 싶다. 또한 그것이 창의적이고 성취감을 준다는 것도 안다. 감정에 대해 말할 때마다 그 모든 것을 염두에 두는 것이 도움이 된다. 나이를 먹는 아픔은 시인하면서도 전반적으로 나이를 먹고 또 나이 듦의 본질적인 측면인 진짜 사람이 되는 것에 행복을 느낄 수 있다. 이것이 영혼으로 나이 든다는 내 말의 의미이다. 때로는 서로 모순되는 온갖 감정을 느끼면서 우리는 나이가 든다. 감정이 풍부한 사람은 압도당하지 않고 다양한 감정들을 품을 수 있다. 이것은 없으면 안 되는 필수적인 기술이다.

현자는, 최선을 다하려고 노력하는 사람은 날카롭지만 꿰뚫지 않는다는 『도덕경』의 구절을 기억하자. 꿰뚫는 것은 너무 나가는 것이지만, 그렇다고 부드러워지지는 말자. 날카로워지자. 멜랑콜리도 비슷하다. 자신의 우울로 주위를 물들이지 않고 자연스럽게 받아들이는 방식으로 슬퍼할 수 있다. 우울한 사람 주변에 있는 것은 쉽지 않지만 멜랑콜리한 사람은 위로가 될 수 있다.

내게는 감정이 오르내리는 친구가 두세 명 있었다. 며칠은 쾌활했다가 또 며칠은 멜랑콜리한. 나는 두 분위기가 다 좋았지만 고요한 멜랑콜리 쪽이 더 좋았다. 외향적인 쾌활함보다 슬픔에 우정의 여지가 더 많아 보였다. 슬픔이 쾌활함보다 낫다는 말이 아니라 그저 항상 '업'되어 있지 않은 상태의 가치에 주목하자는 것이다.

『도덕경』에서 얻을 수 있는 또 다른 교훈은 슬픔이든 분노든 욕망이든 다급한 쪽으로 움직이되 극단으로 흐르지 않는 것이다. 우리를 사로잡는 기분을 존중하면, 그러니까 그에 대해서 이야기하고 그것을 어느 정도 받아들이면 적어도 웬만큼은 거기에 적응하면서 살 수 있다. 화가 난다면 화로 인해 말과 행동이 날카로워질 수는 있지만 감당할 수 없을 정도로 터뜨리지는 말자.

예를 들어 피치노의 방식대로 멜랑콜리에 어울리는 옷차림을 할 수 있다. 그러니까 어두운 색깔의 옷과 챙 넓은 모자, 스카프와 베일을 걸치는 것이다. 혼자 산책을 하고 명상 음악을 듣고 자연을 찍은 멋진 흑백사진을 가까이 두는 것이다. 더 오래 자고 천천히 움직이고 말수를 줄이는 것이다. 이런 것이 멜랑콜리한 기분에 잘 어울리는 일들이다. 완전히 굴복하지 않으면서 그 기분을 존중하는 것이다.

멜랑콜리해지는 기술

우리 대다수는 나이 드는 게 반갑지 않다. 옛날로 돌아가고 싶고 몸이 예전 같기를 바라고 친구와 연인, 가족과 동료들을 그리워한다. 우리가 느끼는 슬픔은 자연스럽고 정상적이다. 그리고 치유할 수 없는 것이다. 이것은 인생 경험의 일부이다.

위대한 골퍼 아놀드 파머Arnold Palmer는 2004년에 마지막 마스터스 토너먼트 경기를 치렀다. 그는 이렇게 말했다.

"힘든 1주일이었습니다. 경쟁력 있는 선수로서 나의 커리어를 끝내고 다시는 경기에 나가 한 번 더 우승하려고 노력하지 못할 것임을 아는. 맞아요, 늙는다는 것은 지옥입니다."[2]

그러나 그런 감정에 굴복할 필요는 없다. 그에 대해 할 수 있는 일들이 있다. 주어진 대로 받아들이고 굴복할 필요는 없다. 느낌에 완전히 굴복할 필요가 전혀 없는 것이다. 감정을 다루는 기술도 있고 예술도 도움이 된다.

멜랑콜리한 음악과 그림을 감상하는 법을 배울 수도 있다. 슬프면 사무엘 바버Samuel Barber의 유명한 「현을 위한 아다지오Adagio for Strings」나 요한 제바스티안 바흐의 「G선상의 아리아Air on a G String」나 멜랑콜리한 수많은 컨트리 송을 들어보자. 슬픔과 로맨스로 나의 마음을 건드리는 노래는 에릭 클랩튼Eric Clapton의 「원더풀 투나잇Wonderful Tonight」이다. 윌리 넬슨Willie Nelson의 「구월의 노래September Song」도 레너드 코헨Leonard Cohen의 「수잔Suzanne」처럼 멜랑콜리와 사랑을 연결시키는 팝송이다. 그러나 음악은 개인적이므로 각자의 슬픔에 상충함이 없이 동행할 수 있는 적절한 노래나 작품을 찾아야 할 것이다.

시각예술도 감정을 상상력의 영역으로 깊이 끌고 갈 수 있다. 그렇게 되면 골치가 덜 아프다. 이미지는 날것의 감정이 지닌 힘을 약간 없애준다. 그것에 형태를 부여하고, 심지어는 의미에 대한 단서를 주면서. 정말로 힘든 감정은 강력하게, 그리고 이유 없이 닥치는 것들이다. 이미지는 감정을 설명하지 않지만 붙잡을 수 있고 이해할 수 있는 뭔가로 포장한다.

시각적인 예로 영화 「트루먼 쇼」를 들 수 있다. 삶 전부가 리얼리티 TV 쇼였던 남자에 대한 영화이다. 그는 자신이 하는 모든 일을 수백만 명이 텔레비전으로 지켜보고 있다는 사실을 알지 못한다. 그의 삶은 모든 것이 세트이고 그가 만나는 모든 인물은 대본에 따른다. 마지막에 가서 그는 진짜 하늘로 이어지는 문을 발견하고 그 문을 통해 탈출해 마침내 자신의 삶을 살아갈 수 있게 된다.

이 영화는 많은 사람들이 사회가 인정하고 권장하는 삶을 사는 것을 멈추고 자신의 삶을 발견할 수 있다는 희망을 찾는 데 도움을 준다. 또 나 자신이 되는 것의 중요성과 군중을 따를 때 느끼게 되는 공허감을 깊이 이해하게 해준다. 어떤 영화들은 보통 눈에 보이지 않지만 삶의 기쁨을 저해하는 중요한 패턴들을 볼 수 있게 해준다.

우리는 오랫동안, 때로는 평생을 시각예술과 함께 살아간다. 우리는 그것이 주는 교훈과 통찰을 들이마신다. 그래서 우리는 어떤 노래나 음악 작품을 반복해서 듣는 것이다. 우리 안으로 스며들어 도움이 되라고. 예술은 우리가 슬플 때 그 느낌에 이미지를 부여하고 그것을 소화할 수 있게 해주며 더 고결하게 만들어줄 수 있다. 예술은 감정을 억압하지 않고 약간의 거리를 둠으로써 그 무거움을 덜어준다.

직접 예술 작품을 만들거나 작곡을 하거나 연주를 하면 훨씬 좋다. 그냥 노래만 해도 조금 가벼워질 수 있다. 그냥 목소리만으로 노래를 만들어보자. 그런 식의 노래 부르기는 치유가 될 수 있다. 골치 아픈 감정들을 외적인 형태로, 즉 그림이나 노래, 혹은 시로 꺼내놓으면 점차 마음이 가벼워지는 것을 느낄 수 있다. 그것을 보고 그것을 들으면 더 이상 품고 다니지 않아도 된다는 것을 느낄 수 있다. 예술은 감정을 견딜 수 있게 해주며 궁극적으로는 심지어 창조적으로 만들 수도 있게 해준다.

나이가 들면 적극적인 삶에서 벗어나 보다 명상적이고 표현적인 삶으로 나아가게 된다. 멜랑콜리는 그냥 슬픔이 아니다. 멜랑콜리에는 유익하거나 실제 필요할 수도 있는 조용하고 명상적인 성질도 있다. 멜랑콜리해지면 가만히 앉아 만사를 느끼기 위해 적극적인 삶에서 물러날 수 있다. 격동하는 삶에 빠져 있을 때 필요했던 정신의 가벼움을 갖지 않아도 된다.

멜랑콜리와 천재

예술사가인 어윈 파노프스키Erwin Panofsky는 중세부터 르네상스 시대까지 예술에 있어서 멜랑콜리의 개념을 탐구했다. 그는 멜랑콜리가 질병으로 이해되던 시기부터 예술적 천재의 표시로 인정되던 때까지 그 변천을 기록했다. 우리도 상식적으로 유사한 결론에 도달할 수 있다. 주변 사람들 중에 늘 쾌활한 사람을 떠올려보자. 아마도 그 사람에게는 미숙한 구석이 보일 것이다. 어쩌면 그 사람은 삶의 어려운 도전들을 인식하지 못하거나, 때로는 비참한 것이 이치에 닿는다는 것을 이해하지 못할 것이다.

만일 멜랑콜리에 전적으로 굴복하지 않고 그것을 경험의 일부로 받아들인다면 무언가를 말해주는 사려 깊은 사람이 될 수 있다. 그것이 삶의 기술의 기본이다. 미묘하고 현명하게 살아가려면 먼저 삶에 대한 성찰부터 해야 한다. 그 안 좋은 면도 포함해서. 이 규칙은 나이 드는 일에도 적용된다. 항상 유쾌해지려고 애쓰는 것을 그만두고 온전히 인생을 사는 고통과 수고의 진가를 이해하기 시작할 때 우리의 천재성은 나타날 것이다.

과도한 쾌활함과 더불어 감상적인 것도 제대로 나이 드는 데 방해가 될 수 있다. 우리는 젊음을 너무 대단하게 여기며 소중하게 받든다. 젊음에도 그 나름의 고통과 투쟁이 따른다. 나는 풍성했던 내 갈색 머리카락이 빠진 이야기를 할 때면 거의 감상적이 된다. 만일 내가 그쪽으로 너무 나간다면 나이 드는 아름다움을 간과하게 될 것이다. 유일한 방법은 넉넉한 삶에는 필연적으로 멜랑콜리가 따른다는 것을 인정하고 다른 사람으로, 슬픔을 아는 사람으로 출발하는 것이다.

헨델의 「메시아」에는 『이사야서』에서 따온 '그는 슬픔에 찬 사람이고 슬픔이 어떤 것인지 잘 안다'는 가슴 저미는 구절이 나온다. 예수를 가리키는 이 구절이 요점을 말하고 있다. 슬픔을 아는 사람은 부활로 나아가 기쁨에 찬 삶을 살 수 있다. 그런 사람은 슬픔을 알기에 좀 더 신뢰할 수 있고, 어쩌면 훨씬 더 매력적으로 보일 것이다.

결국 우리는 역설에 도달하게 된다. 멜랑콜리를 받아들이는 것이 우울증에 이르지 않고 즐거운 노년에 이르는 지름길이라는. 받아들인다는 것은 빠지는 것도 아니고 회피하는 것도 아니다. 미화하지도 낭만화하지도 않고 그에 대해서 말하는 것이다. 지나치게 걱정하지 않고 내버려두는 것이다. 그것을 멀리하려고 영웅적으로 노력하는 일은 확실히 하지 않는 것이다.

물론 늙는 것은 슬픈 일이고, 멜랑콜리의 아픔은 아마도 서서히 노년으로 접어들 때부터 우리를 따라다닐 것이다. 그 아픔은 찌르는 듯해 우리를 처지게 하고 우리의 기쁨을 감소시킬 것이다. 하지만 우리에게 삶의 깊이와, 인생을 바라보는 관점과, 예리한 이해력을 가져다주기도 할 것이다. 그것은 인간이 되는 것이 어떤 것인지를 배울 때 익숙해져야 하는, 달콤하면서도 쌉쌀한 너무나 흔한 선물 중 하나이다.

5

삶의 원료, 경험의 처리

맞다, 망각은 저주일 수 있다, 특히 나이 들수록. 그러나 망각은 건강한 두뇌
가 하는 보다 중요한, 거의 기억만큼이나 중요한 일 중 하나이다.
_마이클 폴란[3]

나는 한 내담자와 앉아 있다. 그 역시 치료사인 예순다섯 살의
남자이다. 나는 인간 본성에 대한 그의 이해력과, 그 순간 그의 삶
에 갈등이 없다는 점에 깊은 감명을 받았다. 그는 과거의 많은 문제
를 해결해서 이제는 자신에 대해 상당히 편안해 보인다. 친한 친구
가 많고 과학과 예술, 그리고 영적인 삶에 관심이 있다. 가족들 사이
에서 자신이 하는 역할에 대해 그가 하는 이야기를 들으면 – 물론 그
의 자식들은 모두 장성해 결혼했다 – 그 영혼의 평온함과 그 삶의 풍
요로움에 감탄하게 된다. 같은 치료사끼리 우정이 편치 않다는 것을
알면서도 나는 그의 친구가 되고 싶어진다.

우리는 상담 시간의 대부분을 그의 꿈에 집중하며 보냈는데, 꿈
은 그가 인생에서 현재 직면하고 있는 문제들 중 일부를 어떻게 다
룰지 암시한다. 그러나 그의 꿈에는 많은 사람들의 꿈의 소재인 유

혈, 공포, 편집증, 건설, 방황 같은 것이 없다. 그의 깊은 내면의 삶조차도 평온하고 질서정연해 보인다. 별다른 일이 없다.

어느 날 그가 어떤 꿈 이야기를 한다. 일단의 젊은이들을 가르치고 있는데, '이사회'의 한 멤버가 나타나 이사회는 그가 가르치는 것을 인정하지 않는다고 말하는 꿈이다. 이사회는 그를 내보내기로 결정했고, 그는 학생들을 두고 떠나는 것이 슬프다. 학생들을 가르치는 것이 좋았지만 이사회의 지지 없이 그가 할 수 있는 일은 없다.

잠시 그 꿈에 대해 이야기를 나누는데, 이상하게도 그 꿈이 무엇을 말하는지 도통 알 수 없는 느낌이다. 이 남자와도 그렇고 대부분의 내담자와도 나는 보통 그들의 꿈이 인생의 어떤 측면을 해명해주는 지점에 도달한다. 꿈을 해몽한다거나 최종적이고 명백한 방식으로 적용한다는 말이 아니다. 하지만 이번에는 그 꿈이 무엇을 말하는지, 내담자의 삶과 어떻게 연관되는지, 또 어떤 일반적인 주제나 진실을 전달하는지 감이 오지 않는다.

나는 내담자에게 교회나 학교 같은 단체나 조직과 문제가 있었던 역사가 있다는 사실을 알지 못했다. 그는 조용한 잔소리꾼으로, 조직 내 사람들에게 인기가 없는 자리들을 맡았다. 마지못해 반대하는 사람이었던 것 같은데, 그런 공적인 입장으로 인해 한 번 이상 직장을 잃은 경험이 있었다.

그러나 이제 은퇴했기에 그의 삶에는 응답할 조직이 없다. 비통함을 안겨줄 이사회도 없다. 그는 자유롭고 편안하며 누구에게도 답변할 필요가 없다. 그러니 그 꿈은 도대체 뭐란 말인가?

나는 꿈에 의미가 없다고 생각하지 않는다. 그 의미를 파악하지 못하는 우리가 문제이다. 나는 이 상담이 이 남자에게 무의미해질 것 같다는 생각이 들었다. 은퇴해서 도움도 안 되는 치료사에게 쓸 돈도 없는 사람인데. 도전받는 기분이었다.

그런데 그 뒤에 그 남자의 인생 이야기가 떠올랐다. 인기 없는 자리를 맡고 이사회의 위협을 받았던 일을 계속 이야기했다. 은퇴한 지금은 그 패턴으로 살고 있지 않을 것이다. 하지만 그는 여전히 과거의 일부로 그것을 해결하려고 노력 중인지도 모른다. 거절당했을 때의 감정이 아직 정리되지 못하고 고스란히 그의 안을 떠다니며 여전히 그를 불편하게 하고 있는지도 모른다는 생각이 들었다.

그런 생각에 빠져 있는데 또 다른 생각이 떠오른다. 꿈의 이미지에 보다 일반적인 생각이. 나는 이사회를 너무 문자 그대로 생각했던 것이다. 모든 사람의 마음속에는 응답해야 하고 때로는 기대에 못 미치고 때로는 실망시킨 이사회가 있다. 그 이사회는 우리가 한 일에 만족감을 느끼도록 놔두지 않는다. 내 친구는 인생이 그에게 안긴 그 모든 거부가 슬픈 게 아닐까. 마치 그것들이 하나의 전체적인 처벌인 양.

그다음 시간부터는 보다 직접적으로 내담자가 실패라고 생각했을 때 가졌던 느낌 속으로 들어갈 수 있는 기회를 가졌다. 그 느낌들이 그의 내면을 지배하지는 않았다. 그는 전반적으로 행복하고 만족스러운 사람이었다. 그러나 편안한 가운데서도 그에게는 끝내지 못한 과거의 어떤 재료가 있었을지 모른다. 그것이 그의 '이사회', 현재 그의 행복을 갉아먹고 있는 그의 초창기의 잔재에 대해 내가 느낀 것이다. 우리는 그 개인적인 역사를 정리하고 보다 깊은 만족을 느끼는 상태에 도달할 수 있었다.

과거 경험의 소화

영혼으로 나이가 든다는 것은 본질적으로 자기 자신이 된다는 뜻이다. 자신의 이야기를 하고 또 하면서 경이에 찬 마음으로 자신의 경험을 계속 돌아보는 것이다. 그렇게 하면 자신에 대해 더 많이 알게 되고 그 지식에서 행동하게 된다. 자신의 이야기를 하면서 자신의 운명 속으로 더 깊이 들어가고 자신의 정체성을 발견하게 된다. 여기에 피상적인 것은 아무것도 없다. 정체성은 자아ego와 아무 관련도 없다. 그것은 영혼 깊은 곳에서 서서히 나타나는 것이다.

'이사회'에 해명을 하는 꿈을 꾸었던 내 친구는 교수 시절의 경험을 되돌아봐야 할 것이다. 내가 할아버지와 함께 탔던 보트 사고로 거의 죽을 뻔했던 일을 계속 생각하듯이. 그러한 과거의 경험이 무엇을 의미하는지, 그것이 어떻게, 그리고 왜 계속 영향을 끼치는지 확실하게 아는 사람은 아무도 없다. 그러나 분명 그런 경험들은 뭔가를 요구하고 있다. 우리가 할 수 있는 것은 그 경험을 기억하고 생각하고 분석하고 진지하게 받아들이는 것뿐이다. 이것이 나이 든 사람들이 조용히 앉아서 하는 일이다.

필수 원료

어떤 사건은 다른 사건들보다 더 많이 들여다봐야 한다. 상담 치료를 할 때도 이 원리가 작동하는 것을 본다. 누구의 삶에서든 몇몇 사건은 한 사람의 전반적인 경험에 어떤 방향 내지는 분위기를 부여한다. 부모의 정서적 문제, 정신적 외상을 초래한 사건, 이런저런 종류의 학대, 도움이 된 친척이나 교사, 심각한 질병이나 사고, 혹은 다른 지리적 지역으로의 큰 이동 등이 그런 경험일 수 있다. 그 외에도 많은 경험이 있을 수 있는데, 누구나 인생 이야기를 하면서 중요한 전환점이나 흔적을 남긴 일들에 대해 이야기할 수가 있다.

이런 사건들, 특히 혼란스러운 사건들을 들여다보는 일은 내가 말하는 의미에서 나이 듦의 큰 부분을 차지한다. 그런 경험들을 그냥 내버려두면 삶의 흐름을 막고, 나이 들고 성숙해지는 과정을 저해하게 된다. 이런 생각들과 꿈들은 대화 속에서 계속 등장하며 관심을 요구한다.

나는 상담 치료를 하면서 정상적인 삶을 사는 데 특별한 어려움을 지닌 40대 후반에서 50대 초반의 여성을 많이 만났다. 안정적인 관계나 만족스런 직업을 확보하지 못한 이들이었다. 그들 모두가 공유한 한 가지 문제는 부모와 행복한 삶을 누리지 못했다는 것이었다.

일반적으로 아버지들이 다른 사람과 친밀한 관계를 맺는 법을 몰랐고 가족 모두를 통제하려고 고압적으로 노력하다가 좌절감을 드러내면서 자식들에게서 사랑을 빼앗을 뿐 아니라 그들을 공허한 권위와 만성적인 분노의 희생자로 만들었다. 어머니들은 보통 딸들에게 힘이 되어주지 못하거나 가정 본연의 안락한 유물론 속으로 물러나버렸다.

이는 일반화이긴 하지만 내가 들었던 많은 인생 이야기를 요약하고 있다. 현대 서구의 삶의 초상이라고도 할 수 있을 것이다. 우리는 결혼의 역학에 능하지 못하며 그 어려움을 자식들에게 전하게 되는데, 결국에는 자식들이 나쁜 부모가 자신에게 끼친 영향을 발견하게 된다. 그들은 중년에 그 영향을 고통스럽게 느낀다. 부모의 결혼 생활의 어려움은 자식의 인생 이야기의 일부이며 때로는 자식이 잘 나이 들지 못하게 한다.

결혼이라는 제도 자체와 육아에 대한 태도를 재평가할 필요가 있음은 분명하다. 오늘날 이런 중요한 역할들이 대체로 무심결에 수행되는 바람에 굉장히 많은 잠재적 문제 요인이 그 속으로 스며들어 자식들에게 장애가 되고 있다. 이런 아이들은 어른이 되어서도 그 무의식적 결혼과 육아의 영향을 처리해야 한다. 그 뿌리 깊은 문제를 인식하고 좀 더 의식적으로 접근하는 편이 좋을 것이다.

어떤 이들은 인생을 그 나름의 과업을 갖는 전반기와 방향을 트는 후반기로 나누곤 한다. 나는 인생 전체가 여러 단계로 펼쳐진다고 상상하는 편이 더 좋다.

아마도 나 자신의 경험, 놀라움으로 가득 차고 전환점이 많았던 내 인생의 영향일 것이다. 나는 수습 기간이 길었다. 열세 살에 집을 떠나 독특하면서 꽉 찬 수도원 생활을 시작했다. 사람들은 흔히 나의 이야기 가운데 이 부분에 흥미를 보인다. 1950년대에는 그렇게 특이한 일도 아니어서 나로서는 그리 놀랄 일 같지도 않은데. 나는 몇 년 동안 방황하며 나 자신의 길을 찾다가 종교학 박사과정을 밟으면서 몰두할 일을 찾게 되었다. 이런 일들은 분명 수도원 생활의 파생물이었지만, 또한 나의 전망을 확장시키고 궁극적인 인생 과업인 영혼에 대한 글쓰기로 나를 인도했다. 시러큐스 대학교에서 박사 과정을 밟으며 새로운 세계들을 알게 되었고, 그 뒤 제임스 힐먼과 그의 공동체에서 후기 수습 기간을 보내며 영성에 심층심리학을 추가하면서 교육을 마쳤다.

오십이 되었을 때 나는 '졸업할' 준비가 되었다. 두 번째 결혼을 했고 딸과 『영혼의 돌봄』이라는 책으로 성공을 거두게 되었다. 다소 늦긴 했어도 인생이 급진적으로 바뀌었다. 동료들 대부분은 훨씬 일찍 자식을 두고 직업적으로 성공했는데. 나는 내 인생의 호弧에서 대여섯 개의 중요한 전환점을 발견한다.

처음 50년은 명확하게 나누어진다. 죽음을 맛본 전반적으로 무의식적인 어린 시절, 더 크고 강렬한 영성과 학업 세계로의 입문, 불확실성과 방황의 시기, 다시 영혼과 정신 혹은 심리학과 영성을 결합하는 연구와 경험을 한 시기, 그리고 마지막으로 남편이자 아버지, 대중적인 영적인 지도자로 생산적이고 보람 있는 삶을 보낸 시기.

오십이 되었을 때 많은 실험이 결실을 맺었다. 나는 행복한 어린 시절을 행복한 육아로, 성직자가 되겠다는 어린 시절의 소망을 이상하고 예기치 못하게 영적 작가이자 교사라는 세속의 성직자가 되는 것으로 전환시킬 수 있다. 내가 언급한 상담 치료 중에 만난 그 여성들은 이제 직업에서도 관계에서도 확고한 기반을 찾을 때라고 느끼면서 오십이 되었다. 그런데 문제가 많았던 그들의 어린 시절이 계속 방해가 되었다. 그들이 전환점을 돌고 잘 나이 들자면 먼저 그들의 원료로 열심히 작업해야 했다.

내담자들 중 한 여성은 열두 살쯤 되었을 때 있었던 일이 계속 생각난다고 했다. 사소하고 성가신 규칙 하나를 어겼다고 아버지가 그녀에게 고래고래 소리 질렀던 일이. 진노해서 소리를 질러대던 그 참을성 없고 쩨쩨하고 비이성적인 아버지의 모습이 인생에서 그녀의 자리를 규정한 최초의 장면 중 하나이다. 그녀는 어른이 되어서 여러 차례 다양한 치료법을 통해 자신의 '규칙'을 찾고 그녀의 인생에 등장한 많은 아버지 같은 인물들에게 굴복하지 않음으로써 진전을 이루었다. 그러나 그 일이 아직 끝나지 않아서 그녀는 지금도 그 옛 패턴과 싸운다. 이 여성에게는 진정으로 나이 든 자기self는 남자와, 이런 패턴과 다른 관계 맺는 법을 배우는 것을 의미할 것이다. 완벽한 해결이나 마무리는 절대 기대할 수 없다.

우리는 모두 처리해야 할 원료를 갖고 있다. 나는 '처리working through'라는 말을 쓸 때, 행복한 노년기로 우리를 인도해줄 수 있는 수많은 삶의 과정을 밝히기 위해 융이 그처럼 광범위하게 연구하여 사용했던 연금술이라는 단어를 떠올린다. 연금술은 나이 든, 혹은 성숙한 사람이 되는 과정을 '작업The Work'이라고 부른다. 이 작업은 인생을 이해하고 인생을 제대로 살려는 자아의 노력을 요구하는 것이 아니다. 그것은 성숙한 인간이 되는 데 필요한 과정, 입문, 통과의례를 거치는 것이고 우리를 억압하는 옛 습관에서 벗어나게 해줄 수 있는 다양한 반성의 방법을 의식적으로 쓰는 것이다.

연금술은 타고난 본래의 자신이 되는 과정이며, 모든 장애물 아래에 감춰진 자기self라는 황금을 발견하는 과정이다. 연금술은 다양한 물질의 속성과 가능성을 신중하게 연구하는 화학 실험처럼 진행되는 과정이다. 이 경우에는 삶 자체가 우리를 독특한 진짜 사람으로 만들어주겠다는 약속으로 우리를 처리한다.

특정 원료를 다루는 법

'반성reflection'은 풍부한 단어이다. 그것은 '뒤로 구부린다to bend back'는 뜻이다. 그래서 우리는 과거를 반성할 때 무슨 일이 있었는지 보기 위해 되돌아본다. 그것은 또 거울 속에서도 일어나는 일이다. 우리는 거울 앞에서 우리에게 반사되는 것을 본다. 다른 관점에서 우리 자신을 보면서 자기의 많은 면을 감상하는 것이다.

살면서 경험했던 것들을 반성할 때 우리는 되돌아보며 우리 자신을 과거에 놓는다. 과거는 현재를 의미 있고 가능하게 해주는 이미지와 이야기의 풍부한 저장고이다. 우리는 때로 그것이 야기한 고통 때문에 과거를 두려워하지만 우리는 우리가 생각하는 것보다 강해서 과거를 미래로 가져가면서 현재를 다층적으로 만들 수 있다.

우리는 어떻게 되돌아보며 반성하는가? 먼저 사람들과 진실한 대화를 하는 것이다. 우리는 대체로 과거에 대한 두려움 때문에 위축되어 방어적으로 사람들을 만난다. 열린 대화를 한다는 것, 지나친 검열 없이 이야기를 한다는 것은 반성의 한 형태이며 우리가 그 이야기를 듣고 그것을 공개하기 때문에 효과적이다. 자신의 인생에 대해 이야기하면서 자신을 드러내는 깃과, 너무 많이 보여주는 건 아닐까 두려워 자세한 내용을 감추는 것의 차이는 쉽게 알 수 있다.

또한 그냥 옛날을 생각하고 또 생각하면서 반성할 수 있다. 자신의 삶을 드러내는 뭔가를 말할 목적으로 가까운 친구나 가족을 만날 필요성이 분명해질 수도 있다. 그렇게 자신을 드러내는 것은 자신에게 일어난 일을 인정하는 데로 나아가는 첫걸음이다. 그것은 발견일 수도 있다. 친숙한 방식으로 이야기를 시작하다가 잊고 있던, 혹은 억압되어 있던 세부 사항들을 언급할 수도 있다. 과거를 자신의 것으로 하면 자신의 경험의 무게를 느끼게 된다. 그렇게 되면 자신의 정체성의 요소들을 숨기고 모른 척할 때보다 더욱더 자기 자신으로 살아갈 수 있다.

누군가가 '이런 이야기는 누구에게도 한 적이 없다'고 말할 때, 이때는 특별한 순간이다. 폭로가 임박했고 그 폭로는 당사자에게 유익할 수 있다. 그 사람은 새로운 뭔가가 일어날 수 있도록 장벽을 허물고 있는 중이다. 그 순간에는 그렇게 보이지 않겠지만 그렇게 마음을 여는 것은 일종의 반성이다. 그 돌파구 덕분에 계속 숨기고 있었던 일들에 대해 반성할 수 있게 된다. 이것은 일보 전진이다.

앞서 언급했듯 융은 영혼을 만들거나soul-making 원료를 처리하는 과정에 연금술의 이미지를 사용했다. 원료 자체는 연금술사들이 쓰는 라틴어로 '프리마 마테리아prima materia'라고 불린다. 프리마는 '처음'을 의미하지만 그것은 '원시' 혹은 '날것'을 의미할 수도 있다. 우리는 보통 '원료'라고 말한다.

연금술사는 실제 원료를, 다양한 물질을 모아서 유리 용기에 넣고 다른 물질과 혼합하고 가열하고 관찰했다. 이것이 바로 우리가 기억과 생각들로 하는 일이다. 감춰져 있던 기억이나 생각들을 꺼내

볼 수 있는 용기 안에 넣는다. 솔직한 대화가 그런 용기이다. 그것은 계속 재료를 집어넣고 모아서 처리할 수 있게 해주며 그 전부를 찬찬히 들여다볼 수 있게, 즉 반성할 수 있게 해준다. 정식 심리 치료, 가족 상봉, 혹은 일기 쓰기도 그런 용기가 될 수 있을 것이다.

심리 치료는 영혼의 재료에, 즉 기억과 관념과 감정과 관계와 성공과 실패에 초점을 맞추는 특히나 강렬한 대화 형식이다. 그 모든 것을 반성이라는 용기에 넣는데, 그러면 볼 수 있고 강렬한 분석으로 가열할 수 있으며 변형할 수 있게 된다. 우리는 인생의 재료를 담아 관찰할 수 있는, 그리고 감정적 열기와 변형을 촉진할 수 있는 용기들이 필요하다.

심리 치료에서 첫 번째 문제는 그런 용기를 만드는 문제일 것이다. 어느 날 한 여성이 찾아왔다. 그녀는 심리 치료가 자신에게 어떤 도움을 줄 수 있는지 몹시 알고 싶어 했다. 첫 상담 시간에 그녀는 진료실로 들어와 앉더니 아무것도 하지 않았다. 말 한마디도 하지 않았다. 나는 많은 질문을 했는데 흥미 없다는 듯 신음과 비슷한 소리를 내거나 한 단어로, 그것도 말끝을 흐리며 답변했다. 아무 일도 일어나지 않았다. 한 시간 후 용기에는 재료가 하나도 없었다. 그녀는 다시 오지 않았다.

다른 치료사였다면 그 상황을 더 잘 다루었을지도 모르지만 나는 그녀가 아직 마음을 열 때가 안 되었다고 여겼다. 아무런 재료도 없이 우리가 할 수 있는 일은 별로 없었다. 내 아내라면 그림을 그리게 하거나 요가 자세를 취하게 해서 재료의 일부를 캐낼 수 있을 테지만 내게는 그런 재주가 없었다. 게다가 고백을 격려하는 역할을 맡는 것도 옳은 것 같지 않았다. 사실 이 사람은 아직 자신의 영혼을 들여다볼 준비가 안 되었다는 것 자체가 재료라는 생각이 들었다. 아니면 그녀가 그렇게 하도록 도와주기에 내가 적당한 사람이 아니었을 수도 있다. 나는 다른 어떤 것도 강요하지 않음으로써 그 재료를 존중했다. 그 치료는 아무것도 일어날 수 없는 자리가 되었다.

오늘날에는 반성적인 삶을 사는 데 관심 있는 사람이 많지 않은 것 같다. 현대의 삶은 행동이나 행동 계획에 전념한다. 앞으로 더 나은 행동을 하기 위해 우리가 한 일을 평가할 수 있다. 그러나 그것은 반성이 아니며 진실로 과거를 돌아보는 것이 아니다. 그것은 더 나은 미래를 위해 과거를 이용하는 것이다.

반성은 평가나 계획에 도움이 되려고 하는 것이 아니다. 반성은 그 자체로 우리의 존재 상태를 심화시킨다. 우리는 반성을 통해 더 사려 깊은 사람이 되고, 그러한 변화는 나이 듦의 일부이다.

수도원에서 지내는 동안 공동체로서 우리는 무슨 일이 있고 나면 다 같이 모여 젊지만 현명한 원장님의 지도 아래 그에 대해 이야기를 나누곤 했다. 우리의 목적은 다음번에는 더 잘하게 되리라는 희망에서 사건을 평가하는 것이 아니라 그저 우리의 반성 속에 무엇이 나타나는지 보려는 것이었다. 우리는 공통의 경험을 중심으로 나누는 이 대화 자체가 우리 공동체에 도움이 될 것이라고 생각했다.

반성은 행동보다는 존재를 키우고, 나이 드는 것은 우리가 하는 일보다 우리가 누구인가와 관련되어 있다. 돌아보지 않고 경험만 계속 쌓는다면 외적인 삶은 발전해도 내적인 삶은 발전하지 않는다. 우리는 반성을 통해 감정에, 그리고 사건의 의미에 더 가까이 다가

갈 수 있다.

나는 활동적인 것부터 반성적인 것까지 사람마다 그 스케일이 다르다는 것을 알고 있다. 어쩌다 보니 나는 극단적으로 반성적인 사람이라서 사회에 보다 적극적으로 공헌하는 사람들이 존경스럽다. 그러나 전반적으로 문화가 행동에 집중되고 반성을 이해하지 못하기 때문에 반성에 역점을 두는 것이다.

반성적인 사람은 내적인 삶을 발전시킨다. 이게 무슨 말일까? 내면이란 어떤 감정을 그것에 작용을 가하지 않고 수용하며 그 층들과 의미와 톤을 느끼고 그것을 다른 경험과 연결하며 그 가치를 인정할 수 있는 능력이다. 철저히 깊이 생각할 수 있는 능력인 것이다.

내적인 삶이 있으면 비로소 '어떤 사람'이 된다. 판에 박힌 사람 이상이다. 복잡하고 다층적이고 진정으로 세련된 사람이다. 나는 이런 말들을 앞에서 영혼으로 나이가 든다는 의미를 설명할 때 썼다. 내면을 발달시킨다는 것은 잘 나이 드는 것과 같은 것이다.

결국에는 두 사람처럼 된다. 남들 눈에 보이는 사람과, 눈에는 덜 띄지만 똑같이 중요한 사람이. 숨겨진 자기가 나쁜 것이어야 할 필요는 없다. 그것은 그 자체를 자주 내보이지 않는 조용한 내적 삶일 수도 있다. 이 숨겨진 내면이 우리를 흥미롭게 만들며 우리에게 차원을 부여할 수 있다.

나의 가장 친한 친구 중 한 명은 전직 미식축구 선수인 팻 투메이Pat Toomay이다. 우리는 1980년쯤 만났는데 그와 함께 밖에 나가면 사람들이 자주 그의 슈퍼볼 반지를 보고 그의 삶의 적극적인 면에 흥분한다. 그러나 팻과 나는 유럽 르네상스 시대의 마법이라는 공통 관심사 덕분에 만나게 되었다. 그의 이런 매우 다른 면을 보게 되면 그가 놀라우리만큼 깊은 지식과 이해력을 갖춘 매우 지적인 사람임을 알게 된다. 이런 것들이 팻의 '자기들 selves' 가운데 서로 상당히 다른 두 개의 자기이다. 스포츠와 연예계에서 두드러진 자기와, 눈에 잘 띄지는 않지만 보다 원숙기에 도달한 팻의 필생의 일의 주 원천인 자기.

공적인 삶이 끝나면 우울증으로 무너지거나 최소한 힘이 빠져버리는 사람들이 있다. 그러나 팻의 지적인 내적 자기는 미식축구에서 은퇴하자 매우 활기차게 활동하기 시작했다. 팻은 잘 나이 드는 사람의 좋은 본보기이다. 그에게는 나이 들면서 번창하기 시작한 내적인 삶이 있기 때문이다. 이것이 내가 찾는 패턴이다. 이 경우 나이 들면서 이전보다 더 적극적으로 살게 되어 나이 든다는 것이 활력의 감소가 아니라 증가를 의미한다. 그러나 이것은 내적인 삶의 기반이 있고 세월이 흐를수록 내적인 삶이 더 중요해질 수 있을 때 가장 잘 작동한다.

팻은 반성적인 사람이다. 자신의 미식축구 경험을 글로 쓸 때만이 아니라 신화, 상징, 종교, 예술의 큰 문제들에 대해 사색할 때도 그러하다. 사람들은 흔히 정치나 오락, 날씨 같은 외적인 것들에 대해 끝도 없이 토론한다. 그런 대화에도 약간의 반성이 있을 수 있지만 그런 대화에 의미나 역사, 그리고 사회적 정의 같은 보다 큰 문제가 포함된다면 보다 실질적인 대화가 될 것이다. 나이가 들수록 우리는 철학자가 되어 더 많이 생각하고 더 적게 행동할 수 있을 것이다.

지적인 삶이 정체된 사람은 영혼으로 나이 들기 어렵다. 그런데 우리가 이야기하는 것들이나 우리가 보는 책들, 그리고 우리가 보는 영화들을 생각해보자. 그런 것들은 주로 외적이며 우리 삶의 문제들, 특히 성, 폭력, 사랑, 친밀함 같은 것들을 깊은 성찰 없이 다룬다.

노년기는 이런 중요한 삶의 측면에 대해 더 자주, 더 깊고 진지하게 반성할 완벽한 시간을 제공한다. 물론 젊은 시절에 이런 종류의 반성을 시작해야 하지만 노년기에 그 깊이에 도달할 수 있다. 경험에 대해 깊이 생각하거나 강렬하게 반성하는 것에 관심을 상실한 문화의 일부가 되는 것은 나이 드는 것을 더욱 어렵게 만든다.

존재의 핵심 발견

최근에 아일랜드에서 어떤 아일랜드인과 일 이야기를 하는 꿈을 꾸었다. 내가 몇 살처럼 보이느냐고 묻자 그가 '서른 살 같다'고 했다. 나는 '일흔여섯 살이랍니다'라고 말했다. 그는 내 말에 관심이 없어 보였고 그저 자신이 참여한 어떤 프로젝트를 함께 하자고만 했다.

나이 듦에 관한 책을 쓰고 있을 때 바로 나이에 관한 꿈을 꾼 것이 흥미로웠다.

그 꿈에서 첫 번째로 주목할 점은 그 아일랜드인이 나를 서른 살로 생각했다는 것이다. 그는 나의 젊은 자기self를 보고 내가 일흔여섯 살이라는 사실에는 관심이 없었다. 처음 아일랜드를 방문했을 때 나는 열아홉 살이었고 수도원 생활을 하고 있었다. 나는 열아홉 살부터 스물한 살 때까지 북아일랜드에서 철학을 공부했다.

우연히도 조상들의 조국인 아일랜드에서 나는 새로운 문화 방식들을 발견하게 되었다. 아일랜드에 살고 있는 사촌들을 만났고, 금세 그 나라를 사랑하게 되고 집처럼 느끼게 되었다. 또 철학적으로 사고하기 시작하고 실존철학을 알게 되었는데, 이는 종교를 다른 관점으로 보게 된 큰 계기가 되었다.

그것은 내가 나의 청춘을 떠나보내고 새로운 세계들을 발견하고 생각하는 법을 배우면서 나이를 먹은 최초의 강렬한 경험 중 하나였다. 아일랜드로 여행을 가기 전에도 나를 나이 들게 해주었던 경험들을 떠올릴 수 있지만 그 어떤 경험도 그만큼 강력하지는 않았다. 다른 장에서 내 아일랜드의 경험 중 일부인 중요한 멘토, 토마스 맥그리비Thomas MacGreevy와 나의 우정을 좀 더 상세히 기술하겠다.

또 처음으로 아일랜드에서 지내는 동안 많은 작가들, 특히 제임스 조이스James Joyce와 사무엘 베케트Samuel Beckett를 읽기 시작했다. 그들 덕분에 순진한 종교관에서 벗어나 나이 드는 또 다른 과정에 들어서게 되었다. 왜 꿈속의 그 아일랜드인은 내가 스물이 아니라 서른이라고 생각했을까? 그 초년 시절 이후로 조금 성장하긴 했지만 아직도 내게 '아일랜드에서의 스무 살'이 남아 있어서였을까? 그 꿈은 분명 내가 어떤 면에서는 실제 나이인 일흔여섯 살보다 더 젊다고 말하고 있었다.

그 꿈 덕분에 나는 아일랜드에 대한 내 감정도 돌아보게 되었다. 나는 오십 이후부터 아일랜드를 정기적으로 찾았다. 어느 해에는 가족들과 함께 1년 동안 더블린에 살면서 아이들을 아일랜드 학교에 보냈다. 쉽지 않은 한 해였는데, 우리 모두 그 기간 동안 우리 가족이 상당히 나이 들었다는 데 동의했다. 우리는 모두 아일랜드를 사랑했고 아직도 사랑하지만 다른 문화에서 사는 것은 나름 도전이었다.

또한 내가 아일랜드 가문 출신이라는, 외가가 전부 아일랜드인이라는 사실이 있다. 아내의 집안도 완전히 아일랜드 쪽이라 우리 모두 아일랜드에 도착하자마자 따뜻하고 재주 많은 대가족 친척들을 만나게 되었는데 그들은 지금도 우리의 삶에서 중요하다.

이제는 혼자 자주 아일랜드에 가는데, 나는 내가 중요하고 아주 심오한 뭔가를 찾고 있으며 경험하고 있다는 것을 알고 있다. 그곳에 머물 때면 자주 더블린 거리를 거닐며 이제는 아주 친숙해진 그 모든 광경을 바라본다. 나 자신의 잃어버린 부분을 찾고 있는 것 같다. 그리고 내가 아일랜드와 좀 더 가까운 관계였으면 좋겠다고 생각한다. 증조부모가 아니라 조부모가 그곳에서 태어났다면 나도 아일랜드 시민이 될 수 있었을 텐데 하면서. 그런 바람이 내 정체성의 중요한 부분과 더 연결되고 싶다는 어떤 갈망이 아니라면 무엇이겠는가? 나는 과거를, 어쩌면 나 자신에 대한 잃어버린 느낌을, 본질적으로 보이는 그 느낌을 찾고 있을 것이다.

몇 년 전 어느 치료사가 내게 꿈에 나오는 아일랜드를 실제의 장소와 혼동하지 말라고 조언했다. 아일랜드에 대한 꿈을 꾼 것은 이때가 처음이 아니었다. 그런 의미에서 어쩌면 내게는 그렇게 문자 그대로가 아닌 아일랜드인의 한 부분이 있을지 모른다. 한 가지 기억이 이 점을 명확히 보여준다.

『영혼의 돌봄』을 출간한 뒤 새로운 삶과 새로운 일을 창출할 기회가 많았다. 사람들이 교육 프로그램을 만들고 학습 가이드와 과정, 그러니까 사람들이 방문할 수 있는 센터 같은 것을 만들어달라고 했다. 그런데 나는 사무엘 베케트와 제임스 조이스가 계속 생각났다. 나는 학교 설립자가 아니라 작가가 되고 싶었다. 그 점은 분명했다. 그리하여 나는 상당히 고립된 작가의 삶을 일구었다. 여행은 많이 했지만 아무것도 설립하지 않았다. 나의 아일랜드인 우상들 식으로 나는 작가처럼 살았다.

아일랜드와 관련된 나의 삶에 대한 이런 생각들은 반성이 어떻게 영혼으로 나이 드는 데 도움이 되는가를 보여주는 하나의 예이다. 나는 아일랜드를 되돌아보고 있다. 나의 아일랜드 뿌리와 경험에 대해, 그리고 내 조상들의 고향인 아일랜드에 대해 계속 생각하면서 정체성을 발달시킨다. 나는 오래된 과거와 폭넓은 소속감을 가진 사람이 된다. 아일랜드와의 이런 관계 때문에 나는 보다 다층적이고 더욱 뿌리가 깊고 더 사람다운 사람이 된다. 아일랜드와 접촉할 때마다 나의 흥미로운 복잡성이 이끌려 나오고, 다채롭고 강력한 배경을 갖게 되면서 나는 나이가 들었다. 인격이 더 풍부해지면서 나는 나이가 든다. 나는 현실이라는 단 하나의 얇은 차원에서만 인생을 살아오지 않았다.

나는 내 아일랜드성을 유익하게 반성할 수 있으려면 먼저 아일랜드를 직접 찾아가 그곳과 그곳 사람들을 알아야 한다는 것을 깨닫게 되었다. 나는 아일랜드가 집과 같은데, 그 느낌은 뉴햄프셔에 있는 또 다른 나의 집에 있을 때조차도 내게 기반이 되어준다. 그곳에 있을 때는 아일랜드에 대한 갈망이 그 장소와, 그리고 그곳에 있다는 환상들로 나를 채우는데, 이는 또 다른 형태의 반성이다. 미국에 있을 때면 아일랜드를 생각하고, 아일랜드에 있을 때면 나의 미국적 영혼을 더 강렬하게 느낀다.

아일랜드를 향한 사랑에도 불구하고 나는 뉴햄프셔에서 살기로 했다. 주로 미국 역사와 문화에 대한 나의 지식 때문에 나는 이 집도 사랑하고 미국의 안녕에도 전념한다. 에밀리 디킨슨Emily Dickinson, 랄프 왈도 에머슨, 헨리 데이비드 소로, 월트 휘트먼Walt Whitman을 나의 이웃으로 생각하며 루이 암스트롱Louis Armstrong, 벤저민 프랭클린Benjamin Franklin, 토마스 제퍼슨Thomas Jefferson, 앤 섹스턴Anne Sexton, 앨빈 에일리Alvin Ailey, 우디 앨런, 조이스 캐롤 오츠Joyce Carol Oates, 오프라 윈프리Oprah Winfrey, 수잔 앤서니Susan B. Anthony를 나의 동포로 여긴다. 이들은 모두 자신의 재능을 빛냈으며 미국의 비전에 헌신했다.

나는 이 창조적인 미국인들을 돌아보면서 영감을 얻고 인간이 어떤 존재가 될 수 있는지에 대한 긍정적이고 유토피아적인 비전에 기여하게 되었다. 내가 이런 동향의 일부임을 느끼면 느낄수록 나는 더욱더 성숙해지고 영혼으로 나이가 든다. 누구든 할 수 있다. 인간 실험의 선구자이자 옹호자가 되면서 누구든 나이를 먹을 수 있다.

나는 아일랜드의 영혼과 미국의 영혼을 가졌으며 그 둘의 공존이 유익해 보인다. 내가 아일랜드에서 찾는 것들 중 하나는 '오래된 나라'이다. 나는 오래된 건축물과 수많은 유적, 그리고 매우 현대적인 문화에 흩뿌려진 전통적인 방식을 사랑한다. 이는 마치 내가 나이 그 자체를 찾고 있는 것처럼 들린다. 내 영혼 속 깊은 곳에 사는 그 늙고 늙은 자기를 자각하게 될 만큼은 늙지 않은 나이를.

더 분명하고 심오한 자기의식의 계발

영혼으로 나이가 드는 것은 온전하고 풍부하고 흥미로운 사람이 되는 과정이다. 그것은 세월 속에서 일어나는 일이고 적극적으로 참여해야 하는 일이다. 그것은 저절로 이뤄지는 일이 아니다. '나이 든다'는 말은 흔히 나이 드는 것이 우리의 바람이나 참여와 상관없이 그냥 일어나는 일이라는 인상을 준다. 그러나 자세히 살펴보면 나이 든다는 것은 누군가가 되는 것을 의미함을 알게 되는데, 그러면 그 과정이 당사자의 참여 없이 계속될 수 없다는 점을 이해하게 된다. 우리가 우리 자신을 나이 들게 하는 것이다. 우리를 흥미롭고 발전되고 성숙한 인간으로 만드는 것은 우리 자신이 하는 일이다.

여기, 영혼으로 나이 드는 것을 주도할 수 있는 몇 개의 지침이 있다.

1. 더 크고 더 깊은 경험으로 안내하는 삶의 초대를 수락하자. 새로운 것을 시도할 기회가 생길 때마다 핑계를 대기는 쉽다. 그 초대는 낯선 곳으로의 여행일 수도 있고, 새로운 기술을 개발하는 일일 수도 있고, 새로운 직장이나 커리어를 시도하는 것일 수도 있으며, 새로운 우정과 관계를 일구는 일일 수도 있다.

2. 솔직하고 진실을 탐색하는 대화를 통해 지금까지의 경험을 되돌아보자. 우정을 의미 있는 대화에 쓰자. 진실을 탐색하는 방식으

로 경험을 돌아보는 일은 우리에게 깊이와 복잡성을 부여할 수 있다.

3. 자신이 어디서 왔고 어떤 유산을 물려받았는지 알기 위해 아주 먼 과거까지 들여다보자. 나는 나의 아일랜드성에 대해서 썼다. 다른 사람은 유럽적인, 아프리카적인, 혹은 아시아적인 뿌리를 돌아볼 수 있을 것이다. 이런 종류의 반성은 자신이 어떤 사람이고 나이 들면서 어떤 사람이 될 수 있는지를 아는 데 도움이 된다.

4. 여행을 자신이 누구인지, 그리고 무엇을 할 수 있는지 발견하는 방법으로 이용하자. 여행이 무의식적이거나 오락적 가치만 지닐 필요는 없다. 자신의 발전을 위한 목적을, 개인적 의미를 띨 수 있다. 자기의 조각들이 어떻게 전 세계에 흩어져 있는지를 알면 여행지를 선택할 수 있을 것이다. 나의 경우는 영국에서 구현하고 싶은 나 자신의 많은 부분을 발견하며 내가 사랑하는 이탈리아에서도 나 자신의 다른 부분들을 발견한다.

5. 거울처럼 나 자신을 들여다보게 해주고 어떤 사람이 될 수 있을지 생각하게 해주는 작가들을 읽자. 예술과 공예를, 가령 숨은 재능과 즐거움으로 놀라움을 선사할 예술과 공예를 배우자. 자신을 실험하며 내보여주지 않는 한 자기self의 대부분은 발견되지 않은 채 그대로 있게 된다. 실험은 잘 나이 드는 데 중요하다. 아무것도 안 하고 숨어 있으면 자신이 어떤 사람인지 알 수 없으며 세월의 흐름 속에서 형성될 자기를 갖지 못할 것이다.

자신의 인생을 처리하는 것은 자신의 경험에 대해 연금술사가 되는 것이다. 그것을 자세히 관찰하고 그것이 변하는 것을 지켜보고 숨겨진 색과 냄새를 알아차리는 것이다. 감각적으로 기억하는 것이다. 모든 경험이 현재의 삶과 정체성에 초점을 맞추도록 하는 것이다. 그 경험들이 영혼의 원료이다. 거기서 이전에는 세상에 없던 사람이 나온다. 이 과정이 나이 듦이라고 불리는 것이다.

성의 원숙과 확장

아프로디테는 혼자 있는 안키세스를 발견하고 신들이 그를 얼마나 아름답게 만들었는지를 보았다. 제우스의 딸은 그의 앞에 젊은 처녀의 모습으로 섰다. 안키세스는 욕망에 사로잡혔다. '당신은 여신이 분명합니다'라고 그가 말했다. '아니오, 나는 인간입니다'라고 그녀는 대답했다. 그리고 그녀는 달콤한 갈망으로 그의 가슴을 채웠다.

_호메로스의 「아프로디테 찬가」

10대 초반의 따스한 추억 중에는 미시간의 눈 덮인 차가운 겨울 아침, 학교에 태워다주겠다는 아버지와 함께 차가 있는 곳으로 나가는 장면이 있다. 우리는 조용히 차에 시동을 걸고 얼음을 긁어낸 다음 따뜻한 차 안으로 들어가곤 했다. 함께 잠시 가만히 앉아 있다가 아버지가 등을 기대고 어렵게 성에 관한 대화를 시작했다. 나는 아버지가 성교육에 관한 책들을 읽었으며 늘 깨우친 좋은 부모가 되고 싶어 한다는 사실을 잘 알고 있었다. 나는 당혹스러워서 차가 얼른 학교를 향해 출발하기만 바랐다.

문제는 아버지가 배관공, 보다 공식적으로는 위생기사라는 점이었다. 그래서 성에 관한 아버지의 강의는 늘 정자와 난자, 그리고 몸의 배관에 관한 것이었다. 나는 아버지의 좋은 의도를 고맙게 여겼지만 아버지의 접근 방식은 나의 질문에 답하지 못했다. 그런 냉

랭한 사실들은 나의 따스한 환상이나 집착과 어울리지 않았다. 이제는 아버지와 함께했던 그 몹시 추웠던 순간들이 소중한 추억으로 남아 있다. 내가 원했던 성교육은 아니었지만.

오늘날에는 거의 모든 분야에서, 사회문제를 논하든 관계의 어려움을 논하든 엔지니어처럼 말하는 것을 선호한다. 우리는 하드웨어와 하드와이어링hardwiring이 우리가 가장 좋아하는 은유인 기술 시대를 살고 있다. 성sexuality에도 동일한 기계적 언어를 적용하기에 노인의 성을 이해하려고 할 때도 자연스럽게 장기와 육체의 쇠퇴에 초점을 맞춘다. 그러나 보다 긍정적인 전망은 성을 전인적인 경험, 그러니까 감정과 관계에 관한 것만이 아니라 의미 탐색도 고려하는 것으로 생각할 때 나온다.

노년의 성

모든 사람이 다르고 그 상황도 제각각이기 때문에 노년의 성에 관한 의미 있는 결론을 이끌어내기는 어렵다. 어떤 사람들은 빨리 나이 들어서 성적 관심을 상실한 것처럼 보인다. 그런가 하면 성욕이 여전히 강하거나 더 좋아지는 사람들도 있다. 어떤 사람들은 친밀한 파트너가 없고, 어떤 사람들은 파트너를 원치 않는다. 아프거나 육체적으로 약해져 성에 대해 별로 생각하지 않는 사람들도 있다.

연구에 따르면 사람은 나이가 들수록 성적 관심이 감소한다. 하지만 70세 이상에서 남성 중 거의 절반이, 그리고 여성은 그보다 조금 적은 수가 여전히 좋은 성적 경험을 원하는 것으로 나타났다. 거의 같은 수의 사람들이 70세 이후의 섹스도 이전만큼 좋거나 더 좋다고 말한다. 노인들은 성에 관심이 없거나 섹스를 할 수 없다고 생각하는 것은 분명 잘못이다. 어떤 사람들은 섹스를 원하지만 약물치료나 수술 때문에, 혹은 파트너가 없어서 지장을 받는다.

심리적 장벽도 있다. 자신들의 나이에 섹스를 원하는 것은 점잖지 못하다고 여기는 노인들도 있다. 노인이 성에 관심을 보이면 젊은 사람들이 놀라거나, 심지어 혐오감을 드러내는 경우도 도움이 되지 않는다. 그래서 성에 대한 우리의 일반적인 태도가 나이 들면서 성을 다루는 방식에서 중요한 역할을 하는 것처럼 보인다.

성은 무엇을 위한 것인가

일반적으로 사회는 성에 대해 우왕좌왕하는 모습을 보인다. 영화나 인터넷은 생생한 성적 묘사로 도배되어 있는데 교회와 정치 지도자들은 보통 순결과 자제를 옹호한다. 우리는 매혹과 두려움 사이에, 생생한 성적 묘사와 도덕적 분노 사이에, 엄격한 도덕적 통제라는 의미에서 청교도주의와 음탕함 사이에서 분열되어 있다. 그러한 가치와 격정의 분열은 늘 혼란의 표시이자 당면한 문제를 제대로 다루지 못하는 실패의 징표이다.

그러므로 어떻게든 성적 규제와 자유를 훨씬 가깝게 유지해야 한다. 그래야 가령 성에 대해 내숭을 떨지 않으면서 미디어상의 성을 편안하게 제한할 수 있다. 한쪽에서는 과도한 성을 충동질하는데 다른 쪽에서는 도덕적 통제를 밀어붙이면 효과가 없다. 이것이 내가 언급한 분열의 구체적인 예이다.

좋은 출발점은 성에 대해서, 그리고 우리의 판단과 걱정에 대해서 보다 느긋해지는 길을 찾는 것일 테지만, 그러자면 성이 무엇인지에 대해 더 깊이 이해해야 한다. 대부분의 사람들은 아마도 성은 아이를 낳고 사랑을 표현하고 생물학적 욕구를 만족시키기 위한 것이라고 말할 것이다. 그러나 성에는 그것을 일상생활의 다른 측면들과 연결시키는 보다 덜 분명한 속성과 목적이 있다.

가령 성은 다른 사람의 아름다움에 주목할 때 시작될 수 있다. 아름다움은 관계의 가능성에 눈뜨게 해준다. 다른 사람들의 눈에는 아름답지 않거나 문화적인 미적 기준에 부합하지 않을 수도 있지만 누군가는 그 아름다움을 보고 욕망을 느낄 수 있다. 그래서 이렇게 일반화할 수 있다. 성은 아름다움과 관련되어 있으며 아름다움은 어쩌면 성과 관련되어 있을 거라고.

모든 작품의 주제가 영혼이었던 2세기의 그리스 철학자 플로티누스Plotinus는 끊임없이 아름다움을 말한다. 그는 이런 도발적인 말을 한다.

'영혼은 늘 아프로디테이다.'

고대 그리스인들에게 아프로디테는 미와 성의 여신이었다. 나는 이 말을 성은 영혼의 삶에 본질적이며 에로틱한 삶도 마찬가지로 중요하다는 의미로 받아들인다. 아름다움은 주어진 것이다.

오늘날 우리는 성을 그렇게 드높은 용어로 여기지 않으며, 또 에로틱이라는 말을 뭔가 어두운 것을 의미하는 것으로 사용하기 때문에 확실히 설명이 필요하다. 그리스인들에게 에로스는 우주적인 사랑의 포옹으로 세계를 결합시키는, 위대한 창조주로 알려진 신이었다. 이 에로스는 삶과 세계, 그리고 그 안에 있는 모든 것을 사랑하는 것과, 그리고 연결되고 관련되기를 원하는 것과 연관되어 있다. 우리는 우리의 정원에서, 혹은 우리의 작품에서 에로스를 느낄 수 있다. 물론 특정한 사람에게도 에로스를 느낄 수 있는데, 그러한 경우 에로스는 성으로 이어질 수 있다.

예지력을 지닌 과학자이자 가톨릭 사제인 피에르 테야르 드 샤르댕Pierre Teilhard de Chardin도 사랑에 대해 비슷한 글을 썼다.

'결합하려는 내적 성향이 아예 없다면 엄청나게 초보적인 단계, 실로 분자 단계에서도 우리에게서 사랑이 인간화된 형태로 고차적으로 나타나는 일은 물리적으로 불가능할 것이다. …… 사랑의 힘에 이끌려 세계의 조각들이 서로를 찾아 세계가 존재할 수 있는 것이다.'

이 우주적 내지는 개인적인 에로스 이론은 그리스 신화학자들의 말을 상기시키며 그 풍부한 생각을 현대 생활에 가져온다. 우리의 에로틱한 감정들은 원소들을 결합시키는 동일한 에너지의 고등 버전이다. 그 감정들은 고상하며 창조적이다.

내가 이렇게 에로틱한 것과 성적인 것을 연결 짓는 것은, 특히 나이가 들면서 성적인 욕망을 보다 넓은 에로틱한 삶의 방식을 통해 만족시킬 수 있기 때문이다. 섹스를 줄여야 한다는 것이 아니라 세계의 아름다움을 즐기는 것도 포함하도록 성을 확장할 수 있다는 뜻이다.

나는 사람들이 꾸는 성적인 꿈들로 작업을 할 때면 그런 꿈들이 요구하는 것은 더 많은 성적인 경험이 아니라 살아 있는 것을 더 즐기는 것이라는 느낌을 자주 받는다. 사람에 대한 욕망은 삶에 대한 욕망이 감싸고 있다. 나이가 들면서 성생활에 변화가 있을 수도, 없을 수도 있지만 삶의 방식의 중요한 부분이 되도록 성을 확장할 수 있다.

감각적인 일을 더 많이 할 수 있다. 정원을 가꾸거나 그림을 그리거나 자연 속에서 산책을 하거나 상상을 하면서 먹는 것 같은. 이런 일들은 성적 경험을 대신하지 않지만 그것을 확장시켜서 보다 에로틱한 사람이 되게 해준다. 플로티누스를 공부했다면 보다 에로틱하게 사는 것과 삶에 영혼을 불어넣는 것이 정말 똑같다는 것을 이해할 수 있을 것이다.

그 논리를 따르자면 성은 에로틱한 삶으로, 거기서 다시 영혼 지향적인 방향으로 나아간다. 에로틱한 삶은 사람들 사이에서뿐만 아니라 세상 만물과 관련해서도 쾌락, 욕망, 관계, 접촉, 관여, 그리고 깊은 성취감에 중점을 둔다. 평생, 더 젊은 나이에도 성을 활용해 보다 다정한 사람이 되고, 물리적 세계와 좀 더 연결되고, 색다른 데서 아름다움을 보는 능력을 가질 수 있다. 다른 사람들은 평범하다고 지나치는 사람에게서 아름다움을 볼 수 있으며 성 경험을 보다 에로틱한 삶 일반으로 나아가는 출발점으로 이용할 수도 있다. 나는 지금 육체적인 성을 승화하는 것에 대해서가 아니라 그것을 확장하고 심화시키는 이야기를 하고 있다.

이런 식으로 우리는 나이 들면서 자연스럽게 보다 더 성적인 사람이 된다. 게다가 더욱 에로틱하게 살면 섹스에 대한 관심도 커질

수 있다. 막연히 우울하고 세상에 화가 나고 체념하며 무너지는 것
만큼 노년의 성생활에 나쁜 것도 없다. 보다 활기차게, 그리고 더 깊
고 더 즐겁게 살아가는 것이 성생활에 도움이 될 것이다.

자신이 어떻게 보이는지 신경 쓰도록 자극을 준다는 것이 아름
다움이 지닌 중요한 역할일 수도 있다. 아름다워지려는 작은 노력조
차도 성과 에로티시즘을 계속 살아 있게 하고 우리의 삶에 더 많은
영혼을 불어넣을 수 있다. 나의 어머니는 87세 때 뇌졸중 수술을 받
았는데, 당시 10대였던 나의 딸이 병문안을 가면 머리를 매만지고
수수하지만 멋진 옷을 차려입고 약간의 화장을 한 후에라야 만나곤
했다. 어떤 사람들에게는 이런 준비가 허영으로 비칠 수도 있지만
어머니는 허영이라곤 없는 분이었다. 그저 아름다움이 영혼에 어떤
역할을 하는지 직관적으로 알았으며, 무엇보다 손녀와 영혼의 관계
를 맺고 싶어 했던 것이다.

전희로서의 인생

나이 들고 생각과 가치관이 깊어지면서 결함이 있는 육체가 젊
음의 완벽함을 능가하는 아름다움을 지닌다는 사실을, 심장의 움직
임이 신체의 위치보다 더 성적일 수 있다는 사실을 알게 될지 모른
다. 노년의 성이 가장 만족스럽고 무엇보다 흥미로울 수 있는 것은
바로 자아와 권력과 통제를 초월하기 때문이다. 어떤 면에서는 육체
적 성이 무너지고 영혼이 전면에 등장하게 되는 것이 다행일 수도 있
다. 때로 자아에 대한 실망이 한 사람의 깊은 영혼의 문을 열 수 있다.

다른 중요한 목적들도 있지만 성은 당연히 주로 관계의 문제이다. 육체적 쾌락에 중점을 둔다고 해도 파트너에 대한 사랑의 일부로서 파트너에게 쾌락을 줄 수 있고 또 받을 수 있다. 파트너를 그냥 하나의 대상으로 전락시키지 않고 사랑의 대상으로 대할 수 있다. 연인들은 사랑의 표현이라는 더 큰 맥락에서 서로에게 자신의 몸과 상상력을 준다.

성적 요소가 사랑과 우정에 기반을 두고 있다면 도움이 된다. 노년의 섹스가 젊을 때의 섹스보다 더 낫든 아니든 중요한 것은 성적으로 나이가 드는 것이다. 그러면 섹스가 좀 더 미묘하고 복잡해지며 더 쉽게 사랑과 결속의 감정으로 이어지는데, 이런 면에서 섹스가 더 만족스럽고 재미있어질 수 있다.

나의 오랜 친구들인 조엘과 로이드는 동성애자로 수년 동안 장기적인 3자 관계를 유지해왔다. 그들은 내가 아는 가장 창의적이고 똑똑하고 다정하고 감각적인 사람들에 속한다. 최근에 보낸 편지에서 조엘은 그런 관계를 유지하기가 항상 쉬운 것이 아님을 시사했지만 어떤 통찰도 주었다.

'로이드와 나는 연인이 되기 전에 4년간 우정을 다졌습니다. 관심사가 비슷한 것이 자극이 되었고 우리의 관계에 계속 자극이 되고 있습니다. 고등학교에서 연극을 하다 만났는데, 그것은 우리 둘 다 연기와 극장을 사랑한다는 것을 의미했습니다. 우리가 불경한 유머 감각을 공유하고 있다는 것을 알면서부터 우리의 관계는 본격화되었습니다. 그러다 친구로 몇 년을 지낸 후에 우리는 서로가 어떻게 보이는지 알게 되었습니다.'

이 로맨틱한 성적 관계의 기반을 보자. 관심사, 유머, 우정, 그다음이 로맨스이다. 이 패턴은 『카마수트라』를 연상시킨다. 그 책은 일상생활을 효율적으로 꾸려나가는 법에 대한 제안으로 시작해 성생활로 나아간다. 특히 여기 간략한 조엘의 이야기에서 일반적이면서도 그렇게 흔치는 않은 복잡한 관계임에도 불구하고 조엘이 느끼는 사랑과 기쁨에 주목하자.

이어 조엘은 그들 트리오의 이야기를 한다.

'로이드는 존 때문에 질투를 느끼지 않느냐는 질문을 받아왔습니다. 내가 아는 한 그런 것은 전혀 없었습니다. 내가 로이드와 존에게 나의 관심을 나눌 때조차도 나는 그들 각각에게 끌립니다. 그리고 한 가지 더 있는데, 우리는 처음부터 장기적으로 그런 사이였습니다. 이런 원칙들은 존과 함께하는 우리의 삶에도 적용됩니다. 좋은 점이 나쁜 점보다 압도적으로 많습니다.'

장기적으로 그런 관계를 유지하는 것은 관계에 도움이 된다. '장기적'이라는 것이 그렇게 길지 않을 수도 있는 노인들에게도. 이 경우 시간은 양보다 질이다. 성향이 진지하다면 거의 뭐든 해낼 수 있다. 또한 좋은 것과 함께 나쁜 것도 받아들이는 것이 도움이 되는데, 이는 성숙의 징표이다.

조엘의 상황이 일반적이지는 않다. 그 점은 이해한다. 그러나 이는 영혼의 삶의 또 다른 측면이다. 그러니까 인습적인 경계 안에 항상 들어가지는 않는다. 영혼이 충만한 삶을, 내면 깊은 곳에서 느껴지는 충동과 지시에 호응하는 삶을 살고 싶다면 당연히 '창의적'으로 살게 될 것이다. 그래서 우리가 영혼이 충만한 사회를 갖지 못하는 것이리라. 우리는 마음에 귀를 기울이며 자신과 다른 사람들에 대한 사랑으로 살기보다는 표준화와 순응을 선택한다. 조엘 같은 일부 사람들은 자신의 마음을 따르며 독창적인 삶을 살아간다.

그 사랑이 강하고 또 당사자들이 성숙하고 너그럽고 관대하면 문제는 희미해져서 사라지거나 최소한 감당할 수 있게 된다. 매력은 사람들 사이에서 살았던 삶에서 단서를 가져온다. 관계가 곤경에 처하는 이유는 흔히 관계를 다지는 데 꼭 필요한 풍부한 일상 경험이 없기 때문이다.

이런 가치들은 나이 든 사람이 자신의 성을 이해하는 데 도움이 될 수 있을 것이다. 우리는 사회의 기본요금이 아닌 해결책을 모색해야 할지도 모른다. 우리의 성적 가치관을 일상생활에 접목시킬 때 우리는 독창적이고 창의적이어야 할 수도 있다.

나이 들면서 우리의 성은 더 풍부해지고 더 만족스러워질 수도 있다. 강렬한 오르가즘을 통해서가 아니라 더 강렬하고 즐거운 생활을 통해서. 성을 사랑 만들기lovemaking와 인생 만들기life-making의 가교라고 생각하자. 나이가 성생활에 어떤 이유로 어떤 제한을 가한다 하더라도 그것이 삶의 기쁨과 어디서든 찾을 수 있는 깊은 즐거움을 제한해야 한다는 것을 의미하지는 않는다.

나는 젊은 시절 순결을 서약하고 수도원에서 살았던 경험 덕분에 보다 넓은 성의 정의를 이해할 수 있다. 스물여섯 살이 될 때까지 나는 성 경험이 없었다. 그 기간이 길기도 했지만 인생에서 가장 욕망이 강한 시절이기도 했다. 그러나 억압을 느낀 적은 없었다. 내가 편했던 이유는 강렬한 공동체 생활이 즐거웠기 때문이었을 것이다.

함께 살았던 많은 친한 친구들과 즐거운 시간을 보내며 공동체에서 진정한 기쁨을 느꼈기 때문에 순결을 지킬 수 있었다는 생각이 들곤 한다.

나는 지금 성적 욕구는 여러 방식으로 만족시킬 수 있다는 이야기를 하고 있다. 성이 무엇인지에 대해, 그리고 삶의 모든 면에서 감각적이고 즐겁게 사는 방법에 대해 폭넓은 시각을 갖는 것이 도움이 된다. 이것은 서로 다른 두 개의 영역이 아니다. 성생활과 감각적인 생활 방식, 이 둘은 서로 다른 영역이 아니다. 하나는 다른 하나의 확장이다.

쾌락의 위엄

나이 들수록 쾌락은 가치 있는 성적 목표이다. 오늘날 사람들은 쾌락을 피상적인 것이라고 생각할지도 모른다. 남녀를 불문하고 쾌락을 추잡하게 여기는 종교적인 가정에서 자란 사람이 많다. 나는 늘 순결하고 근면하고 자제하라고 배웠다. 삶의 가치 있는 목표로 쾌락을 추구하라고 말해준 사람은 아무도 없었다. 어릴 때 들었던 수많은 설교 중 쾌락에 대한 것이나 그에 대해 긍정적으로 말하는 설교는 하나도 없었다. 물론 재미있게 노는 것은 좋은 것이었고 부모님으로부터 춤추고 운동하는 법도 배웠다. 그러나 쾌락 자체에는 늘 허영과 무절제의 느낌이 실려 있었다.

나는 그리스의 철학자 에피쿠로스Epicurus를 알게 되면서 인생에 대한 모든 지향이 바뀌었다. 에피쿠로스는 쾌락의 가치와 쾌락이 영혼에 특히 중요하다는 사실을 가르쳤다. 그에게서 '에피쿠리언 epicurean', 즉 쾌락주의자라는 말이 나왔는데, 그 말은 흔히 무절제를 함축한다. 그러나 에피쿠로스는 우정과 평범하고 좋은 음식 같은 단순하고 지속적인 쾌락에 관심이 있었다. 그는 소박하게 감각적이었다. 그가 쓴 글을 읽으면 후에 그의 이름이 쾌락주의를 나타내는 말로 사용될 거라고는 생각할 수 없을 것이다. 다음과 같은 그의 말 중 하나는 쾌락이라는 말로 그가 무엇을 의미했는지 명확히 보여준다.

'쾌락은 육체적 고통과 정신적 고뇌로부터의 자유이다.'

쾌락주의자들이 자주 쓰는 또 다른 말은 '평정tranquility'이다. 그 말은 신체적으로, 정서적으로 편안한 상태를 의미한다.

수 세기 동안 영혼을 작품의 중심에 놓았던 많은 작가들은 쾌락을 영혼에 집중하는 삶의 기본 요소 중 하나로 간주한 쾌락주의자였다. 길들여지지 않은 거친 쾌락이나 가벼운 오락이 아니라 가족, 우정, 좋은 음식, 그리고 즐거운 시간, 그러니까 육체적 고통도 없고 정서적 장애도 없는 상태 같은 깊은 쾌락을.

에피쿠로스적인 성은 이런 깊은 쾌락의 성질을 갖고 있다. 그것은 관계의 즐거움과 신체 접촉이라는 단순한 육감肉感을 결합한다. 그 두 가지, 즉 정서적 결합과 감각적인 접촉을 합하면 에피쿠로스적인 성이 된다.

이런 종류의 성이 나이 드는 사람들에게 얼마나 적합한지 쉽게 알 수 있다. 좀 더 가슴에 와닿고 즐거운 섹스를 하기 위해서 젊을 때처럼 욕망에 이끌리거나 흥분할 필요가 없다. 이제는 차분하면서도 가슴에 깊이 와닿는 다른 종류의 성적 표현을 경험할 수 있다.

만일 나이 든 사람이 만족스러운 성생활의 비결을 묻는다면 나는 주저 없이 말할 것이다. 쾌락주의자가 되십시오!

성은 활력을 의미한다

오랫동안 심층 심리 치료를 해오면서 사람들이 이야기하는 많은 성적인 꿈을 주의 깊게 들었다. 그런 꿈들은 무엇보다 꿈꾼 사람의 성적 경험과 관련되어 있을 거라고 생각할지 모르지만 대화는 좀 더 자주 일반적인 갈망과 욕망으로, 세계와 연결되고 싶은 욕망으로, 그리고 흔히 에로틱한 욕망과 경험을 동반하는 활력에 대한 느낌으로 흘러간다.

나는 성이란 인생의 큰 욕망들과 온전히 살아 있음을 느끼기 위한 탐색의 문제라는 결론에 도달했다. 특별한 성 경험을 하고 나면 사는 것 자체가 즐겁다고들 한다. 하나의 경험이 돌연 삶 전체의 문을 여는 것이다.

성과 전반적인 활력의 이런 연관성은 나이 들수록 성에 대해 긍정적이어야 하는 이유를 제공한다. 그 패턴은 반대 방향으로도 가기 때문이다. 그러니까 삶에 대한 일반적인 욕망을 성생활로 가져올 수 있다. 삶의 기쁨을 경험하면 자연스럽게 섹스에 대해, 활력의 의례이자 생의 찬가인 섹스에 대해서도 좋은 태도를 갖게 될 것이다.

영혼으로 하는 섹스는 관대하고 다정하고 윤리적이고 편안하고 참을성이 있으며, 상상력이 풍부하고 관능적이다. 그것은 지배적이거나 강압적이거나 자신을 증명하거나 굴복하지 않는다. 그것은 영혼이 쾌락의 맥락에 섞일 기회를 제공한다. 또 일상으로 나아가며 세계를 지향한다.

나이가 들면서 섹스는 더 나빠지는 것이 아니라 더 나아질 수도 있다.

신화와 로맨스

수 세기 동안 '신들과 여신들'은 우리의 삶을 형성하는 가장 깊은 패턴들을 나타냈다. 로마의 비너스와 거의 동일한 그리스 여신 아프로디테는 성적 쾌락의 깊은 힘과 의미를 보여준다. 성의 깊은 차원들에 대해 알고 싶다면 그 여신에 대한 이야기와 기도문을 읽어보면 된다.

아프로디테에 대한 호메로스의 찬가는 그녀가 '쾌락을 향한 갈망을 깨운다'고 말한다. 내 생각에 좋은 섹스란 단지 서로 사랑해서 서로를 사랑하는 일을 하는 두 사람의 문제가 아니라 아프로디테를 환기하는 문제, 그녀의 정신을 불러내어 그녀가 흥분을 불러일으키게 하는 문제이다. 연인을 볼 때 우리가 보는 것이 그저 평범한 사람에 불과하다면 갈망을 느끼지 못할 것이다. 그러나 파트너에게서 비너스를 엿본다면 욕망이 살아날 것이다.

연인을 다른 방식으로 볼 수 있다. 있는 그대로 객관적으로 본다면 비너스는 보지 못할 것이다. 사랑하는 사람을 로맨틱한 눈으로 본다면 그 사람 이상을 볼 수 있을 것이다. 그런 눈으로 본다면 실제의 결함은 보이지 않고 봐주기를 기다리는 완벽한 여신을 볼 수 있을 것이다. 영혼이 충만한 섹스는 그런 로맨틱한 시선에서 시작된다.

비너스를 불러내려면 완전히 의식적이거나 통제할 수 있는 상태가 아닌 특별한 상태에 머물 수 있어야 한다. 빛을 약하게 유지하는 것도 도움이 된다. 꿈속 같은 상태, 가벼운 꿈을 꾸는 상태로 서서히 들어간다. 그런 상태에서 파트너를 보고 만지고 말하며 자신의 감정을 느낀다. 그런 상태에서 우리의 사랑과 욕망이 완전히 바꿔놓은 사람과 사랑을 나누는 것이다.

우리는 신화의 영역에 있는 것이다. 완전히는 아니겠지만 아주 로맨틱한 경험을 할 만큼은 충분히. 그렇다고 개인적인 관계를 벗어나는 것은 아니다. 요점은 바로 서로에게 황홀한 섹스를 맛보게 해주는 것이기 때문이다. 파트너와 성적으로, 그리고 로맨틱하게 즐기면서 그 사람에게 더 깊이 다가가는 길을 찾는 것이다.

다시 한 번 말하지만, 내 말이 시대정신과 어긋난다는 것을 나는 잘 알고 있다. 환상은 없애고 투사는 거둬들이고 환각은 극복해야 하는 시대이니까. 하나의 대안은 환상을 이용해 결국에는 상대를 진정으로 알게 되는 특별한 지점에 이르는 것이다.

로맨틱한 사람은 사실보다 상상력을 선호하며 흔히 어둡고 거부되는 요소에서 가치를 본다. 로맨틱한 영화는 도둑과 부적응자를 찬양한다. 로맨틱한 사람은 또한 마술적이고 매혹적인 세계에서 사는데, 그곳은 자연법칙에 반하거나 최소한 자연법칙이 느슨해진 보이지 않는 법칙들이 있다. 무엇보다 로맨틱한 사람은 논리보다 사랑으로 살고 싶어 하고 정신이 아니라 가슴이 이끄는 대로 살고 싶어 한다.

이런 말들이 이상하게 들린다면 호메로스의 찬가나 데이비드 로렌스David H. Lawrence의 시 또는 그리스 비극이나 『오디세이』를 읽어 보라. 로렌스는 이렇게 쓰고 있다.

'남자에게서 신을 엿볼 수 없다면 그의 좋은 점이 뭐겠는가? 그리고 여자에게서 여신을 엿볼 수 없다면 그녀의 좋은 점이 뭐겠는가?'

조셉 캠벨Joseph Campbell은 『천의 얼굴을 가진 영웅』의 서문에 다음과 같은 유명한 말을 남겼다.

'오이디푸스의 최신 화신이, 미녀와 야수의 계속된 로맨스가 오늘 오후 42번가와 5번로의 모퉁이에서 신호등이 바뀌기를 기다리며 서 있다.'⁴

많은 남녀가 아프로디테가 사무실 냉장고 앞에 서 있는 것을 보았던 것이다.

오늘날 신화적으로 살려면 실용적인 정신은 뒷전으로 물러나게 해야 한다. 환상을 허용해야 한다. 문자 그대로인 것과 실용적인 것을 넘어서 봐야 한다. 하지만 진지하게 믿어야 한다. 대중에게서 떨어져 로맨틱한 사람이 되어야 한다.

비너스를 불러내려면 주변 환경에 신경을 쓰고 그녀를 불러낼 수 있는 일을 하자. 많은 게 필요하지 않다. 육체적으로 완벽하거나 평균 이상일 필요도 없다. 미소, 한 타래의 머리카락, 이두박근, 부드러운 옷, 어떤 색조, 향기, 감탄의 말 몇 마디 같은 물리적 속성 하나면 비너스를 불러낼 수 있고, 이는 우리의 나이와 아무런 상관이 없다.

초월적 성

영혼의 관점에서 섹스는 사랑과 욕망의 표현만이 아니다. 신성
하고 신비한 영역과 접촉할 수 있는 진정한 의식儀式이기도 하다. 섹
스는 또 보통의 시공간을 벗어나 생각, 감정, 감각 속으로 깊이 들어
가는 차원으로 흘러들 수 있게 해준다. 때로는 신비로운 경험처럼
느껴질 수도 있다. 이런 섹스에서 우리는 나이가 없고 젊지도 늙지
도 않으며 또 둘 다이기도 하다. 때로는 다시 젊어져 20대가 된 것 같
은 기분이 들기도 한다.

우리는 섹스에 대해 이런 '영혼'적 이해를 계발해 심오하고도
의미 있는 사랑을 나눌 의도로 섹스에 접근해야 할 것이다. 섹스는
젊은이들만을 위한 것이 아니며 육체적인 것만도 아니라는 것을, 감
각과 감정 속으로 깊이 들어가 종교적인 사람이 명상 속에서 자신을
잃어버리듯 긍정적인 방식으로 길을 잃을 수 있다는 교훈을 배워야
할 수도 있다. 심지어는 섹스를 관계에 기여하는, 동시에 인생의 더
큰 신비에 접촉하게 해주는 일종의 명상으로 이해할 수도 있다.

섹스는 꿈과 비슷한 경험이다. 너무 깨어 있거나 의식적일 필
요가 없다. 깊은 명상에 빠져 있을 때처럼 주변 세계의 삶의 소리가
들리지 않는 일종의 관능적 몽상으로 떨어질 수도 있다. 이는 아프
로디테 식의 명상이다. 관능적이고 표류하는, 육체적이고 정서적인
명상.

더 나아가 섹스는 상대의 영혼과 접촉하는 데로 나아갈 수 있
다. 우리의 더 깊은 자기는 미묘하게 표현되면 적어도 부분적으로

의식에게 숨겨진 것들을 행하고 말하고 느낀다. 그리하여 의도하지 않고 이해하지 못한 많은 일이 일어난다. 우리는 우리의 심연에 다가감으로써 섹스를 준비해서 더 깊은 자기가, 영혼이 모습을 드러내게 할 수 있다. 인생의 어느 때든 이렇게 할 수 있지만 나이가 들면 더 쉬울지 모른다. 자신을 더 잘 알고 있고 젊은이가 다뤄야 하는 많은 신경증적인 문제에 사로잡혀 있지 않기 때문이다. 자신과 파트너를 더욱 신뢰할 수 있고, 그렇게 함으로써 더 깊은 자기가 나올 수 있다.

조용한 섹스

나이 든 사람들은 '조용한 섹스'에서 새로운 즐거움을 발견할 수 있다. 노년의 성을 연구한 린 샌드버그Linn Sandberg는 나이 든 사람들은 정력적인 성적 표현보다 '친밀감과 접촉'을 더 좋아한다는 사실을 보여주었다. 그녀가 연구한 남자들은 나이가 들면서 성적으로 더 능숙해지고 더 사려 깊어졌다고 고백했다. 이전에는 그저 좋은 섹스 파트너가 되는 법을 잘 몰라서 다른 남자들에게서 들은 얘기에 영향을 받았다고 했다. 하지만 이제는 섹스를 지배적이고 자아도취적인 것으로 보는 사람들과 거리를 둔다는 것이었다.

'조용한 섹스'란 소리를 내지 않는다는 뜻이 아니라 자신을 증명하거나 정복하거나 지배하려는, 혹은 과도한 섹스를 하려는 욕망을 진정시키는 것을 의미한다. 나이가 들면서 섹스의 열정이 줄어들 수 있는데, 이는 제약 때문이 아니라 성숙해서이다. 섹스는 이제 좀 더 삶에 통합된다. 더 이상 과장스럽게 일어나지 않으며 다른 가치들과 삶의 다른 면들과 분리되지도 않는다. 그것은 기쁨과 에로틱한 즐거움을 준다. 더 이상 모든 것을 뒤엎지 않으면서 오히려 강렬하게 만든다.

우리는 조용한 섹스의 - 감정이 보다 안정된 상태에서 보다 편안하게 하는, 어쩌면 오랫동안 사랑한 이들의 - 기쁨을 발견할 수도 있고, 어쩌면 성관계에 의미를 부여하려고 애쓸 수도 있다. 나이가 들면서 세월과 더불어 성적 취향이 변해 열정을 억압하기보다는 누그러뜨릴 수도 있다. 목표를 향해 너무 돌진하기보다는 안정되고 평온한 즐거움에 중점을 둘 수도 있다.

브루스라는 70대 후반의 남자가 있었다. 행복한 결혼 생활을 했는데, 60대의 이웃 여자 때문에 사랑의 열병을 앓게 되었다.

"왜 지금 나한테 이런 일이 생겼을까요?"

첫 상담 시간에 그는 절규하듯 외쳤다.

"사랑과 욕망 같은 끔찍하게 복잡한 것에서 해방되었다고 생각했는데요."

그는 평생을 작은 마을 신문의 편집인으로 일한 박식한 남자였다.

"원치 않아요, 그런데 달콤합니다."

에로스에 대한 전통적이고도 완벽한 묘사라고 생각했다. 고대에는 에로스를 '씁쓸하면서도 달콤한 것'이라고 했다.

"나는 아내를 사랑합니다. 아내가 나의 이런 감정을 안다면 속이 상할 겁니다. 나는 이런 걸 원치 않아요. 덕분에 사는 것 같긴 하지만요."

이 마지막 몇 마디가 인상적이었다. 이 새로운 여자가 그를 살아나게 한 것이다. 그동안 죽어 있었기에 그는 그녀를 보고 삶으로 가는 길을 알아보게 된 것이었다. 물론 의식적으로가 아니라 내면 깊숙이 어딘가에서.

"사람들이 날 비웃겠죠. 대머리에다 올챙이배에 발을 질질 끌며 걷는, 어디를 봐도 가련한 늙은이가 말이죠. 그녀는 내게서 뭘 볼까요?"

"영혼이 아주 잘생기신 것 같은데요."

나는 그의 경험을 긍정하는 말을 했다.

"내가 뭘 할 수 있을까요?"

내 안의 선사禪師가 나섰다.

"정확히 어떤 상황인지 한번 볼까요?"

"압니다. 나는 아내를 사랑하는데 다른 여자에게 빠져 있습니다. 이도 저도 못하는 상황이죠. 빠져나가고 싶지만 벗어나야 한다고 생각지 않는 거죠."

"아주 좋습니다, 그것이 현재 상황입니다." 나는 말했다.

이 남자의 경험은 드물지 않다. 성적 끌림은 젊은이들만을 위한 것이 아니며 나이가 꽤 든 사람들은 특히 복잡한 관계에 빠질 수 있다. 그들은 경험에 개방적이며 자신의 감정에 편안해하고 욕망에 의해 움직인다.

우리는 이제 다 지나갔다고 생각하고 살다가 이 남자의 경우처럼 명백한 성적 경험을 하는 일이 없을 수도 있다. 하지만 지금까지 말했듯 성이 그저 성관계의 문제만은 아니라는 사실을 이해하는 것이 유익할 것이다. 성에는 일반적인 즐거움, 기쁨, 친밀감, 유대, 그리고 관능성 같은 성적 특성들도 포함된다. 사람들과 마음을 터놓고 친밀감을 형성하고 즐겁게 보내고 진정한 대화를 하는 것, 이런 것들 역시 넓은 의미에서 성의 표현일 수 있다. 비결은 이러한 경험들로 성적 욕망을 충분히 만족시킬 수 있으므로 새로운 파트너와 실험을 하느라 인생을 망칠 필요가 없다는 것이다.

나는 브루스가 자신의 길을 찾을 거라고 생각했다. 그는 자신에게 닥친 사랑을 인정했고, 자신의 감정과 소망의 복잡성을 충분히 알고 있었다. 아내를 사랑하지만 새로운 사랑이 '달콤하다'는 것도 알았다. 그 시나리오는 몇 개월 동안 진행되었다. 그러다 브루스는 아내가 자신의 모든 관심을 받을 가치가 있다고 결정했다. 어떤 드라마도 없이 그는 가슴을 진정시키고 새로 찾은 사랑을 놓아버렸다. 하지만 그는 자신의 삶에 그 에로틱한 경험에서 영감을 얻은 것으로 보이는 변화를 주었다. 너무 열심히 일하지 않고 단순한 것들을 더 많이 즐기려고 애썼다.

인간의 성은 영혼의 활동이다. 그것은 깊고 정서적이고 관계적이며 의미와 관련되어 있다. 나이 들면서 보다 깊은 성의 차원을 발견하여 실제로 성에서 더 많은 즐거움을 찾을 수 있다. 나이 들면 성이 성숙해지고 무르익을 수 있다. 그리하여 더 이상 문자 그대로도, 충동적이거나 그렇게 무의식적인 것도 아니게 된다. 그것은 육체만의 문제가 아니라 가슴의 문제일 수 있다.

고령의 성

20대인 대학생 캐롤 앤은 언젠가 내게 독신 노교수들과의 섹스를 좋아한다고 말했다. 사려 깊고 세심하기 때문이라는 것이다. 젊은 남학생들과도 섹스를 하는데, 그들은 거칠고 정력적이어서라고 했다. 그녀는 인생에서 아무 생각 없는 강렬한 섹스를 원했다. 하지만 젊은 수컷들 중 한 명과의 지속적인 관계를 원치 않았다.

"그들을 종마처럼 이용하고 있는 것 같군요"라고 내가 말했다.

"어쩌면요. 하지만 그들도 날 이용하고 있는 거죠. 그들은 내게서 관계나 의미 있는 섹스를 기대하지 않아요"라고 그녀는 말했다.

나는 캐롤 앤에게서 성에 대해 많은 것을 배웠다. 그녀는 아주 적극적인 성생활을 하고 있었지만 나름의 기준과 한계가 있었다. 내가 처음 만났을 때 그녀는 20대 중반이었는데, 섹스가 그녀의 삶에서 가장 중요한 일이긴 했지만 유일한 일은 아니었다. 남자들은 즉각 그녀의 관능성과 개방적인 삶의 방식을 감지하고 그녀에게 끌렸다. 그들은 그녀가 자신이 원하는 것이 무엇인지를 알고 있고 높은 포부를 가진 사려 깊은 여자라는 것을 알아내는 데 오래 걸렸다. 그녀가 의식적으로 젊은 남자와 나이 든 남자 양쪽에서 파트너를 찾았다는 것은 그녀의 성이 복잡하고 여러모로 풍부하다는 것을 보여준다.

캐롤 앤의 이야기는 성생활은 끝났다고 생각하는 나이 든 사람들에게 격려가 될 수도 있다. 활기 넘치고 세련된 젊은 여성인 캐롤 앤은 파트너로 그들 중 한 명을 원할지도 모를 일이다. 그녀는 섹스를 즐기지만 격렬하고 억누를 수 없고 오래가는 호르몬으로 넘치지 않는 성숙한 사람을 찾고 있다. 물론 역시나 성숙한 여성을 찾는, 캐롤 앤에 상응하는 젊은 남자들도 있다.

우리에게 정말 필요한 것은 영혼을 위한 비아그라이다. 우리는 개인적인 강한 성실성, 상대에 대한 관대함, 그리고 친밀함을 표현하는 능력을 써볼 수 있을 것이다. 이런 것들은 흔히 섹스에서 가장 결여된 자질로, 바로 나이 든 사람들이 가질 수 있는 것들이다.

성적으로 나이 들기

그렇다면 어떻게 성적으로 나이가 들까?

1. 인생 초기에 뿌리를 둔 갈등을 가능한 많이 해결하자. 성은 삶 전체를 포용하며, 특히 어린 시절 경험의 영향을 받는다. 우리는 삶의 많은 부분에서 이미지와 서사를 얻는데 이런 것들이 우리의 성을 형성하게 된다. 거기에는 반성과 해결을 필요로 하는 많은 상처가 있을 것이다.

2. 고유한 인간으로서 인생이 제시하는 기회와 도전에 적극적인 자세를 취하자. 성은 인생의 상징이자 징후이다. 그것은 모든 영역에 활력을 제공한다. 성에는 여러 가지 특수한 목적이 있지만 그것은 동시에 우리가 하는 모든 일에 영향을 미친다. 나이가 든다는 것은 인생을 책임지고 변하고 성숙해지는 것을 의미한다. 이것은 특히 성에도 해당된다. 삶에서 도망치면 우리의 성도 고통

받을 것이다.

3. 우리 대부분은 다양한 성적 상처를 갖고 있으므로 최선을 다해 사랑스럽고 관능적인 사람이 되어야 한다. 정신적 상처란 고통과 제약의 계기가 되기도 하지만 인격과 깊이를 갖추는 데 긍정적인 힘으로도 작용한다. 문제는 그 상처를 어떻게 다루느냐에 달려 있다. 그 상처가 기분을 어둡게 하거나 다른 감정들을 집어삼키지 않도록 하자. 그것이 원하는 것을 주되 굴복하지는 말자.

4. 우리의 성은 에로틱한 삶의 방식을 만들어내면서 성숙한다. 에로틱한 삶이란 우정과 지적 호기심 같은 깊은 즐거움을 누리는 삶이다. 그것은 분노, 좌절, 우울, 두려움에 의해서만 결정되지 않는다. 성적으로 원숙한 사람은 삶과 사랑에 빠지고 언제 어디서나 활력과 관계를 추구한다.

5. 성적으로 덜 충동적이고 덜 강박적이어야 하며 성을 다른 가치와 일치시키는 더 나은 선택을 해야 한다. 젊을 때는 파트너에 대해, 그리고 성적인 상황에 들어가고자 하는 우리의 의욕에 대해 성급한 결정을 내리는 경향이 있다. 나이 든 사람들은 보통 자신의 감정을 더 잘 이해하며 맹목적으로나 충동적으로 감정에 따르지 않을 줄을 안다.

6. 성에는 실제로 깊은 의미가 있다는 점을 이해하고 가볍게 다루지 않아야 한다. 성적 결정의 무게를 느끼고 인생 전체를 고려해야 한다. 이는 나이 든 사람에게 짐이 아니라 에너지를 빨아들이고 인생을 너무 복잡하게 만들고 불필요하게 힘들게 하는 얽히고설킨 관계를 피할 수 있는 기회이다. 최고의 성은 자신의 가치관과

모순되지 않는다.

7. 성과 영성을 조화시키자. 성생활에 영적 수련과 사고의 특성을 어느 정도 부여할 수 있으며, 미묘한 방식으로라도 성에 반하지 않는 종교적 삶이나 영성을 누릴 수 있다. 양자 모두 뒤섞어야 유익하다. 성이 없는 영성은 공허하며 영성 없는 성은 너무 사소하다.

오랫동안 함양한 풍부한 인격으로 관계를 맺고 다른 사람이 다가와 그 모든 차이 속에서 존재할 수 있도록 긴장을 풀 때 우리는 성적으로 나이가 든다. 성은 섞는 것이 아니라 결합하는 것이다. 그것은 서로 다른 두 세계가 충돌하지 않고 서로를 즐기는 것이다.

제3부

나이 듦을 다르게 상상하기

신체의 질병을 없애지 못하면 의학은 쓸모없으며
영혼의 질병을 없애지 못하면 철학은 부질없다.
_에피쿠로스

7

이니시에이션으로서의 질병

인간의 삶을 상상하는 방법 중 하나는 경험과 기억을 더하는 것으로, 햇수를 세는 것으로, 그리고 개인의 역사라는 통이 다 차서 끝에 이르는 것으로 보는 것이다. 개인의 성장 역시 대중적인 은유이다. 우리가 이미 보았듯 사람들은 흔히 자신이 성장하고 있는 중이라고, 그리고 성장을 경험하기 위해서 갈 수 있던 센터들이 있다고 말한다. 그러나 이 은유도 어떤 점에서 설득력이 떨어진다. 나무는 성장하지만 우리 인간은 나이를 먹으면서 한층 흥미로워지고 미묘해지고 복잡해지고 독특해진다. 적어도 그러기를 바란다. 우리는 꼭 성장하지 않는다. 퇴보와 좌절을 포함하는 성숙의 과정을 겪는다. 제임스 힐먼은 심리학에서 성장이라는 환상을 쓰는 것에 의문을 제기했다.

'심리학의 성장 환상은 성장에 대한 20세기 초의 식민주의적·

산업적·경제적 매혹의 흥미로운 잔재로 보인다. 즉 클수록 더 좋다는.'[1]

그래서 세월의 흐름을 상상하는 또 다른 방법은 일련의 이니시에이션initiation(이니시에이션이라는 용어는 원래 인류학의 개념으로, '시작하다initiate'에서 연유되었으며 이른바 '통과의례'라는 의식과 관련되어 있다. 인류학에 따르면 유년기나 사춘기에서 성인 사회로 진입하기 위해서는 일련의 고통스런 의식을 치르게 되는데 이를 통과의례라 한다. 이니시에이션이란 바로 이 통과의례의 문턱에 들어선다는 뜻이다 - 옮긴이) 내지는 통로로 보는 것이다. 이니시에이션이란 시작을 의미하는데, 실로 대부분의 사람들은 평생 여러 시작을 거치며 자신이 누군가에 대한 새로운 차원으로 들어선다. 아이는 10대가 되고 10대는 성인이 되고 하는 식이다.

인류학자들은 다양한 자연 공동체에서 행해지는 통과의례의 놀라운 모습을 전해주었다. 이전 단계의 죽음과 새로운 단계로의 재탄생을 보여주기 위해 청소년이 구덩이나 나뭇잎 더미 아래에 묻히기도 한다. 공동체에 받아들여지고 축하를 받는 데는 고통과 두려움이 따를 수 있다. 익숙하게 누려온 단계를 떠나기는 쉽지 않다.

새로운 직장에 들어가는 것도 통과의례일 수 있다. 업무 요령을 터득하고 자신의 직무가 무엇인지 알게 되지만 기존의 노동자 공동체와 일련의 전통과 관습 속으로 들어가는 일이기도 하다. 새로운 스타일의 옷을 입고 새로운 어휘를 익힐 수도 있다. 필요한 이니시에이션을 거치는 것은 쉬운 일이 아니며 오랜 시간이, 심지어 몇 년이 걸릴 수도 있다.

노년에 흔한 이러한 이니시에이션의 경험 중 하나가 병이다. 우리는 병을 치료가 필요한 신체적 쇠약으로 생각하는 경향이 있다. 그러나 하나의 경험으로서, 그러니까 정서적·지적·관계적인 경험으로서 병은 삶을 검토하고 언젠가는 죽어야 할 우리의 운명을 직시하고 우리의 가치관을 정리하도록 강제할 수 있다.

의학 속의 영혼

여러 해 전 의학 속의 영혼에 대한 책을 쓰면서 조사 단계에서 많은 의료 종사자와 환자를 인터뷰했다. 환자들과 이야기를 나눌 때 가장 인상 깊었던 점 중 하나는 많은 이들이 공통적으로 병 때문에 아파하고 걱정하지 않았으면 좋았을 거라고 했지만, 그러면서도 병에 걸린 것이 자신에게 일어날 수 있는 가장 좋은 일이라고 생각한다는 것이었다. 아니, 몇 사람은 병이 자신을 치료했다고 극적으로 요약했다.

그들은 병에 걸리면서 인생을, 특히 시간을 보내는 방식과 관계를 다루는 방식을 재고하게 되었다. 언젠가는 죽어야 할 운명임을 맛보고 난 후 변화의 필요성과 인생의 소중함을 느꼈다. 하루하루의 소중함을 느끼고 그 사소한 문제들 너머로 결혼 생활과 가정의 헤아릴 수 없는 가치를 보게 되었다. 그들은 병 때문에 더 나은 사람이 되었다고 느꼈다.

이것이 인생의 이니시에이션의 본질이다. 아파하고 염려하면서 이전에는 해본 적이 없는 반성을 거쳐 새로운 사람이 되어 나오는 것이다. 세월 속에서 이니시에이션의 기회가 나타나면 놓치지 않고 마음을 열고 용기 있게 대응하자. 이런 식으로 우리의 운명과 숙명은 펼쳐지며 우리는 우리가 될 수 있는 사람이 된다.

병을 신체의 쇠약으로 이해하는 것과, 새로운 시작의 기회로 보는 것 사이에는 큰 차이가 있다. 첫 번째 경우에 우리는 한 인간으로서 그 경험에 존재하지 않는다. 그저 육체적 시련만 겪고 있을 뿐이다. 영혼이 관여하지 않는 것이다. 두 번째 경우에는 병이 인생의 행로를 따라가며 진짜 사람, 참된 개인이 되도록 해주는 적극적인 이점이 있다. 병이 변화의 매개체 역할을 하는 것이다.

영혼으로 병을 경험할 수 있다면 관계는 향상되고 삶은 더 많은 의미를 갖게 될 것이다. 세월의 흐름에도 더 잘 대처하게 될 것이다. 삶의 초대에 응한 기록과 습관이 있을 테니까. 그 모든 것에 대한 무의식에 굴복하거나 막판에 따라잡으려고 애쓸 필요가 없을 것이다.

어떤 병이든 영혼에 미치는 그 영향을 고려하면, 특히 나이가 들 때는 그 가치를 알게 된다. 병을 그저 우리의 계획과 희망을 가로막는 장애물로 취급하지 않게 된다. 노년이 되면 많은 이들이 새로운 병을 경험하게 되므로 이러한 관점은 중요하다.

사회는 영혼을 돌볼 준비가 되어 있지 않다. 대체로 유물론에, 몸을 기계적이고 화학적인 처치가 필요한 대상으로 취급하는 철학에 사로잡혀 있다. 유물론은 의학 속의 영혼을 이해하지 못하며 질병이 개인에게 새로운 시작의 기회가 될 수 있다는 사실을 무시한다.

그러므로 질병에서 영혼을 엿보고 그에 따른 치료를 찾기 위해 우리가 할 수 있는 일을 하는 것은 우리 개인에게 달려 있다.

다음은 질병과 치료를 좀 더 깊은 관점에서 바라보기 위해 우리
가 할 수 있는 일들이다. 분명하고 쉬운 것도 있지만 특이해 보이는
것도 있을 것이다. 어쩌면 깊은 내면에 관심을 기울이는 세계에 사
는 것이 익숙하지 않은 사람도 있을 것이다.

1. 첫 번째 방법은 많은 사람들이 추천하는 것으로, 감정을 표현하
   라는 것이다. 걱정이 되는 일이 있으면 말을 하자. 신뢰하는 사
   람에게 단순하고 직접적인 말로 표현하자. 감정을 표현하지 않
   고 내버려두면 억제되어 본인에게 이로운 것이 아니라 해롭다.
   얼버무리지 말자. 직접적으로, 그리고 분명하게 표현하자. 사람
   들은 보통 받아들일 수 있는 부분만 드러내거나 온갖 종류의 핑
   계나 설명으로 덮어버린다. 감정을 드러냈다가 도로 거둬들이
   는 것이다.
   영혼에 집중하는 의료 종사자라면 환자의 감정을 장려하고 환
   자의 말에 귀를 기울일 것이다. 그런 사람이라면 환자의 영혼에
   필요한 많은 것을 줄 것이며, 특히 배려와 깊은 이해심을 보여줄
   것이다. 의료계에서 일하는 사람들은 대부분 감정을 두려워하
   며 감정은 감춰야 한다는 의심스러운 교육을 받았다. 물론 다 환
   자를 위해서.
2. 자신의 이야기를 들려주자. 아픈 사람들은 대부분 현재의 질병
   에 대한 이야기뿐 아니라 과거의 신체적 문제와 자신의 삶 전반
   에 대해서도 이야기할 필요를 느낀다. 그런 이야기들은 정말 중
   요하다. 인간은 이야기를 하는 동물이라고 정의할 수도 있다. 이

야기는 의미를 부여하고 진정시키고 안심시키는 방식으로 많은 불안한 경험을 조합한다.

다시 말하지만, 영혼이 없는 문화는 이야기의 중요성을 이해하지 못한다. 의료 종사자들 중에는 나이 든 환자들의 이야기에 질리고 지친 이들도 있다. 이는 슬픈 상황이다. 모든 이들이, 심지어 아이들까지도 자신의 이야기를 해야 할 필요가 있지만, 나이든 사람들에게는 자신의 경험과 기억을 이야기로 제시하고 싶은 자연스러운 욕구가 있기 때문이다. 나머지 우리의 역할은 귀를 기울이는 것이다.

이런 이야기는 단순히 사실을 듣는 것에는 없는 특별한 성질이 있다는 점을 이해해야 한다. 이야기는 반복에서 풍부해진다. 나이 든 사람들은 같은 이야기를 계속 반복한다. 매번 세부 사항이나 중점 사항이 조금씩 달라진다. 그것은 이야기를 반복할 정당한 이유가 된다. 듣는 사람은 인내심이 필요하며 그 이야기가 꼭 필요한 것이고 반복되어야 한다는 점을 이해해야 한다.

3. 명상하는 시간을 가져보자. 숙련된 명상가가 아니더라도 기다리는 시간이나 휴식 시간을 활용해서 그냥 앉아 마음을 비우거나 그저 이미지들이 흘러가도록 놔둘 수 있다. 그것이 명상이다. 호흡은 평소보다 더 깊고 차분하게 하고 약간 딱딱한 자세로 앉는 게 좋다. 등은 펴고 발은 바닥에 대고 양손은 본인에게 의미 있는 자세로 놓으면 된다. 의미 있는 자세를 모른다면 전통적인 자세나 무드라를 이용하자. 엄지를 중지에 대고 허벅지에 손을 올려놓으면 된다. 눈은 감거나 가늘게 뜨는 게 좋다.

4. 꿈을 기록해보자. 꿈을 진지하게 취급해본 적이 없을지도 모르지만 이제부터 그렇게 해보자. 나는 40년 동안 심리치료사로 살아오면서 내담자들의 꿈에만 관심을 기울여도 그들이 삶을 점검하도록 도울 수 있다는 사실을 알게 되었다. 꿈이 얼마나 유익할 수 있는지 이루 말할 수 없다. 전문가가 될 필요는 없다. 꿈을 이해할 필요도 없다. 그냥 꿈을 꾼 밤에 대해 기억나는 모든 것을 어떤 식으로 녹음하거나 적어보자. 사적인 특별한 공책에 기록해두었다가 가끔 한 번씩 꼼꼼히 읽어보자. 꿈을 기록하는 것을 치료의 일환으로 여기자.

5. 기도하자. 기도는 신자들만을 위한 것이 아니다. 기도는 열성적으로 교회에 나가는 사람이건 무신론자이건 누구나 누리며 그 혜택을 받을 수 있는 일이다. 무슨 교리나 어떤 종교를 믿을 필요가 없다. 우리는 인간으로서 자연스럽게 기도할 수 있다. 신자도 평범한 말로 자연스럽게 기도하는 법을 배우는 것이 좋다. 나이 들어 아프면 현대 의학을 초월해야 한다. 그냥 마음을 열고 우주에, 어머니인 자연의 여신에게, 땅의 여신 가이아에게, 혹은 주위에서 감지되는 무Nothing에게 치유와 위안을 청해보자.

보통 때는 세속적인, 믿음이 없던 사람이 너무 절망적이고 무력할 때 자연스럽게 무심결에 입 밖으로 기도를 내뱉는 순간은 특별하다. '개종'한 누군가를 보고 득의만면해하는 신앙인들의 감정으로 이런 말을 하는 게 아니다. 제한된, 유물론적 존재에서 좀 더 개방적인 사람으로 도약하는, 신비로밖에 설명할 수 없는 일에 대해서 말하고 있는 것이다. 질병은 그러한 도약에 이르는

길이 될 수 있으며, 그러한 도약은 의미 있게 나이 드는 신호일

수 있다.

6. 사랑하는 사람들에게, 그리고 다른 모든 이들에게 마음을 열자.

자신을 치유하는 가장 좋은 방법은 주변 세상을 치유하는 것이

다. 관계를 차단했다면 차단을 해제하자. 상대가 그래주길 기다

리지 말고 먼저 나서자. 너그러워지자. 너그러움은 치유력이 가

장 좋은 덕목 중 하나이다. 어떤 대가도 바라지 말자. 그냥 산뜻

하게 선물하자.

마찬가지로 의료 종사자들을 비롯해 만나게 되는 다른 이들에

게도 마음을 열자. 치유의 일환으로 이제는 좀 더 개방적인 사람

이 되자. 평소에 하지 않던 말을 하자. 가령 감사와 칭찬의 말을.

친절하고 다정하게 세상과 만나자. 그리고 필요하다면 분노와

좌절도 발산하자.

7. 몸의 음률에 귀를 기울이자. 몸은 표현적인 존재이다. 의미를 따

지며 수선을 피울 필요가 없다. 배에 문제가 있다면 그곳은 전통

적으로 분노와 힘이 머무는 자리임을 기억하자. 심장은 확실히

사랑과 관계가 있다. 폐는 세상을 받아들이며 생명의 리듬이 들

고 나는 곳이다. 간은? 혈액의 균형과 청결을 유지하는 곳이다.

두통은? 머리는 정신, 생각, 상상력이 머무는 곳이다. 다리는?

돌아다니고 여행을 하자. 손과 손가락은? 만들고 일하자.

8. 자신의 직감을 믿어야 한다. 치료에서 중심적인 역할을 하자. 조

각상이나 보석, 그림이나 부적 같은 힘이 있는 중요한 물건들을

가까이 두자. 음악을 이용해 시간을 초월한 평온한 상태를 유지

하자.

9. 의사에게 갈 때는 자신을 옹호해줄 사람을 데려가자. 가급적이면 친구나 가족이 좋긴 하지만 의료 시스템을 다룰 줄 아는 사람이 좋다. 작은 녹음기나 메모지를 가져가서 물어보고 싶은 내용과 들은 내용을 기록하자. 의사나 간호사에게 겪고 있는 상태를 말하고 질문을 하고 필요하다면 시간을 더 요구하자. 무엇을 원하며 무엇이 필요한지, 어떤 식으로 치료받기를 원하며 그런 종류의 관계에서 어떤 점을 중요하게 여기는지 말하자.

10. 병이 우리에게 영향을 줄 수 있게 하자. 병이 주는 교훈을 명심하고 병이 문제가 아니라 인생의 통로가 되게 하자. 그 역사를 연구하고 그에 대해 시를 써보자. 그리고 그것에 대해 진지하게 대화를 하자.

보통 왜 특정한 순간에 병이 생기는지는 명확하지 않다. 이상한 혹이나 등의 통증이나 배탈처럼 느닷없이 생기는 것 같다. 나의 어머니는 평범한 어느 날 저녁에 여동생이 있는 데서 땅콩을 먹다가 뇌졸중이 와 하마터면 돌아가실 뻔했다.

우리는 병을 신비로 대하면서 그에 합당한 경의를 표하고 그 타이밍과 심각성에 대해 생각해보고 잘 해결되기를 기도할 수 있다. 종교 단체의 병원뿐 아니라 대부분의 병원에는 들어가보고 싶은 아름다운 예배당이 있다. 심각한 병만큼 기도와 명상을 필요로 하는 것도 없기 때문이다.

밤에 병원 앞을 지나다 창문의 불빛을 보게 될 때면 — 어떤 곳은 밝고, 아마 간호사실이리라, 환자들이 있는 곳은 흐릿하거나 어두운데 – 거기 누워서 생각하고 느끼고 궁금해하고 있을 사람들을 떠올린다. 그들은 영혼 안에 병을 품고 있다. 그 고요한 시간은 중요하다. 그 시간은 그들이 경험하고 있는 것을 받아들이고 그들의 상상력이 모든 종류의 생각과 근심 속을 헤매고 다닐 수 있는 기회이다. 그들은 이런 과정을 거치며 사람이 되고 새로운 발견을 하고 경험에 의해 바뀐다.

고대 그리스인들은 치유의 신 아스클레피오스Asklepios의 신전에 가서 치유되는 꿈을 꾸거나 신이 찾아오기를 기대하며 밤을 보냈다. 그들은 신전에 있는 '클리네kline'라 불리는 침대에 누웠는데 거기서 '클리닉clinic', 즉 진료소라는 말이 나왔다. 그들은 그곳에서 '배양 중'이라고 일컬어졌다. 그들은 반수면 상태에서 치유의 신의 존재를 감지했을지도 모른다.

현대의 병원 환자들도 그 조용한 시간에 배양을 하고 있다. 병속의 영혼은 망각해버렸고 의례도 없고 의식도 못하지만. 나는 병원이 호스피스, 게스트하우스가 되는 상상을 한다. 사람들이 누워 쉬면서 몸만 회복시키는 곳이 아니라 변화를 가져오는 발견에 영혼을 여는 곳이 되는 상상을.

배양은 따뜻한 곳에서 부화할 준비를 하며 가만히 있는 알과 같다. 병의 경우에는 생각과 기억이라는 온기 속에 가만히 누워 병이 영혼을, 바로 우리의 정체성 중에 아직 발견되지 않은 부분을 부화하도록 배양할 수 있지만. 질병은 내적 삶과 관계에 강력한 사건이다. 환상과 감정을 휘저어 이전에 가본 적이 없는 깊숙한 내면으로 이끈다.

병원에 있는 노인들이 휴식 시간을 반성하고 명상하고 조용히 중요한 대화를 하면서 영혼을 돌보는 데 쓸 수 있다면 병은 도움이 될 것이고 쇠퇴와 재난으로 여길 필요도 없을 것이다. 우리는 이러한 조용한 영혼의 행동을, 시끄럽고 다급한 분위기에서 행해지는 적극적이고 영웅적인 치료를 잠깐 중단하는 것을 장려할 수 있을 것이다.

언젠가 암에 걸린 한 여성과 조용히 대화한 적이 있다. 당시 그녀는 정맥 내 화학요법 치료를 받고 있었는데, 이런 극단적인 상황에서는 확실히 진지한 대화와 반성에 마음을 열 수 있다. 나는 영혼의 대변자로서 나의 존재가 그녀에게 자신의 병은 의미가 있고·영혼 작업의 계기가 될 수 있을 거라는 느낌을 주는 데 중요하다고 느꼈다. 그녀는 남편과 아이들에 대해서, 전반적으로 행복한 그녀의 삶에 대해서 이야기하며 자신의 고통으로 가족이 괴로워하지 않았으면 좋겠다고 했다. 그 한 시간 동안 그녀는 조용히 앉아 치명적이지만 치유력이 있는 약물을 투여하며 자기 인생의 많은 부분을 돌아보면서 다양한 감정에 휩싸였다.

나는 질병과 치료의 경험을 보다 깊고 훨씬 의미 있는 차원으로 가져갈 영혼 간호사(심리치료사의 원래 의미)가 모든 병원의 모든 병실에 필요하다고 생각한다. 그런 일은 오랫동안 일어나지 않겠지만 그동안은 우리의 감정과 생각에 반성과 대화의 여지를 줌으로써 의미 있는, 아스클레피아적인 질병과 치유의 경험을 갖기 위해 우리가 할 수 있는 일을 할 수 있다.

기분 전환용 알약을 복용하도록 권장하고 모든 병을 화학적·외과적으로 처치하며 병원과 의료센터를 효율적이지만 아름답지도 건강하지도 않게 만드는 기계적인 현대의 철학은 나이 듦의 모든 측면에 영향을 미친다. 우리는 심장을 위해 걷고 장기를 위해 특정 음식을 먹지만 영혼의 고통이 우리 몸에 미치는 영향에 대해서는 대체로 무지하다.

나이 든 사람들은 장차 의료계와 만날 일을 걱정한다. 야수를 다루는 일이 될 수 있기에. 또한 틀림없이 특별 치료와 특별 주거 시설이 필요해질 때에 대해서도 걱정한다. 만일 질병의 의미를 알고 그것을 단순히 신체적 쇠약으로 간주하지 않을 수 있다면 훨씬 잘 나이 들게 될 것이다.

그러므로 우리의 관심사는 두 가지이다. 신체적 안녕의 한 방법으로서 우리의 영혼을 돌보는 것과, 의학적 치료의 모든 측면을 영혼의 사업으로 바꾸는 것. 질병이 노인들의 마음을 너무나 많이 차지하고 있기 때문에, 또 나이 드는 것에 대해, 그리고 의료 분야에서 영혼으로 나이 드는 것에 대해 생각하는 젊은이들에게도 굉장히 중요하기 때문이다.

몸과 함께 병드는 영혼

영혼은 병들고 약해질 수 있으며 특별한 관심을 필요로 할 수 있는데, 이런 것이 신체적인 문제로 옮겨질 수도 있다. 심신의학은 새로운 개념이 아니다. 그것은 특히 1940년대에 성행했는데, 당시 상상력이 풍부한 많은 정신분석학자들은 감정이 신체적 증상으로 '전환'되는 방식을 연구했다. 가령 그런 접근법의 선구자 중 한 명인 토마스 프렌치Thomas M. French는 천식 발작이 고통스런 비밀을 고백하고 싶은 욕구와 어떻게 연결될 수 있는지를 설명했다.[2]

문화적으로, 그리고 개인적으로 광범위하게 퍼져 있는 문자주의literalism와 병을 그저 신체적인 것으로 다루는 습관을 극복하는 것이 그 첫걸음일 것이다. 인간이 늘 그래왔던 것은 아니다. 수천 년 동안 인간은 질병 속에 있는 깊은 상상력과 감정의 영역을 진지하게 취급했다. 인간은 단지 몸에 불과하다는 우리 안의 이런 경향을 우리는 무의식적으로 당연시한다. 그것이 질병을 상상하는 이전의 방식보다 진보된 것이라고 가정하는 것이다.

많은 의학 전문가들은 육체적인 것을 초월해 생각하는 것에 저항한다. 볼 수 있고 만질 수 있고 측정할 수 있는 것만 실재한다고 주장하는 18세기 철학을 거의 종교처럼 믿기 때문이다. 그들에게 그 외의 것은 다 의심스러운 것이다.

신체적 문제로 전환될 수 있는 영혼의 병은 무엇일까? 주된 것은 불안이다. 걱정이 되어서 잠도 못 자고 초조한 상태에서 식사를 하고 전반적으로 긴장 상태에 있으면 위장에 문제가 생기거나 피부에 발진이 생기거나 다른 증상들이 나타날 수 있다. 나이가 들수록 불안을 효과적으로 처리하는 것이 얼마나 중요한지 알게 될 것이다. 정서적 안녕은 말할 것도 없고 신체적 건강도 그에 달려 있다.

불안에 대해 우리는 무엇을 할 수 있을까? 신뢰하는 사람에게 가능하면 정확한 말로 솔직하고 분명하게 표현하는 것이다. 모든 것을 다 말할 필요는 없다. 말하는 것이 정말 내키지 않으면 그 마음도 존중하는 게 중요하다. 자신만 알고 숨겨둬야 할 것은 비밀로 해도 된다. 적어도 당분간은.

그다음으로 불안의 원인에 대해 뭔가 조치를 취하는 것이다. 돈이 걱정이라면 돈을 더 벌 수 있는 계획을 세우고 이혼을 해야 한다면 그 방향으로 움직인다. 문제가 해결될 때까지 불안할지 모르지만 적어도 해결하기 위한 조치는 취했다. 모든 면에서 긴장을 풀자.

깊은 휴식은 우리가 할 수 있는 가장 건강한 일 중 하나이다. 문제를 회피하라는 게 아니라 전반적으로 느긋하게 생활하자는 것이다. 오늘날 사람들은 대체로 바쁘게 살아가면서 대부분의 시간을 정신없이 보낸다. 휴식을 포기하지 않고도 적극적으로 살아갈 수 있다. 다른 사람들은 몰라도 자신에게는 효과적인 긴장 이완법을 찾자.

나는 십자말풀이를 하고 유튜브로 음악을 듣고 오래된 흑백영화를 보고 골프를 치고 피아노를 연주하고 친밀한 추리소설을 읽고 숲을 거닌다. 어떤 사람들은 내가 이런 일들을 하면서 시간을 낭비하고 있다고 생각할지 모르지만 내게는 그런 일들이 긴장을 풀어주며, 그래서 중요하다. 그런 일들은 내가 덜 불안해하며 나이 들도록 도와준다.

여러 가지 형태의 명상과 요가도 몸과 마음의 긴장을 푸는 데 도움이 된다. 몸과 마음 모두 무의식적으로 긴장할 수 있기 때문에 이것이 중요하다. 병에서 불안이 어떤 역할을 하는지 이해하려면 어떤 긴장이 느껴지는지 몸이 하는 말에 귀를 바짝 기울여야 한다.

지금 나는 진지하게 휴식을 취하고 평상시에 합리적이라고 생각한 것보다 더 나아가보라고 요구하고 있는 것이다. 근육이 긴장되는지, 마음이 날뛰는지, 아니면 감정이 곤두서는지 관심을 기울이자. 그렇다면 조치를 취하자. 목욕을 하거나 산책을 하거나 영화를 감상하거나 명상을 하거나 시를 읽어보는 것이다.

나는 치료사로서 불안의 징후가 보이지 않는지 경계하며 내담자가 편안해지도록 돕는다. 내담자의 걱정이나 다급함에 말려들지 않는다. 나는 편안하게 호흡하며 시간을 갖는다. 누군가가 공포나 극도의 불안에 빠져 전화를 걸면 차분히 응대한다. 때로는 평온을 유지하기가 쉽지 않아서 특별한 노력을 하기도 한다. 가끔은 자신의 불안에 감염되어 나도 덩달아 불안해하기를 원하는 내담자도 있지만 나는 미끼를 물지 않는다.

어떤 상황에서도 불안해지지 않는다는 철학이 필요할지도 모른다. 그런 철학이 있으면 누군가가 당신이 걱정하기를 원할 때 그에 대해 생각할 필요가 없다. 다른 사람의 불안을 다룰 수 있는 기반이 되는 평온한 삶을 일굴 수 있다. 나는 치료사들을 훈련시킬 때 가정생활에 집중하고 가정을 평온하게 유지하는 법을 찾으라고 권한다. 가정생활은 일을 하는 데 좋은 기반이 될 수 있기 때문이다.

해결하지 못한 과거의 문제들도 우리 몸속으로 들어와 오랫동안 머물며, 기본적으로 육체의 상처를 언급하는 말을 쓰자면, 곪을 수가 있다. 사람들에게는 근심을 보여주는 신체적인 틱이나 몸짓이 있다. 또한 자신의 불안을 무심코 드러내는 특정 단어나 구절을 사용한다.

'시간을 너무 많이 뺏는 것 같다'거나 '분명 제 걱정거리를 듣고 싶지 않을 테지요' 같은 말을 쓰는 사람들이 전형적이다. 나는 차분하고 개방적인 느낌인데 상대방은 온통 걱정 근심으로 가득 차 있다. 그들은 자신이 민감하고 이타적이라고 생각할지 모르지만 그들의 불안은 그들의 불안정성을 무심코 드러낸다.

질병의 경우 우리는 흔히 몸과 영혼을 분리한다. 그래서 병에 걸리는 것에는 거의 엽기적인 뭔가가 있다. 우리는 갑자기 하나의 대상, 즉 기계와 화학물질로 치료해야 할 장기들의 덩어리가 된다. 매일같이 남자와 여자들이 병원으로 가서 자신을 내놓고 영혼 없는 살아 있는 시체, 프랑켄슈타인처럼 수리되어야 할 신체 부위들의 덩어리 취급을 받는다.

나는 평생 병원을 다녔지만 이제 70대이다 보니 병원에 갔을 때의 느낌이 다르다. 무엇보다 '노인'으로 일괄 처리되어 젊은 환자들처럼 진지하게 대해주지 않으면 어쩌나 싶어 두렵다. 거대한 영상 장비와 과도한 약물 사용도 매우 불편하다. 나는 현대 과학을 제대로 평가할 능력이 없는 허약한 늙은이인 걸까? 아니면 그저 영혼을 가진 누군가로 보이기를 원하는 사람인 걸까?

나는 최근에 수술을 받았는데, 내 이야기가 의료 시설에 대하여 몇 가지 아이디어를 줄 수 있을 것 같다. 나의 이야기는 영혼이 넘치는 긍정적인 이야기이다. 나는 3~4년간 배꼽탈장이 서서히 진행되었다. 그동안 내내 그것에 대해 별달리 생각하지 않았다. 내가 아주 좋아하는 의사가 커질 때까지 기다려보자고 했던 것이다. 그런데 작은 탈장이 실제로 더 위험할 수 있다는 다른 의사의 이야기를 읽고

들었다. 괴저 가능성이 있고 생명이 위험할 수도 있다는 것이었다.

그래서 빨리 수술을 받기로 했다. 동네 의사가 근처 병원에서 수술을 받을 수 있도록 조처하겠다고 얘기했지만 그 병원에서 그리 좋았던 경험이 없었다. 그래서 차로 두 시간 거리에 있는 도시의 병원에서 일하는 친구에게 연락했다. 그가 그곳 외과 의사를 추천해주었다. 나는 그곳 병원장에게 조언을 구하는 편지를 썼고 병원장도 같은 의사를 추천했다. 그래서 예약을 했다.

면담은 10분밖에 걸리지 않았지만 훌륭하고 친절한 의사를 만났다는 느낌이 들었다. 수술을 받는 날이 되자 아내와 딸과 의붓아들이 모두 따라왔고, 우리가 만난 병원 직원들은 하나같이 놀라울 정도로 친절하게 대해주었다. 외과 의사는 나를 보러 와서 이제 막 외과 레지던트 과정을 끝낸 자신의 아들을 소개했다. 그가 보조를 할 것이었다. 아내는 좋은 징조라고 속삭였다. 그 외과 의사가 최선을 다하고 싶어 할 거라며.

나는 그곳에서 귀찮은 노인이 된 것 같은 기분이 들지 않았다. 정중함의 작은 표시들에 기분이 훨씬 좋아졌다. 유일하게 안 좋은 경험은 전신마취에서 깰 때였다. 서서히 의식이 돌아왔는데 근처의 칸막이 너머에서 들리는 소음에 내가 느낀 평화가 산산조각이 나버렸다. 그 순간에 음악을 준비해두는 것을 잊었던 것이다. 나중에 외과 의사와 병원장에게 감사의 편지를 쓰면서 마취에서 깼을 때의 문제점을 언급했다. 그들은 해결책을 찾겠다고 했다.

우리는 병과 치료에서 주도적이어야 한다. 의료 시설은 시키는 대로 따르고 자신들의 말을 순순히 받아들이는, 말 잘 듣는 환자를 좋아할 것이다. 그러나 중요한 것은 우리의 생명이고 우리의 병이다. 통찰력과 이해력으로 토론에 임해야 한다. 너무 많은 약을 복용하는 것은 아닌지, 그 약들이 다 필요한지, 표준적으로는 그렇지만 나의 상황에는 부적합하지 않은지, 부작용이 심한 약도 있는데 그럴 가치가 있는지 질문할 수 있을 것이다.

병을 이해하는 데 도움이 되는 책들 중 내가 알고 있는 가장 명확하고 좋은 책은 대리언 리더Darian Leader와 데이비드 코필드David Corfield가 쓴 『우리는 왜 아플까 : 몸과 마음의 관계로 읽는 질병의 심리학』이다. 그들은 인생의 변화와 건강의 변화가 같이 온다는 것을 보여주는 연구들을 인용한다. 심각한 병이 생기면 무슨 일이 있었는지 알아내고, 병에 대해 객관적인 사실로서가 아니라 인간적이고 관계적인 용어로 말하라고 권한다.

의료 시스템에 영혼을 불어넣는 데에는 별로 많은 게 필요치 않다. 내 경우에는 환자 개개인을 돌봐주는 병원, 진심으로 대해주는 외과 의사, 가'업', 도처에 있는 친절하고 인간적인 관리자들, 나의 가족이 필요했다. 나의 가족도 특별한 존중과 따스한 대우를 받았다. 이런 것들은 그저 기본적인 인간적 자질이며, 이것이 의료계를 치유의 영역으로 바꾸는 데 필요한 전부이다.

심장 수술을 받기 몇 달 전, 내가 온 마음을 다해 지어서 즐겁게 살아왔던 집을 팔고 난 직후 협심증이 생겨 심장 혈관에 스텐트를 삽입해야 했다. 20대에는 생전 처음으로 가족과 떨어져서 아일랜드로 이주한 뒤 충수염을 앓았다. 두 사건 모두 어떤 관점에서는 필요했고 좋았을 수도 있다. 그럼에도 불구하고 그 사건들은 내 정서적 삶에 고통스런 틈새를 남겼다. 그 사건들이 내 병을 야기했다고 말하는 것이 아니라 내 건강의 연대표를 돌아보면서 그 일들을 마음에 새기고 나의 병을 인간화하고 거기에 영혼을 부여하고 싶은 것이다.

병을 그저 생물학적 사건이 아니라 인간적인 사건으로 대하는 방식은 영혼으로 나이를 먹는 프로젝트의 또 다른 일환이다. 나이를 먹는 것은 저절로 이뤄지는 일이 아니며 생물학적으로 결정되지도 않는다. 그것은 인생이 돌아가는 방식에 대한 우리의 선택, 이해와 관련되어 있다. 만일 우리가 인간적인 관점을 유지하고 삶의 모든 측면을 객관화하는 현대의 경향에 굴복하지 않는다면 의미 있게 나이를 먹을 수 있을 것이다.

꼭 차분하고 현명해져야만 할까?

여러 해 전 보스턴 미술관의 고대 그리스관을 돌아다니다 악타이온Actaeon이라는 젊은이가 아르테미스의 개들에게 공격당하는 놀라운 장면이 그려진 고대 화병을 보게 되었다. 젊은 여자 리사Lyssa(광기의 여신 - 옮긴이)가 개들과 함께 있는데, 그녀의 머리 밖으로 개의 머리가 튀어나와 있는 것 같았다.

그 이야기는 아버지의 농장에서 살고 있던 한 젊은이에 관한 것이다. 그 아버지는 아리스타이오스Aristaeus로, 농업과 교양 있는 삶의 신화적 혹은 원형적 창시자이다. 어느 날 악타이온이 이리저리 숲을 헤매다 강물에서 목욕하는 아르테미스 여신을 보게 된다. 목욕하는 모습을 절대 엿봐서는 안 되는 여신이 있다면 바로 사생활과 고결함을 소중히 여기는 강인한 처녀 사냥꾼 아르테미스일 것이다. 그 벌로 아르테미스가 악타이온의 머리에 물을 조금 뿌리자 악타이

온은 서서히 사슴으로, 자신이 사냥하던, 그리고 아르테미스가 자주 사냥하던 짐승으로 변한다. 그러자 그 자신의 개들이 그를 향해 달려들어 그를 갈가리 찢어놓는다. 개들은 미쳐 날뛴다. 리사의 머리 밖으로 튀어나온 개가 보여주듯.

리사의 이미지는 매혹적이었다. 그 여자에게서 나온 그 개의 머리가. 나는 그에 대해 많이 생각할 필요가 없었다. 분명 아무 죄도 없는 자신들의 주인 악타이온에게 달려들어 공격하는 그 개들의 그림을 많이 보았으니까. 악타이온이 아르테미스를 더 잘 보려고 나무 위로 올라갔다는 이야기들도 있다.

리사는 화, 분노, 그리고 심지어 광견병의 여신이다. 다시 개가 나온다. 그러나 그녀가 신화 속 인물이라는 사실은 그녀가 어떤 필요성, 이 세상에서의 어떤 의미 있는 요소를 대표한다는 것이다. 때로는 개가 튀어나와 미쳐 날뛰어야 하는 것이다. 그리고 개는 아르테미스를, 숲에 살지만 분노의 화살을 날리는 것으로 유명한 사랑스런 처녀 여신을 섬긴다.

나이 든 사람들이 화를 내면 사람들은 한심하다고, 성격 파탄이라고들 말한다. 그러나 오늘날 리사가 신화와 인간 심리학에서 한자리를 차지하고 있다는 사실을 기억하고 싶다. 그녀는 진짜이고 중요하다. 화가 늘 통제 상실을 의미하는 것은 아니다. 거기에는 목적이 있다. 노인들 사이에서도 마찬가지이다. 우리가 할 일은 가혹한 판단이 아니라 화의 의미를 추측해보는 것이다. 왜 노인들의 머리에서 개가 튀어나올까?

화의 자리

심리학에는 규칙이 하나 있다. 어떤 식으로든 감정을 억압하면 그 감정이 왜곡되거나 과장된 형태로 다시 나타난다는 것이다. 나이 든 사람들의 분노에 대해 제기된 한 가지 흥미로운 생각은 젊은 사람들이 노년을 차분하고 감정을 억제하는 시기로 봐야 할 필요를 느낀다는 것이다. 캐슬린 우드워드Kathleen Woodward라는 연구자는 우리가 노인들에게 지혜를 가지도록 기대할 때, 그러한 요구는 화를 내야 하는 노인들의 필요성에 대한 방어라고 한다.[3] 그러니까 노인은 차분하고 현명해야 한다고 가정하는 것이고, 그래서 그들의 화가 불편한 것이다.

노인이 있는 가족이라면 일상적으로 화를 표현하는 것이 좋다고 하더라도 어떤 노인들은 항상 호통을 치고 불평을 늘어놓는다는 것에 동의할 것이다. 그런 사람들은 만성적으로 화를 내는 곤란하고 괴팍한 늙은이가 된다. 그런데 지금 양쪽 이야기를 하고 있음을 기억할지 모르겠다. 그러니까 화를 잘 내는 노인과, 그 노인을 돌봐주는 짜증난 사람이나 젊은 친척이라는. 그 상황을 규정하는 것은 원형적인 영혼들의 깊은 만남이다.

괴팍한 노인네는 많은 남녀 노인 안에 있는 내적 인격이다. 그것은 강박적 존재일 수도 있다. 노인들이 거의 통제하지 못하는. 그것은 개인적 삶에 역사를 가진 것일 수도 있고 어떤 건설적인 역할을 하고 있는 것일 수도 있다.

제임스 힐먼은 『성격의 힘The Force of Character』이라는 책에서 그리스 여행 중에 신성한 곳에서 경건하게 굴지 않는다고 젊은 여자를 나무라는 노부인에 대해 흥미로운 해석을 제시한다. 힐먼은 그것을 세대 간의 긴장이나 단순한 개인적 분노라기보다 나이 든 여자가 문명을 무시하는 젊은 여자 앞에서 문명을 구하고자 한 것이라고 여긴다. 논쟁을 할 때면 때로 기본적인 가치가 너무나 쉽게, 그리고 무의식적으로 무시되고 있다고 여겨 그것을 보전하고 싶어 하는 사람이 있다. 다른 사람들은 화가 난 그 사람을 그저 늙고 성질 급한 바보, 괴팍한 노인네라고 여길지 모른다. 그 노인의 짜증에 더 큰 이유가 있다는 것을 그들은 보지 못하는 것이다.

힐먼의 반응은 노인의 분노에 더 큰 긍정적인 목적이 있다는 사실을 보여준다. 분노가 만성적일 때에도 그 감정은 중요한 가치의 상실에서 느끼는 슬픔에서 비롯된 것일 수 있다. 우리는 그와 같은 더 깊은 관심사를 보기 위해 그 부정적인 면을 비판하지 말고 자세히 들여다봐야 한다. 힐먼은 노인의 괴팍함을 이해할 수 있는, 심지어는 긍정적인 특질로 해석한다.

나이 든 사람들은 어릴 적에 배웠던 특정 가치를 기억하고 그 가치가 현대의 세계 질서에서는 무시되고 있다고 여길 수 있다. 그들은 부모와 교사를 비롯해 그 문화의 중요한 가치를 대표하는 사람들과 자신을 동일시하면서 그 맥락에 대한 깊은 생각 없이 자신들이 옳고 중요하다고 여기는 것을 위해 강경하게 말해야 한다고 여긴다.

나는 가정교육 덕분에 욕하는 습관이 없다. 아버지는 늘 몇 가지 가벼운 욕을 하곤 했지만 가족들은 전반적으로 그런 말을 쓰지 않았다. 오늘날 사람들이 공공장소에서, 흔히 아이들도 있는 데서 한 문장 안에 '욕'을 몇 번씩이나 쓰는 것을 들으면 화가 난다. 하지만 내가 뭐라고 하면 괴팍한 노인네처럼 군다고 조롱당할 것이다. 언젠가 한 청년이 아이들에게 둘러싸여서 하도 창의적으로 욕을 해대어 참지 못하고 내가 뭐라고 한마디 했더니 가운뎃손가락을 들어 보였다. 또 다른 때에 불쾌하게 행동했던 어떤 남자는 미안하다고, 생각이 없었다고 했다. 괴팍한 노인네가 되거나 내 방식을 바꾸거나 선택을 해야 한다면 때로 나는 전자를 택한다.

시대의 흐름을 따르는 것은 여러모로 현명한 일이다. 가치관과 취향은 변한다. 보통은 나아지고. 오늘날 사람들이, 가령 노인 차별 문제를 다소 의식하고 있다는 것은 반가운 일이다. 갈 길이 멀긴 하지만. 그러나 과거의 좋은 가치들이 사라지고 있는 것도 사실이다. 그런 가치들을 보존하자면 나 같은 사람이 괴팍한 노인네가 될 위험을 감수해야 할 수도 있다.

젊은 사람들은 새로운 세계를 건설하며 새로운 것에 관심을 쏟는다. 하지만 결국에는 그들도 나이가 들고 그들의 '새로운' 생각도 낡은 것이 될 것이다. 그러면 그들 역시 괴팍한 노인네가 되어서 그 생각을 상당히 강경하게 방어하게 될 것이다.

힐먼의 다음과 같은 결론은 나이 든 사람들의 꾸중에 짜증이 날 때 적어도 잠시나마 진지하게 생각할 여유를 준다.

'우리는 다들 인정받고 지켜지고 전해야 할 가치의 이름으로 우리를 심하게 나무라며 우리의 성격에 경멸과 조롱을 심어준 연극 코치와 음악 선생과 상점 관리인과 연로한 삼촌을 떠올릴 수 있다. 전통의 도구로서 그 꾸짖음을.'[4]

힐먼은 보통 부정적으로 여겨지는 인간의 많은 행동에서 긍정적인 가치를 발견하는 데 능숙했다는 점을 언급하고 싶다. 나는 그에게서 질투와 배신과 우울증이 어떻게 사람의 정신과 인간관계에 긍정적인 기여를 할 수 있는지 배웠다. 이런 작지만 널리 만나게 되는 반전을 유념하라고 말하고 싶다. 부정적인 판단을 들을 때면 거기에 가치 있는 뭔가가 있을 가능성을 고려하자. 좀 더 깊이, 그리고 열린 마음으로 들여다본다면 말이다.

화의 뿌리

다른 가능성들도 있다. 나이 든 사람들이 화를 내는 것이 항상 정당하지는 않다. 괴팍한 노인네가 되는 것이 늘 좋은 게 아닌 것이다.

삶에 대해 처음부터 부정적인 태도를 가진 것처럼 보이는 사람들도 있다. 그런 사람들은 오래전에 겪은 학대나 부정적인 면을 다루고 있는지도 모른다. 평생 기업이나 정부의 권위와 싸워왔을 수도 있다. 깊이 생각하거나, 관념과 예술의 숭고한 경험을 누릴 기회가 없었을 수도 있다. 자신의 삶을 정당화하려면 열심히 일해야 한다는 생각에 심오한 즐거움의 원천을 포기했을지도 모른다. 불의와 편견의 희생자여서 삶의 풍요로움을 온전히 누릴 자유를 느껴본 적이 없을 수도 있다. 현재는 노인 차별의 희생자일 수도 있다.

어떤 경우든 성난 노인을 대면하면 그들의 불행을 설명해주는 흔적을 찾기 위해서 그들의 경험을 조사해볼 수 있다. 나이가 들면 삶에 대한 불만을 억제하기가 더 힘들어질 수도 있다. 하지만 주변 사람들이 전후 사정을 알아보려 한다면 그 분노와 좌절에 빠진 노인을 조금이라도 이해하게 되어 그를 사랑하는 데 도움이 될 것이다. 이해의 부족은 분명 화를 더욱 조장하거나 유지시킬 것이다.

노인의 화를 다루는 법

그것은 사람의 영혼의 문제, 성격과 감정을 모두 포함하는 영혼의 문제이다. 그리고 깊이 들여다보며 참을성을 잃지 않고 인간의 조건에 공감하는 반응을 요구한다. 노인을 돌보는 사람들은 불편해서 자동적으로 혐오 반응을 보일지 모른다. 그런 경우 그들은 그 노인들과 똑같이 행동하는 것이다. 그들 역시 불만의 원인을 알아차릴 수 있는 반성의 순간을 갖지 않는다.

화는 늘 의미 있는 표현이지만 그 의미가 순간의 격한 말투와 시끄러운 불평 속에 깊이 감춰져 있을 가능성도 있다. 화는 또 만성적이고 습관적일 수 있는데, 그런 경우에는 의미가 꼭꼭 감춰져 있어서 알아내기가 불가능할 때도 있다. 가족이 할 수 있는 일은 인내심을 잃지 않고 계속 반성의 기회를 제공하면서 분노에 여과되지 않는 좌절감으로 반응하는 일을 삼가는 것이다.

만일 나이 들수록 화가 점점 심해지고 빈번해지고 있다는 것을 알게 된다면 다음과 같이 한번 해보자.

1. 화를 들여다보자. 자신과, 자신이 그대로 느끼는 감정 사이에 칸막이를 칠 수 있다. 때로는 다른 사람들에게 큰 소리로 '나는 화가

나는데 무엇 때문인지 모르겠다. 화를 자주 내고 싶지 않은데 그냥 버럭 화가 나고 참기가 힘들다'고 말해본다. 이런 식의 말은 적어도 노골적인 분노에 다른 길을 인정하고 있다. 어떠한 반성을 원하는데, 그러자면 도움이 필요할 것이다.

2. 과거를 들여다보자. 왜 이렇게 화를 내는 사람이 되었는지, 자신을 그렇게 만들었을 수도 있는 상황을 아주 어린 시절까지 들여다보며 찾아보는 것이다. 고압적인 부모나 교사는 평생 영향을 미칠 수 있는 존재이다. 좌절의 근원지를 찾아보고 신뢰하는 사람에게 이야기해보자. 그에 관해 깊이 대화해보자. 문제에 대한 완벽한 해결책을 기대하지 말고 조금이라도 앞으로 나아가자.

3. 늘 강해야 한다. 희생자 역할을 하거나 힘을 포기하는 습관이 없는지 주의하자. 때로 분노는, 특히 만성적인 경우 어느 정도 수동성에서, 자신의 힘을 억제하고 자신의 소망과 욕망과 계획을 좌절시키는 데서 비롯된다. 습관적으로 수동적인 사람은 자신의 힘을 억누르는데, 그러면 분노의 형태로 터지게 된다. 해결책은 자신의 필요와 소망을 표현하고 그것을 성취하기 위해 최대한 많은 실험을 해보는 것이다.

4. '영혼의 힘'과 접촉하자. 영혼은 과거의 경험, 깊은 곳에 자리한 재능과 기량, 타고난 창의력, 그리고 더 강력한 삶의 근간이 될 수 있는 삶에 대한 욕망의 저장고이다. 이 힘의 원천은 자아나 의식적인 자기self와만 관련되지 않는다. 그것은 아주 심오하며 거의 닿지도, 심지어 알려지지도 않는다. 우리는 그 감춰져 있는 것을 표면으로 떠오르게 해서 더 많은 활력을 얻어야 하는데, 그 활력

자체가 분노의 창조적인 초기 형태이다. 분노는 깊은 생명력이 계속 묻혀 활동하지 못할 때, 타고난 생명력의 억압된 형태일 때 일어난다.

5. 분노는 긍정적으로 무엇을 원할까? 분노는 다시 생명력으로, 그리고 개인적인 영혼의 힘으로 바뀔 수 있다. 좌절을 행동으로 보이는 대신 긍정적으로 추구하고 있는 것이 무엇인지 자문해볼 수 있다. 무엇을 이루고 싶은가? 이렇게 긍정적인 말로 생각하면서 분노에 삶의 한자리를 내줄 수 있을 것이다. 분노를 파괴적이고 다른 사람을 짜증나게 하는 것으로 만드는 것은 그 억압 측면이다. 궁극적으로 분노는 상상의 문제이다. 그러니까 세상에서 자신의 존재 방식을 어떻게 상상하느냐의 문제, 그 존재 방식이 힘과 영향력을 가질 만큼 신뢰하느냐의 문제이다. 이런 것들은 억압되면 커다란, 그러나 축 처지고 파괴적인 분노로 바뀌는 힘의 중요한 형태이다.

건설적인 힘으로서의 화

고대의 마르스Mars(로마의 신으로, 그리스 신화의 '아레스'와 동일하다. 제우스와 헤라의 아들인 아레스는 전쟁의 신이다 - 옮긴이) 신화를 살펴보자. 그 인격화된 분노의 정신에는 확고함, 명료함, 강력한 창조력, 효율성, 끈기, 활력 같은 긍정적인 선물이 많았다. 로마인들이 자연의 생명력을 뜻하는 말로 사용한 'vis(비스)'는 violence(바이어런스), 즉 폭력이란 말의 어원이다. 폭력에 'vis'가 있다고 말하는 것은 분노에 생명력이 있다고 말하는 것과 같다. 혹은 마르스는 자유롭게 표현된 긍정적인 에너지로, 삶에 필요한 힘이라고 할 수 있다.

이런 연관성은 분노에, 그리고 심지어 노인들의 괴팍함에도 적용된다. 분노의 표면적 표현은 짜증스럽고 무익해 보일 수 있지만 그 깊은 곳에는 나오고 싶어 하는, 약한 상태로도 나오고 싶어 하는 생명력이 있을지 모른다. 눈에 띄고 싶어 하고 활동하고 싶어 하는 생명력의 징후를 보려면 적어도 한 단계 더 깊이 들여다봐야 한다.

주위의 노인이 자주 화를 낸다면 표현을 원하는 생명력을 찾아보려고 노력해보자. 화가 나는 당사자의 경우에는 분노를 이렇게 깊고 다면적이고 신화적인 방식으로 이해하는 것이 도움이 될 것이다. 분노는 도움이 된다. 행동에 힘을 실어주고 세상이 위협적일 때, 뭔가가 이상할 때 경고를 해준다.

나의 아버지는 돌아가실 때 100세였는데 화가 나 있었다. 평생, 그리고 노년에 이르러서도 화를 내는 분이 아니었는데. 자기 의견이 강하고 이용당하는 것을 참을 수 없어 했지만 전반적으로 아주 평화적인 분이었다. 돌아가실 때 화가 나 있었던 것은 병원에 있으면서 독립성과 존엄성을 다소 상실했기 때문이었을 것이다. 오늘날 하나의 대상이나 하나의 사례가 된 기분을 느끼지 않으면서 현대 의학을 체험하기는 쉽지 않다. 내 생각에 아버지의 분노 이면에는 타당한 이유가 있었으며 분노는 아버지에게 도움이 되었던 것 같다.

이단적인 정신과 의사 로널드 랭Ronald D. Laing은 심장마비로 쓰러졌을 때 '의사를 부르지 마'라고 외쳤다고 한다. 그것은 성난 외침이었지만 어떤 점에서는 적절했다. 또 다른 괴짜 정신과 의사 프리츠 펄스Fritz Perls는 병원에 누워 있을 때 몸에서 온갖 줄과 튜브를 다 빼버렸다고 한다. 그는 절대 비인간적인 치료를 받아들일 사람이 아니었다.

우리는 분노를 좋지 않게 여기는 일반적인 편견을 갖고 있는데, 그것은 단지 유쾌하지 않기 때문일 것이다. 그러나 분노는 좋은 목적에 유익할 수 있으며, 분노를 긴장의 타당한 표현으로 이해한다면 노인을 상대할 때 분노를 좋지 않게 여기는 선입견을 덜 갖게 될 것이다. 노인들은 자신들을 형편없이 여기는 세계를 향해 분노를 표출할 힘이 필요하다. 먼저 전반적으로 분노를 긍정적이고 좋은 감정으로 생각하는 것이 도움이 될 것이다. 분노를 포함해 모든 감정은 과장되거나 극단적이거나 부정적으로 표현될 수 있다. 잠재적으로 모든 감정은 문제가 된다. 그렇다고 해서 그 자체가 나쁘다는 것을 의미하지는 않는다. 분노는 뭔가가 잘못되었을 때를, 그리고 나서서 불만을 효과적으로 표현해야 한다는 것을 알려준다. 그 분노를 보여주는 이 특별한 영혼의 힘에 나이 제한은 없다.

분노는 2차적인 감정이다

왜 화가 나는지 모르겠는데 사소한 일에 순간적으로 버럭 화가 날 수 있다는 것은 많이들 알고 있다. 여기에 특별한 종류의 분노가 갖는 두 가지 특성이 있다. 즉 화는 순간적으로 난다는 것과, 그 원인은 거의 아무것도 아닐 수 있다는 것. 많은 사람들이 그들의 내재된 공격성의 원인을 어린 시절이나 청소년기에서, 그리고 부모나 친척이나 교사로부터 받은 거칠거나 혹은 질식할 것 같은 대우에서 찾아내기도 한다.

만성적인 분노는 적절한 표현을 찾지 못한 감정이다. 늘 화가 부글부글 끓거나 사소한 좌절에도 항상 비효율적으로 무의미하게 분노를 터뜨리는 사람들이 있다. 흔히 그 분노는 현재 자신을 짜증 나게 하는 것에 대한 반응이 아니라 적어도 부분적으로는 수년 전부터 쌓여온 좌절감에서 비롯된 것이다. 어린 시절이나 청소년기를 돌아보며 좌절감을 불러일으켰을 수 있는 억압을 찾아보는 것이 도움이 될 수 있다. 그때의 이야기를 반복하는 것이 좋다. 어떤 통찰을 얻거나 문제를 인정하는 것만으로 변화가 느껴질 때까지.

이런 만성적인 분노를 다루는 최선의 방법은 터뜨리는 것이라고 생각하는 이들도 있다. 베개를 탕탕 친다거나 큰 소리로 외친다거나 비명을 지르거나 울거나 고함을 지르는 식으로. 나는 분풀이 요법을 신뢰하지 않는다. 감정이란 흔히 원래의 좌절감에서 한 단계 벗어난 부차적인 것이기 때문이다. 때로는 이야기를 명확히 한다는 맥락에서 분풀이가 도움이 되지만 이야기를 하는 것만으로, 여러 번에 걸쳐 충분히 감정을 실어서 말한다면 분노는 가라앉을 것이다.

나 자신을 예로 들어보겠다. 나의 어머니는 멋지고 사랑스런 여인이었지만 아이들은 조용하고 온순해야 한다고 배우며 자랐던 것 같다. 어머니는 늘 사람들이 있는 곳에서는 조용히 하라고 했다. 집에서는 같이 재미있게 놀고 게임도 했지만 밖에서 사람들과 함께 있으면 나는 가만히 앉아 아무것도 하지 말아야 했다. 상징적인 일화 하나가 생각난다. 네다섯 살 때였을 것이다. 어머니는 내게 한두 시간 나갔다 올 테니까 현관 계단 꼭대기에 앉아 있으라고 했다. 그런데 일이 지체되어 어머니가 조금 늦게 귀가했는데, 그때까지 내가 현관에 앉아 있는 것을 본 것이다. 어머니는 놀라며 왜 밖에 나가 놀지 않았느냐고 물었다. 나는 이해가 되지 않았다. 나가 놀지 말고 가만히 앉아 있으라고 했으니까. 만일 내가 자리를 떴다면 어머니는 분명 화를 냈을 거면서 - 어머니가 참지 못하고 화내는 모습을 보았으니까 - 한편으로는 내가 하고 싶었던 일을 하기를 바라고 있었던 것이다.

내가 그 일을 얼마나 잘 기억하고 있는지에 주목하기 바란다. 만일 내가 그 이야기를 하는 것을 직접 듣는다면 내 목소리에 실린 감정을 느낄 것이다. 왜? 이것은 그냥 언젠가 있었던 일에 대한 이야기가 아니니까. 그것은 나의 신화, 나의 창조와 기원에 대한 이야기의 한 표현이다. 그 일은 성인으로서 내가 겪은 문제를 들여다볼 수 있는 통찰을 제공하며 70년이 지난 지금까지도 기억하고 있다.

나는 더없이 행복한 어린 시절을 보냈지만 치료사로서 부모와 다른 어른들로 인해 깊은 상처를 입은 사람들의 이야기를 많이 들었다. 그 사람들은 그냥 조용히 하라고 시킨 것이 아니라 때리고 겁을 주었다. 만일 내가 조용한 나의 사랑하는 어머니의 헷갈리는 이상을 기억하는 데도 강한 감정을 느낀다면, 그 헷갈리는 규칙들을 상쇄하는 사랑과 따스함도 없는 폭력적인 분위기에서 자란 사람들은 무엇을 느낄지 한번 상상해보라.

이제 다양한 배경을 지닌 사람들의 집단이, 전부는 아니지만 대다수가 예의 바르게 행동하고 가만히 있고 나이에 맞게 행동하라는 얘기를 너무나 많이 들었던 사람들이 늙어서 공동 시설에서 함께 사는 상황을 상상해보자. 각자가 어린 시절에 받았던 그런 요구와 규제를 오랫동안 처리한 경험이 있을 것이다. 게다가 수년간 노인으로서 집단생활을 하고 있다는 것을 고려하면 얼마나 많은 분노가 축적되었을지 한번 생각해보라.

여기에 분노의 또 다른 중요한 점이 있다. 분노는 언어적·정서적 학대에서만 나오는 것이 아니다. 분노는 한 사람의 창조적 충동이 전복된 것이다. 우리는 이런저런 이유로 자신의 삶을 살 수 없을 때, 자신이 원하고 해야 할 일을 할 수 없을 때, 자신을 온전히 그리고 정확히 표현할 수 없을 때, 순응을 원하는 세상에서 개인으로 존재할 수 없을 때 화가 난다. 분노는 질식당한 창조적 정신이 청문회를 요구하는 것이다.

여기에 다시 나이 든 이들의 내면에 있는 괴팍한 노인네를 다루는 데 도움이 될 만한 몇 가지 단서가 있다. 자신의 의견을 완곡하게, 그러나 감정을 실어 표현할 수 있는 방법을 보여주자. 창조적 충동을 배출할 수 있는 방법을 찾도록 도와주자. 개성을 드러낼 기회를 주자. 이런 것들은 모두 분노, 창조적이고 긍정적인 잠재력으로 바뀐 분노의 부산물이다.

성난 노인 응대하기

분노는 우리 안에 있는 생명력의 좌절된 표현이다. 나이 든 사람들은 소망했던, 하려고 했으나 이루지 못했던 일들을 통절히 의식한다. 그리고 자문할지 모른다, '내 인생이 무슨 가치가 있나? 나는 무슨 자랑할 만한 일을 했던가?' 하고. 그 대답이 부정적이면 슬픔과 좌절감이 뒤섞인 감정을 느낄 것이다.

곰곰이 생각해보면 이해 못할 분노는 별로 없다. 분노가 괴팍한 노인네라는 페르소나로 결합되어 개인적 스타일이 되어버린 경우에도. 괴팍한 노인네는 페르소나나 하나의 인물 내지는 심리적 콤플렉스이기에 약간의 거리를 둘 수 있고, 심지어 유머로 다룰 수도 있다. 깔끔하고 담백한 유머는 분노의 파괴력을 차단하는 데 효과적이다.

분노에 대해서 말을 하는 것은 어느 정도 카타르시스가 된다. 괴팍한 노인네를 돌보는 사람이나 친척이라면 그 감정에 이미지를 부여하는 기억이나 상상을 떠올려보도록 격려할 수 있다. 이는 의미를 파악하고 이해하는 데로 한 발 나아가는 것이다. 나는 치료사로서 그 감정과 거리를 두는 방법으로 유머에 기댄다. 유머는 보통 이미지, 서사, 정확한 언어로 이끄는데, 그런 것들은 모두 즉각적이고 날것인 분노를 다듬어준다.

다음은 괴팍한 노인네를 돌보는 사람이나 친척이나 상담사가 참고할 만한 체크리스트이다.

1. 무시되고 간과되고 잊힌 존재가 아니라 어엿한 한 인간임을 느끼도록 해주자.
2. 자신을 표현할 방법을 찾도록 도와주자.
3. 과거의 이야기들, 어린 시절 이야기들, 분노로 촉발된 이야기들

을 할 수 있도록 해주자.

4. 항상 규칙이나 다른 사람의 소망에 따를 필요 없이 어떤 선택은 스스로 할 수 있도록 해주자.

5. 분노를 개인적으로 받아들이지 말고 그 저변의 원인을 보도록 하자.

수많은 인간관계에서 우리는 그냥 즉흥적이고 감정적으로 반응하는 일상적인 사람이어서는 안 된다. 건강한 관계를 유지하려면 일종의 치료사가 되어야 할지 모른다. 물론 가까운 사람들에게 진짜 치료사처럼 굴라는 말이 아니다. 즉각적인 행동 너머에서 표현되고 있는 더 깊은 주제를 볼 수 있도록 거리를 두라는 것이다. 아이들과 있을 때 부모와 교사가, 연인과 있을 때 파트너가, 그리고 노인과 있을 때 젊은 사람이 그렇게 해야 한다.

그러니까 한 사람의 영혼을, 그 아름다움과 갈등을 인지해야 한다는 말이다. 영혼을 상대할 때는 항상 동시에 여러 차원에서 생각해야 한다. 현재에서 과거를, 실생활에서 볼 수 있는 그 사람의 무의식적인 관심사를, 그리고 그 사람이 해결하고 있는 어떤 다른 문제들을 상징적으로 보여주는 실제 행동을 고려해야 한다. 인간관계의 문제들은 흔히 모든 것을 액면 그대로 받아들이는 데서 비롯된다.

어쩌다 괴팍한 노인네가 되었다면 가끔 한 번쯤이라도 자신을 비판하면서 그 습관을 없애야 한다고 생각하지 말고 지혜롭게 그것이 무엇을 표현하려고 하는지, 또 이런 습관이 어디서 비롯되었는지를 알아보는 게 나을 것이다. 이런 태도를 동반하는 강한 감정이 난

입하면 어느 정도 거리를 두고 그 감정을 표현할 정확하고 강력한 말을 찾아보자.

때로는 단순히 신체적 원인에서 분노하고 완고해질 수 있다. 특정 의약품이나 지나친 음주, 수면 부족, 마음을 사로잡는 걱정 등. 원인이 무엇이건 간에 괴팍한 노인네를 돌보는 사람이나 친척이라면 단순하게 반응하지 말고 늘 그 이면에 놓인 이유를 찾아봐야 한다. 우리는 모두 부적절한 분노에, 심지어는 고질적인 나쁜 태도에 취약하다.

오랜 연구와 경험의 결과 나는 다음과 같이 간단하고 평범한 말로 요약할 수 있는 해결책을 갖게 되었다. 사람들에게 여유를 주자. 올바른 반응은 잘 반응하는 사람에게나 이롭지 갈등을 좋지 않게 표현하는 사람에게는 도움이 되지 않는다. 감정으로부터 어느 정도 거리를 둬야 하는 것은 성난 사람, 괴팍한 노인네뿐만이 아니다. 그를 돌보는 사람이나 친척도 노골적인 반응을 보이면 안 된다. 충분히 생각하고 반성의 여지를 둬야 한다.

괴팍한 노인네를 정기적으로 상대해야 하는 경우 얼마간 도움을 받고 휴식을 취하는 것이 좋다. 전문적으로 그 일을 하는 사람이라면 다들 알겠지만, 치료사란 보람도 있지만 휴식이 필요한 일이다. 쉬는 시간이 있어야 한다. 상담 시간 사이사이에 휴식 시간을 갖자. 다른 사람을 돌볼 때에는 자신도 충분히 돌봐야 한다. 특히 분노의 기운이 감돌 때는. 그에 반응하고 싶은 유혹은 강하다. 주위에도 내면에도 약간의 공간이 필요하다.

분노를 창조적인 힘으로 생각하자. 감정적인 표현이 으레 그렇듯 분노도 지나치거나 부적절할 수 있으며 희미한 과거의 안 좋은 경험에 뿌리를 둔 것일 수 있다. 화가 난 당사자이건, 아니면 주변에 있는 사람이건 노골적인 감정으로 반응하고 싶은 유혹을 참고 분노가 무엇을 말하려고 하는지 봐야 한다. 그 감정과 그 사람을 혼동하면 안 된다. 그러자면 어느 정도의 거리와 함께 더 큰 시야가 필요하다.

나이가 들면 이전의 분노들이 나오게 되고 새로이 받은 모욕은 새로운 분노를 야기한다. 분노는 흔히 거꾸로 서 있는 연꽃과 같다. 보이는 쪽에는 진흙이 묻어 있고 그리 아름답지 않은 뿌리가 있다. 물속에는 아름다운 꽃이 피어 있지만. 그처럼 특별한 꽃의 의미를 제대로 감상하려면 수륙양용의 눈을 발달시켜야 한다. 분노는 늘 뭔가를 원한다고, 정당한 이유에서 불만을 표현하고 있는 것이라고 생각할 수 있다. 그것은 보통 복잡한 가면과 변명으로 덮여 있지만 근본적으로 인생에 도움이 되기를 원한다.

놀이, 일, 은퇴

신에게는 모든 것이 좋고 옳지만,
인간은 어떤 것은 좋고 어떤 것은 나쁘게 경험한다.
_헤라클레이토스

잠시 우리 삶의 범위를 생각해보면 대부분이 일에 대한 것임을 알게 될 것이다. 오늘날 교육은, 심지어 초기 교육조차도 전문 지식과 기술이 필요한 일자리를 위해 새로운 시민을 준비시키는 것을 목표로 한다. 많은 사람들이 수업일수는 연장하고 쉬는 시간과 방학은 단축하고 미술 시간은 줄이기를 바라며 놀이와 스포츠마저 생계 유지의 수단으로 바뀌었다. 달리 말해 인생에서 일과 놀이의 섬세한 균형이 일 쪽으로 심하게 기울고 있다.

직장 생활과 관련된 모든 것이 짐이 되어가고 있다. 젊을 때는 힘든 구직 시장에서 일자리를 찾고 필요한 훈련과 경험을 얻으려고 애쓰고, 눈에 띄고 승진하기 위해 장시간을 투자해 진이 빠지도록 정말 열심히 일한다. 아침에 일어나 직장에 가는 이유는 오직 친해진 동료들을 만날 수 있기 때문이라고 말하는 사람이 많다.

그런데 먹고살기 위해 평생 열심히 일한 뒤 은퇴를 해도 문제이다. 어떻게 살아가나? 시간을 어떻게 보내나? 삶의 목적의식은 어떻게 유지하나? 지금까지는 일이 의미의 주된 원천이었는데. 주로 그쪽에 신경 쓰고 살았는데. 일이 사라지면 뭐가 남지?

이런 질문들은 우울하다. 나이 든 사람들이 의기소침한 것은 당연하다. 그러나 문제는 나이 드는 것도, 늙는 것도 아니다. 문제는 사람들이 젊은이들에게나 적합한 활동에 무게를 둔다는 사실이다. 나이가 많아지면 그런 일들은 모두 흔들리고 사라질 수 있는데.

해답은 우리 인생에서 중요하고 단단한 자리를 일에 전부 내주지 않는 것이다. 목적의식과 기쁨을 가져다줄 수 있는 다른 것들이, 격렬한 신체 활동과 출세를 위한 인고를 필요로 하지 않는 일들이 있다. 그런 것들은 지속적이고 나이를 먹지 않는 영혼의 일들이다. 그리고 직장 생활이 내리막길로 들어설 때 집중할 수 있는 일들이다.

우리는 '은퇴'라는 말을 직장 생활과 직업의 순환을 끝낼 때 우리가 하는 일에 대해 쓴다. 한편 그 말은 일이 삶의 가장 중요한 것임을, 의미와 목적의 주된 원천임을 함축한다. 일을 하다가 일을 하지 않게 되는 것이다. 일을 그만둔 다음에 오는 것에 대한 긍정적인 말이 없다. 은퇴는 부정적인 개념이다. '일하고 난 뒤에는 뭘 하지?'를 의미한다. 사실 일을 그만둔 뒤 다시 시작할 준비를 아주 잘해왔을 수도 있다. 여행, 공부, 독서, 그리고 취미 활동처럼 일 외의 다른 활동에 참여하면서. 다가올 일로부터의 자유는 긍정적인 발전을 가져다줄 수 있으며 그에 대해 희망적인 단어를 사용하는 것이 도움이 될 것이다.

은퇴는 느긋하고 자유롭고 대안적이고 창조적이며 개인적인 보람과 발견의 시간으로 이어진다. 수십 년간 직장을 다닌 탓에 너무나 잘 알게 된 구조와 활동이 그리워 어찌할 바를 모른다면 자신의 능력을 일부만 파악하고 있는 것이다. 이제 자신의 삶과 관련된 다른 것을 발견할 수 있다.

은퇴는 영혼과 자기self 사이의 대조를 이끌어낸다. 직장 생활은 전부 자기의 문제였다. 명예를 얻고 돈을 벌고 성공을 느끼고 목표를 달성하는. 더 깊은 영혼은 그렇게 영웅적이지 않다. 영혼은 일련의 다른 가치에 따라 사는데, 너무 중요해서 체크리스트로 제시하고 싶다.

1. 아름다움
2. 명상
3. 깊은 경험
4. 의미 있는 관계
5. 지식
6. 집에 있는 느낌
7. 예술
8. 영적인 평화
9. 공동체
10. 휴식과 편안함

나는 이 가치들이 모든 은퇴 공동체의 사명 선언문에 포함되고 나이 들어가는 부모를 둔 자식들에게 전달되기를 바란다. 젊은 시절에는 돈을 벌고 열심히 일하고 자식을 키우고 집을 장만하고 학교에 다니거나 독립하기 위해 노력하는 것과 같은 일들이 가치 있었을 수 있다. 노인이 되면 다른 세상에 살게 되며, 만들고 행동하기보다는 명상적이 된다. 물론 늙어서도 여전히 열심히 일하는 사람들이 있지만 그런 사람들도 점차 영혼의 가치를 접하고 그 혜택을 받게 될 것이다.

은퇴를 준비할 시기는 일을 시작하는 날부터이다. 인생의 모든 단계에서 우리는 나이를 먹는다고 앞서 말했던 것을 기억하자. 아무리 중요하고 보람된 일을 하고 있어도 사람들은 자신이 하는 일과 동일시되지 않는 다면적인 사람이 됨으로써 20대에도 성숙해질 수 있다. 그런 사람들은 지속적으로 삶에 참여하는 기회를 늘리며 직업이나 가정 같은 안전하고 제한된 영역에 숨지 않겠다고 결심한다.

그런데 젊었을 적에 그러지 못하고 직장 생활에 파묻혀버린 경우는 어떡할까. 그럼 은퇴하면서 할 일이 있다. 자신을 점검하고 자신 안에서 관심과 발전을 원하는 것을 찾는 것이다. 그렇다, 우리에게는 그런 것이 있다. 열심히 일할 때는 보이지 않았지만. 아니면 그저 눈을 크게 뜨고 세상을 보며 자신의 욕망을 깨우는 영역을 발견할 수도 있다.

60년간 출판사 하퍼콜린스에서 편집자로 일했던 나의 소중한 친구 휴 반 두센Hugh Van Dusen이 최근에 은퇴했다. 휴는 말투가 부드럽고 친절하고 교양 있는 사람이다. 신학과 철학과 문화 연구에 관심이 많았던 그는 먼저 토치북Torchbooks에서, 그다음에는 하퍼 페레니얼Harper Perennial에서 경력을 쌓았다. 나는 1980년대에 휴를 만났는데, 1990년에는 그가 내 책『영혼의 돌봄』의 편집자였다. 우리는 10년이라는 세월 동안 여러 권의 책을 함께 작업하며 가까워졌다.

휴는 오랫동안 유화를 그렸는데, 그중 몇 점이 맨해튼에 있는 그의 사무실에 걸려 있다. 나는 늘 의미 있는 인생의 구성단위를 발견하려는 아마추어 화가들의 그림에 끌렸다. 나는 휴의 그림들에 끌렸는데, 그의 그림은 독창적이고 색채 사용이 신선했다. 어느 날 그가 뉴욕에 있는 자신의 아파트에서 더 많은 그림을 보여주었는데, 나는 새삼 그 단순성과 정교함에 놀랐다. 그즈음 휴는 퀼트 작업도 하고 있었는데 나는 또다시 그의 상상력이 작동하는 방식을 보며 즐거웠다. 특히 남자들은 거의 안 하는 수예품에서.

이제, 거의 20년이 흐른 지금 휴는 맨해튼의 직장에서 은퇴해 더 열심히, 더 많은 시간 동안 그림을 그리고 퀼트 작업을 하고 아내와 시간을 보낸다. 그는 나이를 아주 잘 먹었다. 살아 있는 정신을 유지하고 어려운 결정들을 내리고 인생의 일을 확장하면서 살아왔기 때문이다. 그에게 은퇴란 이전의 취미 활동을 천직으로 삼는 것을, 혹은 적어도 주요 출판사의 비즈니스 환경과 다소 다른 세계를 표현하는 예술에 더 많은 시간과 관심을 쏟는 것을 의미한다.

물론 책과 그림, 그리고 퀼트조차도 서로 무관하지는 않지만 예술은 휴에게 자신의 초점을 바꾸는 은퇴의 방식을 제공했다. 이것은 손안의 시간을 가지고 무엇을 해야 할지 모르는 것보다 훨씬 낫다. 나는 지금 은퇴 전략으로 예술 활동을 해보라고 말하는 것이 아니다. 그 이상이다. 그것은 흥미롭고 창조적인 삶을 살면서, 그리고 자기표현의 충동을 따라가면서 나이를 먹는 방식이다. 이런 것들은 실제적인 비즈니스 활동 영역과 꿈의 영역을 섞을 수 있게 해주는데, 이것이 예술이 이끌어낼 수 있는 것이다.

그러니 요점은 그냥 다양하고 많은 일을 하면서 나이를 먹는 것이 아니라, 구체적으로 생활 방식에서 외부 세계와 내부 세계를 연결하는 것이다. 이는 적극적으로 경력을 쌓아가면서 동시에 우리의 삶에서 예술에 중요한 위치를 부여할 때 가장 잘 이뤄질 수 있다. 예술은 신비, 이미지, 그리고 깊이의 영역이다. 퀼트처럼 단순한 예술도. 주변의 예술에서 이미지를 얻는 것은 동물과 함께 사는 것과 같다. 그것은 본질적이고 신비한 뭔가를, 그렇지만 딱 꼬집어 말할 수 없는 뭔가를 준다.

내가 보기에 휴 반 두센은 진지하게 그림을 그리고 퀼트 작업을 하며 예술로부터 직접 배운 교훈들로 나이가 들었을 뿐 아니라 노년의 은퇴도 준비했다. 그에게는 단지 무언가 할 일이 있었던 게 아니라 사색적이면서도 아름다움을 창조하는 방법이 있었다. 퀼트 작업과 그림을 그리는 것은 일종의 명상이다.

나도 내 인생의 두 가지 일, 음악과 소설 쓰기에 대해 비슷하게 느낀다. 나는 일찍이 대학 시절에 음악을 열심히 공부했지만 직업적으로 추구하지는 않았다. 거의 매일 피아노를 치고 자주 악보 공부를 했는데, 덕분에 나는 신비한 꿈의 세계에 묶이게 되었다. 음악은 우리를 현실의 다른 차원으로 이끈다. 그런 점에서 음악가에게는 샤먼과 공통되는 뭔가가 있다. 샤먼은 음악을 영적인 여행의 보조 수

단으로 사용하는 데 반해 음악가는 음악에 대한 이해를 높이기 위해 샤먼의 비전과 목적을 이용하기도 한다.

가끔은 왜 내가 몇 년씩 그토록 열심히 작곡 공부를 했을까 생각한다. 그 능력을 직업적으로 사용한 적은 없지만 음악에 대한 이해 덕분에 내 삶은 헤아릴 수 없을 만큼 풍요로워졌다. 이제 와 생각해보면 나는 돈을 벌기 위해서가 아니라 내 영혼을 위해서 음악학교에 갔다. 음악은 내게 스며들어 내가 하는 모든 일에 영향을 미친다. 특히 나이 들면서 음악이 소중해졌는데, 이는 단지 내게 이제 음악을 할 시간이 생겼기 때문이 아니다. 내 경력이 아직 내리막길로 들어서지 않았기 때문에 시간이 더 생긴 것은 아니다. 그냥 나이 들면서 그 어느 때보다 음악이 기질적으로 중요해진 것이다. 내가 내 인생을 다르게 느끼고 더 많이 성찰하고 끊임없이 영원한 것에 대해 생각하기 때문에 음악이 그에 따라 우세해지고 있는 나의 어떤 부분을 채우는 것이다.

놀이 같은 일과 진지한 놀이

우리는 흔히 놀이와 일을 분리하고, 심지어 대립시키지만 깊이 들여다보면 그 둘은 보통 짝이다. 직업을 확보하려는 노력은 게임처럼 느껴질 수도 있다. 그러기 위해서 할 수 있는 모든 노력을 한 다음 승리하거나 패배한다. 일단 직장에 들어가면 거래, 회계, 고객을 둘러싸고 경쟁자들과 겨루는데, 그 모든 경쟁 과정이 스포츠 경기와 같을 수도 있다. 자세히 들여다보면 게임이나 놀이의 요소를 볼 수 있는데, 그렇다고 진지함이 줄어들지는 않는다.

문화가 가진 놀이의 요소를 다루고 있는 가장 기본적인 책 중 하나는 요한 하위징아 Johan Huizinga가 쓴 『호모 루덴스』이다. 호모 루덴스는 '놀이하는 인간'을 의미하는데, 그 책에서 저자는 경쟁이 놀이의 필수 요소 중 하나라고 역설한다. 직장에서 우리는 자주 성공을 향한 경쟁에서 다른 회사나 고용인들과 싸운다. 어떻게 보면 그것은 전부 게임, 놀이의 재미와 흥분이 있는 진지한 게임이다. 정치도 마찬가지로 온통 게임이다. 사람들이 토론회를 그토록 즐기는 것은 놀이의 요소가 강하기 때문이며, 우리는 보통 토론이 마치 풋볼 게임이라도 되는 양 누가 이겼는지 논하기를 좋아한다.

심지어 종교도 그 의식에 놀이가 들어 있다. 사람들이 특별한 의상을 입고 극적으로 움직이고 행동하는데, 이는 모두 궁극적인 게임, 즉 인생에서 이기기 위해서이다. 결혼해서 가정을 꾸리는 것에도 놀이의 측면이 있는데, 아이들의 '소꿉놀이'에서 그것을 볼 수 있다. 놀이의 요소와 게임의 측면이 없는 것은 상상하기 어렵다.

우리가 하는 특정한 일뿐 아니라 모든 일에 놀이의 요소가 있는 이유 중 하나는 놀이가 인간 영혼의 주된 활동이기 때문이다. 놀이에는 영혼의 주요 가치가 많이 들어 있다. 즐거움, 시, 상징, 다층적 의미, 드라마, 그리고 연극처럼 '마치 ……인 것' 같은 성질 등이. 우리의 표면적인 삶은 심각해 보일 수도 있지만 우리는 그 밑에서 놀이와 게임의 기미를 발견하게 된다. 즐거움도 그 증거이다. 즐거움은 영혼이 추구하는 것이다. 진지한 일에서도.

중소기업의 대표라면 국제무역의 장에서 뛰는 주요 선수들 중

한 명이라고 상상할 수 있다. 그는 계약을 따거나 놓치고 게임하는 법을 배운다.

진지한 일에서 놀이의 요소를 주목하는 것만으로는 충분치 않다. 우리는 그런 일들을 놀이로 할 수 있다. 그러니까 진지한 일을 할 때 놀이의 성질을 최대한 활용하는 것이다. 그러다 나이가 들고 진지한 일에서 은퇴하면 그 놀이 지능을 다 이용할 수 있다. 놀 기회가 많아진다는 것은 인생이 가벼워진다는 의미가 아님을 이해할 수 있을 것이다. 그것은 단지 영혼이 풍부해진다는 뜻이다.

골프장이나 테니스 코트에서 은퇴자들을 만날 때면 나는 그들이 이제 정말 진지하게 게임을 할 수 있다는 사실을 안다. 그리고 그들은 게임을 하면서 여전히 게임과 관련해 영혼의 원료들을 만들어 내고 있다. 이전에는 직업과 경력의 탈 안에서 게임을 했지만. 게임은 언제나 영혼의 활동이다. 실용적이거나 금전적이거나 자기중심적인 이유에서가 아니라 주로 놀기 위해서 게임을 한다면. 그러니까 정말로 논다면.

놀이가 없는 일은 짐이다. 놀이는 노동의 무게를 덜어준다. 일이 진지한 목적과 놀이로 이뤄진 한, 우리는 일을 사랑하고 즐길 수 있다. 이런 의미에서 우리는 나이 들면서 놀이가 들어 있는 일을 통해 더욱더 사람이 된다. 우리는 해결이나 적어도 정리를 필요로 하는 많은 문제를 처리하면서 필요한 영혼의 일을 하고 있다. 그러나 놀이 없는 일을 한다면 영혼의 일은 등한시되고 우리는 일을 통해 잘 나이 들 수가 없다. 세월이 흘러 나이가 들어도 더 나은 사람이 되지는 못하는 것이다.

평생 목수로 살아왔다고 해보자. 그 일이 가진 놀이의 요소는 아이들이 블록을 쌓거나 눈으로 이글루나 요새를 만들며 느끼는 즐거움과 같을지 모른다. 무언가를 짓는 일은 재미있기도 하다. 그런 재미를 느끼며 목수로 진지하게 일하다가 나이가 들면 놀이의 측면을 더 많이 되찾을 것이다. 늘 해보고 싶었지만 그럴 자유가 없었던 작품을 시도해볼 수도 있다. 내가 아는 어떤 남자는 직접 집을 짓고 그 집에서 자식들을 키웠다. 이제는 늙어서 집을 짓는 것이 너무 큰 일이라 자신의 땅에 작은 일본식 찻집을 짓는 데서 큰 즐거움을 누리고 있다. 이런 경우 일과 놀이를 구분하기는 어렵다.

영혼으로 나이가 든다는 것은 그냥 세월을 보내는 것이 아니라 흥미롭고 진정한 누군가가 된다는 것이다. 우리가 하는 일에 놀이의 요소가 충분할 때 우리는 몰두하게 되고 상상력이 풍부해지고 창의적으로 바뀐다. 하는 일에 집중하게 되면 그 일에서 깊은 영향을 받게 된다. 내면 깊은 곳에서부터 일을 하면 그 즐거움과 보상 역시 그만큼 깊어진다.

대학생 시절, 수도원 생활을 떠난 직후였는데 25센트, 5센트, 10센트를 분류하는 기계에서 동전을 포장한 적이 있다. 내 일은 최대한 빨리 종이롤로 동전을 싸는 것이었다. 나는 이 일을 한 번에 여덟 시간씩 했는데, 근무가 끝날 때는 수백 달러, 수천 달러에 달하는 잔돈을 바닥에서 들어 올렸다. 내 기억으로 그 일은 내가 해본 일들 중 가장 영혼이 없는 일이었다. 그렇지만 나는 그 짧은 경험을 통해 나 자신과 노동의 세계에 대해 많은 것을 배웠다.

그 무의미하고 하찮은 일 덕분에 나는 나이를 먹었으며, 아직도 그 일을 회상하며 현재 삶의 가치들을 정비한다. 예를 하나 들자면, 작가로서 직업상 단어나 페이지를 세는 것과 같은 조금 재미없는 일을 하더라도 불평하지 않는다. 하루에 여덟 시간씩 동전을 포장하는 일이 어떤 건지를 기억하고 있기 때문이다. 그처럼 너무나 지루하고 재미없는 노동을 하면서 생계를 꾸려가는 사람들의 심정을 알기 때문이다.

요즘 나는 비나 눈이 내려 땅이 젖지 않은 날이면 일요일마다 오랜 친구 로버트와 테니스공을 친다. 그는 영국에서 태어났는데 한동안 독일에서 살다가 미국에 와서 발도로프Waldorf 교사가 되었다. 로버트는 매우 사려 깊은 사람이라서 나는 그에게 자신의 노년과 은퇴에 대한 생각을 물었다. 예순일곱 살인 로버트는 이렇게 말한다.

"그 문제를 자주 생각합니다. 제게 중요한 문제죠. 건강이 좋다면 가르치는 일을 그만둔 뒤에도 할 일이 많습니다."

여기서 잠깐 로버트의 말을 인용하는 것을 멈추고 그의 첫 번째 관심사가 건강이라는 점에 주목해보자. 건강은 늘 운명의 문제이고 신비하다. 우리는 건강에 대해 확신할 수 있는 것이 아무것도 없으며 운명이 우리를 때려눕히고 우리의 계획에 간섭할 수 있다는 점을 염두에 두어야 한다. 그러나 우리는 로버트처럼 그래도 희망을 갖고 계획을 세운다.

뒤이어 로버트는 말했다.

"전 세계를 돌아다니며 한곳에서 몇 주씩 가르치고 싶습니다. 여행을 하고 공부를 하고 싶어요. 또 내 영혼도 돌봐야죠."

로버트는 발도로프 교사라서 영혼이라는 말을 아주 자연스럽게 쓴다.

"특히 나의 관계들, 그러니까 아내와 아이들, 그리고 그 가족들과의 관계를 말입니다. 또한 언어와 음악에도 몰두하고 싶습니다. 젊은이들이 자신을 발견하고 좋은 삶의 토대를 배울 수 있도록 계속 돕고도 싶고요."

로버트는 비범한 사람인데, 처음으로 은퇴에 대해서 물어보니 매우 심각해 보인다. 내가 인터뷰한 대부분의 사람들과 마찬가지로 그에게도 그 모든 논의가 중요하다. 로버트는 계속 봉사하면서 삶의 의미를 찾고 싶어 하지만 가족을 염려하며 자신을 위한 계획도 갖고 있다.

로버트의 말은 은퇴에 대해 생각하는 사람들 모두에게 좋은 본보기가 된다. 비공식적으로, 그러나 명확하게 그는 자신이 가치를 두는 일의 우선순위를 건강, 가족, 봉사, 개인적 열망 등으로 정해두고 있다. 그는 면밀하게 생각해왔다. 그의 계획은 명확하고 유연하다.

이 심각한 대화가 이뤄진 곳이 테니스 코트라는 점에 주목하자. 친구와 점심을 먹으며 인간관계에 대해 진지하게 대화할 수도 있을 것이다. 음식은 영혼을 불러내니까. 또한 어떤 영혼의 일을 진지하게 이루고자 할 때 친구와 게임을 할 수도 있을 것이다.

놀이에는 또 다른 이점이 있다. 놀이는 그 자체의 시간의 틀이 있어 정신없이 바쁜 일상의 시간 밖으로 나가는 것이 어떤 것인지를 맛보게 해준다. 게임에는 영원하고 무시간적인 뭔가가 있다. 한창 게임을 하고 있으면 목적이 있는 빠른 일상의 활동 시간에는 잡히지 않는 나이를 먹지 않는 영혼을 느낄 수 있다. 때로는 그 나이를 먹지 않는 요소를 떠올리며 일상의 시간 속에서 우리가 하고 있는 일이 전부가 아니라는 사실을 아는 것으로 충분하다.

은퇴기는 – 나는 이 말을 느슨하게 사용해 공식적으로 은퇴하지는 않았지만 직장 생활에서 의미 있는 변화를 겪고 있는 사람들에게도 적용한다 – 그러한 과거 노동의 기억들을 돌아보고 처리하기에 좋은 시간이다. 그런 종류의 정리는 정체성과 가치관을 확립하는 데 도움이 된다. 그러니 그런 기억들을 대화 속에서 꺼내 한 번 더 탐색해보는 것이 좋다. 우선순위 목록을 작성하고 세부 사항을 채워볼 수 있을 것이다.

은퇴기의 영혼

오늘날 은퇴를 대하는 태도와 은퇴를 하는 방식은 많다. 어떤 사람들은 전통적인 경로를 따라, 비유적으로 말하자면 금시계를 받고 직장을 떠난다. 자신은 은퇴와 전혀 무관한 일을 한다고 여기는 사람들도 있다. 또 공식적으로는 은퇴하지만, 적어도 마음속으로는 거의 한창때와 마찬가지로 계속 다양한 일을 하는 사람들도 있다.

배관공이자 배관 강사였던 나의 아버지는 은퇴한 뒤 학교에 가서 일상생활에서 물이 어떤 역할을 하는지 강연하는 것을 좋아했다. 그런데 그것은 아버지가 평생 해온 일이었다. 바로 삶의 아름다움과 매혹에 아이들과 청소년들을 노출시킬 모든 기회를 잡는 것. 아버지는 은퇴 후 자신의 경험과 지식을 사회에 환원해서 아이들이 자라는 데 도움이 되기를 바랐다.

이 책의 자료 조사를 하다가 나의 저작권 대리인의 아버지인 칼 셔스터Carl Shuster와 긴 대화를 했다. 그의 경험은 '영혼이 충만한 은퇴'를 바라는 사람들에게 비슷한 교훈을 준다.

칼은 은퇴한 변호사이다. 그는 자유로워진 시간 대부분을 서부 매사추세츠의 버크셔에서 보내고 가끔씩만 도시의 법률사무소에 돌아가기로 했다. 그는 이제 은퇴가 인생에서 가장 중요한 부분이라고 말한다. 특히 원하는 일을 할 수 있는 선물이라고. 그는, 많은 나이 든 사람들과 마찬가지로, 되돌려주는 것이 모든 사람의 삶의 일부라고 강하게 느낀다. 칼은 음악가들, 특히 젊은 음악가들이 일반 가정에서 공연하는 프로그램을 지원하고 성사시키는 일을 한다.

칼은 이제 젊은이들에게 초점을 맞추고 그들이 성공하도록 도와주면서 늙음과 젊음, 노인과 젊은이 사이의 갈등을 해결하는 방법을 찾아냈다. 정신분석학자가 아니라도 그가 자신 안에서 노인의 세계와 젊은이의 세계를 합치고 있다는 것을, 나이 들면 누구든 반드시 이뤄야 할 그 일을 해내고 있다는 것을 알 수 있다.

그는 자신의 프로그램이 공동체를, 이 가정 연주회를 계기로 친해진 사람들의 공동체를 창출하는 데 도움이 된다는 것을 알고 있다. 그 행사는 사람들의 삶을 풍요롭게 해주고 음악가들에게는 경험과 약간의 돈을 준다. 그 프로그램에서 모금되는 돈은 바로 음악가들에게 전달된다.

칼은 음악이 '교리 없는 영성'이라고 말한다. 그는 유대인이며 음악이 종교와 관련되어 있지만 더 원초적이고 전인적이라고 여긴다. 그는 음악을 통해 종교의 영역이지만 종교가 지닌 문제나 한계에서는 자유로운 지고의 체험을 한다.

칼은 홈 뮤직 프로그램을 발견하면서 아버지와 자식의 관계와 비슷한 것을 경험하게 되었다. 그는 젊은 음악가들이 열심히 노력하는 헌신적이고 훌륭한 사람들이라는 것을 알게 되었으며 그들을 사랑한다고 말한다. 그리고 고전음악은 나이 든 이들에게, 특히 가까이서 경험하게 되는 경우 새로운 이해의 빛을 가져다주면서 그것을 통해 만나고 알게 된 음악가들의 삶을 들여다보게 해준다.

칼은 겨울을 나기 위해 플로리다에 갈 때면 버크셔에서 시간을 보낸 덕분에 홈 뮤직 프로그램을 알게 된 사람을 많이 만난다. 그러면 마치 음악이 지닌 초월적인 힘을 공유한 사람들의 관계망의 일부 같은 느낌이 든다. 특히 그들 모두에게 영감을 준 젊은 음악가들과의 개인적 친분에 감사하게 될 때면. 이제 칼은 연장자들을 위한 지속적이고 폭넓은 교육에 참여할 계획이고, 자유로운 은퇴자로서 그가 할 수 있는 일에는 한계가 없다고 느낀다.

'은퇴'는 정말로 물러나 쉰다는 말이 아니다. 많은 경우 그것은 해방되어 경력이 인생을 지배할 때에는 힘이 미치지 못한 활동을 자유롭게 추구할 수 있다는 것을 의미한다. 일을 끝낸 사람들이 '인생의 자유로운 단계'에 있다고 말하는 편이 더 나을지도 모르겠다. 이제 가슴의 욕망을 따라갈 수 있고 실로 영혼의 갈망을 추구할 수 있다.

다시 그 흥미로운 패턴이 등장한다. 일하는 삶에서는 그 안에 있는 놀이의 요소 덕분에 영혼이 있었다. 법은, 특히 법정에서는 전부 놀이이고 게임이다. 이제 은퇴한 칼은 음악과 음악가들, 연주자들에게 의지한다. 숨겨진 놀이에서 공개적인 놀이로, 진지한 활동 속의 놀이에서 진지한 놀이로 바뀐 것이다.

은퇴하고 나이를 먹어갈 때 이 역학에 대해 생각해볼 수 있을 것이다. 인생의 그 시기에는 보다 영혼에 집중하는 방법으로 놀이 쪽으로 좀 더 기우는 것이 이치에 맞다. 그것은 진지한 놀이이기도 하지만 ─ 그 젊은 음악가들은 자신들의 예술과 경력에 전적으로 진지하다 ─ 그래도 음악을 연주하는 일이다.

나 자신의 은퇴에 대한 생각은 특이할지도 모르겠다. 작가로서 나는 죽을 때까지 글을 쓰고 싶다. 나는 내 친구 힐먼이 죽기 직전에 그를 찾아가 가까이서 지켜보았다. 그는 자신의 시골집 거실에 놓인 환자용 침대에 누워 똑똑 떨어지는 모르핀을 맞고 있었지만 죽기 직전까지 어떤 프로젝트를 진행하고 있었다. 어느 날 그는 내게 이렇게 말했다.

"해방된 기분이야. 선거 결과가 어찌 될지 불안하지 않아. 그 뉴스는 그렇게 중요하지 않아. 그래서 다른 일을 할 에너지가 있지."

나도 내 나름의 개인적인 목표, 다소 이기적인 목표가 있다. 나는 산스크리트어를 배우고 싶다. 인도 종교에 관심이 있어서 몇 년에 걸쳐 꽤 많은 단어를 알게 되었는데, 정말 아름다운 말이다. '삼사라samsara', '두카dukkha', '다르마dharma'. 젊을 때 배워서 나는 그리스어와 라틴어도 꽤 안다. 그 언어들 역시 신성한 말들이다. 그 언어들은 복음서의 원래의 영감과 신들의 이야기에 다가갈 수 있도록 해주기 때문이다. 라틴어의 '아니마Anima', '비스vis', '푸에르puer', 그리고 그리스어의 '메타노이아metanoia', '프시케psyche', '케노시스kenosis' 같은 단어들. 내게는 신성한 언어를 배우는 것이 노년에 할 수 있는, 어쩌면 영원을 준비하기에 완벽한 일 같다. 아무리 그것이 스스로 드러날 수 있다 해도. 어쩌면 그 영원한 언어들은 영원의 언어들일 것이다.

그러나 나의 아버지와 칼 셔스터처럼 나도 그토록 많이 받았으니 돌려줄 필요와 소명을 느낀다. 나는 젊은이들이 인생과 세계, 그리고 다른 사람들의 아름다움을 느낄 수 있도록 해주고 싶다. 아름다운 단어와 멋진 이미지, 희귀한 동물과 곤충을 계속 배우고 발견하도록 영감을 주고 싶다. 그들이 인생의 고통스런 감정과 복잡한 관계를 다루고 개인적인 한계를 최대한 활용할 수 있는 길을 찾도록 도와주고 싶다. 그들에게 희망과 통찰을 주고 싶고 깊은 즐거움, 특히 고전음악과 깊은 생각이 담긴 그림과 훌륭한 건축물에서 가장 잘 전해지는 즐거움을 느낄 수 있는 능력을 주고 싶다. 그런 것들은 나의 성향이고 내 나이와 세대의 취향임을 알고 있다. 젊은 사람들은 그들 자신의 것을 찾으면 된다.

은퇴의 시기는 새로운 발견과 오래된 결심을 위한 시간이다. 자유로운 시기이며 이뤄야 할 일 같은 것은 없고 경험하고 표현할 일만 남았다. 내 친구 휴처럼 기대니 인습이니 하는 것은 잊어버리고, 바다 풍경을 그리거나 퀼트로 오븐 매트나 침대보를 만들어도 된다. 더 중요한 게 뭐가 있겠는가. 이것이 인생의 그 모든 소박한 영광이며, 노년에는 그런 것에 마음껏 빠져도 된다.

은퇴기는 연금술을 위한 시간이다. 기억이 담긴 유리 용기를 관찰하고 사건들을 반복해 돌리면서 그 아름다움과 슬픔과 영원한 의미를 풀어주는 것이다. 이것이 바로 소위 말하는 '영혼 만들기'이다. 그것은 사람이 되는 과정의 마무리로, 사실 가장 중요한 부분이다. 열광적이지도 않고 목적도 없고 시간에 얽매이지도 않고 영웅적이지도 않고 부담도 없는 노년에 할 일은 많다.

은퇴는 물러나 쉬고 자며 꿈을 꾸는 것이다. 관심은 내부로 향하고 우리는 여러 감정을 느끼게 된다. 갈망, 소망, 회한, 만족, 욕망, 후회, 다짐, 죄책감, 그리고 바라건대 한 점의 희망도. 우리는 상상이나 기억 속에서 그 모든 것을 다시 살며 가슴에 더 깊이 새긴다. 그리고 다시 또 바라건대 일말의 통찰과 이해를, 그리고 용서를 얻는다. 이러한 은퇴는 사건들을 처리된 기억으로, 영혼이 먹고살 수 있는 음식과 같은 것으로 바꾸는 필수적인 과정이다.

나는 은퇴retirement를 're-tire', 그러니까 '타이어를 가는' 시간이라고 생각하고 싶다. 바퀴를 새로 장착하고 신선한 자극과 새로운 충동으로 새로운 방향으로 나아가 삶이 끝날 때까지 사는 것이다. 직업으로 하는 일은 그만두고 더 많이 놀며 인생의 역설적인 놀이 같은 진지함을 발견하고 정말로 중요한 것을 알아내고 훨씬 더 일찍 은퇴했더라면, 처음부터 그랬더라면 좋았을 거라고 생각하는 것이다.

중세 때 많은 사랑을 받았던 유명한 노래가 있었다. 「나의 마지막이 나의 시작My End Is My Beginning」이라는. 그것은 은퇴를 위한 노래이다. 처음으로 돌아가 경험과 결정들을 정리하는 것이다. 강돌들을 닦듯 그것을 뒤집으며. 이야기를 하는 것은 즐거움과 후회의 감정을, 어떻게 일들을 처리할 수 있었는지에 대한 새로운 생각을 돌을 닦듯 윤기를 내는 것이다.

이제 그렇게 느끼면서 젊은 시절을 떠올리며 시작이 어떠했는지를, 자신이 얼마나 무지했는지를, 그리고 달리 할 수도 있었던 일들을 생각하는 것이다. 이런 은퇴를 하려면 똑같이 살아왔어야 한다는 사실을 알면서도. 지금까지 그렇게 살아왔기에 현재의 내가 있는 것이다. 나는 나의 선택들이다. 선택을 바꾸면 다른 사람이 되는 것이다. 그러니 지금까지의 자기 모습을 받아들이고 그 모든 실수가 퍼즐의 일부임을 이해하면서 있는 그대로의 자신이 되는 법을 배우자. 그것은 쓰라린 교훈이기도 하다.

엉망으로 살아왔다면 그 모든 불미스런 물질을 가져와 금으로 바꾸어야 한다. 그 역시 연금술이다. 쉬운 과정은 아니지만 가능하다. 신세를 한탄하지 않고 인생과 자신의 과정을 사랑한다면.

노년은 쓰라릴 수 있다. 적어도 쓰라린 순간들이 있다. 그렇다고 비통한 사람이 되라는 법은 없지만 흔히 그렇게 된다. 구원이 필요한데, 구원은 운명을 받아들이고 삶이 현재와 다르기를 요구하지 않아야 온다. 슬픔을 겪었다면 그 슬픔이 삶의 재료이다. 자신의 금을 만들기 위해 주어진 재료가 그것이다. 나는 자신의 아버지가 실패자였기에 자신의 삶으로는 아무것도 할 수 없다고 여기는 사람을 많이 알고 있다. 그런 입장에는 아무런 논리도 없다. 자신의 삶을 살고 아버지의 문제는 놓아버리자. 아버지의 문제는 아버지에게 맡겨두고 구원도 아버지가 찾게 하는 것이다. 그것은 자신의 일이 아니다.

다시 분노에 대해 말하자면, 때로는 분노에서 자신을 위해, 그리고 자신의 관계를 위해 할 수 있는 최선의 것이 나온다. 분노를 필요한 연료라고 생각하자. 거기에 빠져 폭력적이 되거나 조잡해질 필요는 없다. 적절하다고 생각되면 온건한 방식으로 화를 내자. 분노를 이용해 확고하고 굴하지 않고 명확하고 예리하고 강력해지자. 폭발할 필요가 없다. 분노의 폭발은 보통 무익하다. 상황이 다급하면 그럴 수 있지만 보통은 그렇지 않다.

분노는 명확성과 필요한 거리를 준다. 이미 내렸어야 할 결정을 내리도록 도와준다. 은퇴는 인생을 명확히 할 기회이다. 더 이상 인위적인 관계는 필요 없다. 수입 때문에 더 이상 참을 일도 없다. 평화를 유지하기 위해 더 이상 친절할 필요도 없다.

일과 은퇴 : 동전의 양면

은퇴는 커리어로 특징지어지는 시기의 끝이 아니다. 새로운 단계, 아마 가장 중요할 단계의 시작이다. 이 단계에 들어서면 혼란스러울지도 모른다. 평생 동안 일했는데, 정식으로가 아니라도 적어도 집에서나 어떤 형태로 그 일에서 의미를 찾고 적응하는 법을 배웠는데 이제 그 일을 포기하고 아무것도 하지 않는 것을 즐겨야 하는 것이다.

늘 하고 싶었지만 시간이 생긴 지금에야 해볼 수 있는 일에 대해 생각할 수도 있다. 여행을 하거나 취미 생활을 하거나 기술 같은 것을 배우거나 혹은 부업을 하면서 계속 바쁘게 생활할 수도 있다. 나의 아버지는 평생 우표를 수집했는데, 은퇴한 뒤 취미를 실제 사업으로 전환했다. 그러나 내가 말한 것처럼 말년이 영혼을 위한 것이라면 은퇴기를 보다 진지한 시기로 만들어야 할 것이다. 아무리 유용하고 즐겁다고 해도 취미 삼아 기술을 조금씩 배워보는 것만으로는 충분치 않을 것이다.

은퇴 계획을 세울 때는 자신의 가장 깊은 자기self를 생각하고 이제 자신의 삶에 어떻게 의미를 더할 수 있을지 고려하자. 여행을 할 계획이라면 자신에게 의미 깊은 곳으로 갈 수 있을 것이다. 자원봉사를 하고 싶다면 그것을 자신의 영혼에 말하는 무언가로 만들어보자. 새로운 취미를 원한다면 실질적이고 새로운 삶을 열어줄 활동을 고려해보자. 은퇴에 대한 대중적인 생각은 돈이나 피상적인 활동에 초점을 맞추지만 이제는 인생을 더 의미 있게 만들 시간이다.

나는 산스크리트어를 배우고 싶다. 젊은 시절 라틴어와 그리스어를 배워둔 것이 글쓰기에 얼마나 많은 보탬이 되었는지 잘 알기 때문이다. 나는 산스크리트어 단어를 자주 썼지만 그 언어를 공부한 적은 없다. 나이 들수록 나의 커리어도 내리막길을 걸을지 모르지만 글은 앞으로도 몇 년 더 쓸 수 있을 것이다. 그래도 산스크리트어를 배울 생각을 하면 열심히 공부하는 젊은 학생이었던 때와는 딴판으로 느긋하게 배우는 내 모습이 떠오른다. 노년에는 자연이 우리의 속도를 늦춰주는데, 나는 민첩성이 떨어진 몸이 시키는 대로 자연과 느린 춤을 춘다는 생각이 좋다.

나이가 들어 은퇴기에 접어들면 보다 전반적으로 은퇴를 할 수도 있을 것이다. 직장과 커리어에서만 은퇴하는 것이 아니라 인생을 서두르고 자아를 향상시키려는 습관에서도 물러나는 것이다. 전반적으로 은퇴 모드에 들어가는 것이다. 인생을 단념하라는 것이 아니라 다르게 살라는, 그러니까 보다 실질적이고 심오하게 살면서 깊은 즐거움과 만족을 느끼라는 것이다. 너무 많이 일하고 너무 빨리 움직이면서 생각하고 아름다움을 즐길 여유를 허용하지 않는 데서 물러나는 것이다. 중요하지 않은 일에 시간을 쓰는 데서 물러나는 것이다. 영혼이 없는 사회적 측면에서 은퇴하는 것이다.

작가인 존 라르John Lahr는 은퇴 후 할 일에 상당히 열정적이다.

'땅으로 돌아가기 전에 지구를 느껴보고 싶다. 얼굴에 햇살을 받고 싶다. 아직 다리가 움직이고 충분히 시력이 좋을 때 모험을 하고 싶다. 낚시를 가고 싶다.'[5]

은퇴를 재정의하는 것은 지루함을 제거하고 새로운 모험으로 다시 틀을 짜는 것이다. 새로운 것을 시작하기 위해 오래된 것을 떠나는 것이다. 그러나 새로운 것이라고 해서 새로운 일을 할 필요는 없다. 이제 활동과 영혼을 연결시킬 수 있는 기회가 생긴 것이다. 가장 의미 있는 일을 할 수 있는데, 그것은 자신이 은퇴한 일, 아마도 자신의 본질적인 모습과 재정적인 필요 사이의 타협이었을 그 일과는 대조적인 일일 수도 있다.

이제 영웅의 이야기, 다른 시련들을 겪느라 녹초가 된 상태에서 용을 죽이고 공주를 얻어야 했던 그 영웅의 이야기에서 은퇴할 수 있다. 영혼이 원하는 것에 귀를 기울이고 다른 스타일에 익숙해질 수 있다. 이제는 덜 힘든 방식으로 의미를 찾을 수 있고, 그러면서도 온전히 열중할 수 있다. 하지만 자신을 증명하거나 불가능한 것을 달성할 필요는 없다.

노년에는 수동적으로 가만히 있으라고 말하는 것이 아니다. 이

점에서는 사람들마다 다르다. 의자에 앉아 있는 것을 좋아하는 사람들이 있는가 하면 그 어느 때보다 활동적이 되는 사람들도 있다. 글로리아 스타이넘Gloria Steinem은 「60세 되기Doing Sixty」라는 에세이에서 다음과 같이 썼다.

'나이 들면 더 평온해지고 더 차분해지고 더 초연해져야 하는 건가? 글쎄, 나는 정반대인 것 같다.'[6]

은퇴한 친구들과 이야기해보면 삶에서 멀어졌다는 소리는 하지 않는다. 정반대이다. 그들은 그 어느 때보다 열심히 사는데, 그렇지만 그들이 열심히 하는 것은 자신과 세상에 중요한 일들이다. 하지만 수십 년 동안 그들을 계속 열심히 일하게 했던 열망과 간절함의 동기는, 무엇이었건 간에, 차분하고 고요해진 것을 나는 느낀다.

은퇴에 대한 이런 생각은 도교의 이상과 잘 들어맞는다. 아무것도 하지 않으면서 많은 것을 이루고, 혹은 노력과 열망이라는 낡은 요소를 버리고 해야 할 일을 하는 것이다. 무위無爲로 알려진 이 철학은 내가 나의 노년을 위해 세운 이상이다. 너무 열심히 노력하지 말고 많은 것을 하자. 좀 더 급진적인 표현을 하자면, 노력하지 말고 큰일을 해내자. 아무것도 하지 않으면서 모든 것을 이루자.

제4부

미래를 향해 가슴 열기

살아 있는 것과 죽는 것, 깨어 있는 것과 잠든 것,
젊은 것과 늙은 것에는 아무런 차이도 없다.
하나는 놀랍고도 갑작스럽게 다른 하나로 바뀐다.
_헤라클레이토스

10

어른, 그 충만함

조금이라도 평온해지려면 거울에서 주름진 나의 허울 말고도 뭔가를 봐야
한다고 스스로에게 말했다. 그러니까 매끄러운 피부의 상실과 화해해야 할
것이라고, 그리고 그 대신 뭔가를 얻은 것에서 만족을 찾아야 할 것이라고.
그래, 항상 내 안에 있어야 했던 뭔가를. 혹은 항상 내 안에 있었으나 빛을 보
지 못했던 뭔가를.

_페기 프리드버그[1]

젊음의 샘을 찾고 있다는 사람은 많지만 노년의 샘을 찾는다
는 사람은 없다. 그냥 늙는 것이 아니라 진정으로 나이를 먹는 것은
보기 드문 재능이다. 우리는 나이 드는 것과 싸운다. 거기에는 부정
할 수 없는 많은 장애가 따르기 때문이다. 그러나 늙어가면서 성품
과 인격이 원숙해진다면 나이 듦에서 소중한 이점을 발견할지도
모른다.

우리는 자연스럽게 지혜의 원천이 될 만큼 진실로 성숙한 사람
을 어른이라고 부른다. 어른은 탁월함을 표현하는 말이다. 영혼이
없는 시대, 사람들이 주로 피상적인 가치에 관심을 갖는 시대에는
흔히 어른의 고결함이 간과되며 사회는 지혜와 영감의 필수 원천의
상실로 고통받는다.

여러 권의 책에서 말한 적이 있는 내 인생의 중요한 이야기 중

하나는 내가 열아홉 살일 때 시작되었다. 나는 6년 동안 성모마리아 종교수도회에서 지낸 다음 영적인 삶에 매진하는 1년간의 수련 기간을 막 끝내고 사제직을 향한 나의 긴 여정에서 그다음 단계로 철학을 공부하기 위해 북아일랜드로 가고 있었다. 아일랜드로 향하는 퀸메리 호의 선상에서 나는 문득 아일랜드의 미술 작품 하나를 찾아 2년 후 돌아갈 때 가져가야겠다는 생각이 들었다.

나는 자리를 잡자마자 더블린에 있는 국립미술관 홍보실로 조언을 구하는 편지를 보냈다. 이내 저명한 시인이자 문예가인 미술관장 토마스 맥그리비에게서 답신이 왔다. 더블린으로 자신을 찾아오라는 것이었다.

여기서 잠깐 멈추고, 절차를 깨고 내 경우처럼 우정으로 변할 수 있는 우호적 태도를 보여준 그 어른의 특별한 재능에 주목해보자. 토마스는 분명 그동안 살아오면서 여러 차례 그랬듯 아들처럼 이끌어줄 수 있는 새 친구를 사귈 준비가 되어 있었다.

미술관에 도착하자 그는 벽난로가 있는 작은 개인 사무실로 나를 안내했다. 토마스는 평상시 입는 양복과 나비넥타이 차림으로 어깨 위에 숄을 두른 채 벽난로 앞에 있는 소파에 앉았다. 그리고 유명 작가들, 예이츠W. B. Yeats, 로렌스D. H. Lawrence, 엘리엇T. S. Eliot, 조이스 James Joyce, 그리고 특히 베케트Samuel Beckett와 화가인 예이츠Jack Butler Yeats와의 우정에 대해 이야기하기 시작했다. 토마스가 조이스의 아내인 노라와 그의 딸 루시아를 도와주었다는 것은 널리 알려진 사실이다. 내가 만났을 당시 그는 예순일곱 살이었던 것 같은데, 태도가 조금 의례적이긴 해도 따스하고 편안했다.

나는 국립미술관으로 그를 여러 차례 찾아갔고, 때로는 메리온 광장을 따라 산책을 하고 유서 깊은 셸번 호텔에 가서 하이 티high tea(오후 늦게 또는 이른 저녁에 요리한 음식, 빵, 버터, 케이크를 차와 함께 먹는 것 - 옮긴이)를 마셨다. 토마스는 시와 그림에 대해, 자신이 알고 있는 예술가들의 복잡한 삶에 대해 쉬지 않고 이야기했다. 또한 내게 조언하는 것을, 아는 게 많지 않은 젊은이에게 조언해주는 학식 높은 노인 역할을 좋아하는 것 같았다.

어느 비 오는 날 우리가 산책을 하고 있는데, 차림새가 단정치 못한 남자가 다가와 섰다. 그는 모자도 우산도 없어서 머리카락이 머리에 찰싹 달라붙었고 코에서는 빗방울이 뚝뚝 떨어지고 있었다. 그는 그런 모습으로 젖은 거리에 가만히 서서 토마스의 시 「레드 휴 오도넬Red Hugh O'Donnell」을 읊었다. 나는 어안이 벙벙했고 토마스는 그 남자에게 감사 인사를 했는데, 그때 그의 눈에서는 눈물이 흘러내리고 있었다. 그런 뒤 우리 모두는 가던 길을 계속 갔다. 나는 그 짧은 만남을, 평범한 더블린 시민이 토마스의 작품을 인정해준 그 일을 잊지 않았다.

당시 토마스는 파리에 살고 있는 아일랜드의 작가 사무엘 베케트와 가까운 친구였다. 나는 이미 베케트의 열성적인 팬이었기에 토마스가 들려주는 그의 이야기에 귀를 기울였다. 언젠가는 베케트의 희곡은 어둡고 삭막하지만 사람 자체는 친근하고 상냥하다고 얘기했던 게 기억난다. 어느 날 토마스는 '샘(사무엘 베케트)'이 내게 그들 두 사람과 함께 베니스 비엔날레에 가지 않겠냐고 물었다고 했다. 나는 생각만 해도 기절할 것 같았지만 - 베케트만큼 함께 시간을 보내고 싶은 유명 예술가는 없었으니까 – 우리 수도원의 원장님이 허락하지 않았고, 당시에는 수도회를 떠날 준비도 되어 있지 않았다.

나는 토마스를 계속 만나면서 그의 유명한 문인 친구들에 대해 더 많은 이야기를 들었다. 그는 이런저런 자잘한 충고도 해주었다. '언어가 통하지 않는 나라에 가서 지내보라'고 했고, '글을 쓸 때는 스타일과 우아함이 있어야 하되 단순하고 유창하게 쓰라'고 했다. 또 '무슨 일이 있어도 친구들에게 충실하라'며, '그들이 가장 소중한 선물'이라고 했다.

내가 미국으로 돌아온 후 우리는 몇 통의 편지를 주고받았지만 얼마 지나지 않아 그가 세상을 떠났다. 그는 어느 아름다운 편지에 이렇게 썼다.

'자네가 내 나이가 되었을 때, 그리고 자네의 사도직이 거의 끝났을 때 나의 토마스가 그랬듯 한 젊은이가 자네 인생으로 들어오거든 그를 축복하게. 그가 자네에게 새로운 삶을 줄 것이네.'

나는 자주 토마스 맥그리비는 무엇 때문에 내게 자신의 소중한 시간과 관심을 주었을까 생각했다. 우선 한 가지 이유를 들자면, 그는 평생 다른 사람들에게 '아남 카라anam cara', 즉 영혼의 동반자였다는 것이다. 그는 최고의 미국 시인 중 한 명인 월리스 스티븐스에게도 그런 친구였다. 두 사람이 주고받은 편지를 읽어보면 스티븐스에게 토마스는 어른이 아니라 진정한 영혼의 친구였음을 알 수 있다. 스티븐스는 다른 친구에게 이렇게 썼다.

"그(토마스 맥그리비)는 어느 경우에나 거의 중세적 신앙 습관으로 삶을 이끌어간 축복받은 사람이고 나는 그가 편지를 마칠 때 쓰는 '그대에게 신의 축복을'처럼, 신의 축복을 받은 사람이지. 내게 그 편지들은 어느 모로 보나 너무 특별하다네."

다른 예술가들을 도와주려는 그의 성향으로 짐작할 때 나한테도 그런 식으로 대할 준비가 되어 있었던 게 아닐까 생각하곤 한다. 당시 나는 어린아이 티도 벗지 못했지만. 어쨌든 그는 남자건 여자건 우리 모두 나이 들면서 본받아야 할 훌륭한 본보기이다. 우리도 살아가면서 만나게 되는 젊은이들에게 어른이 되려고 노력함으로써 나이 듦에서 진정한 즐거움을 찾을 수 있을 것이다.

친구로서의 어른

이렇게 불러도 된다면, 맥그리비 멘토링 모델에는 몇 가지 특별한 점이 있다. 조이스, 베케트와의 관계에 대한 이야기를 읽으면 그가 그들에게 '친구가 되었다'는 것을 알게 될 것이다. 그는 거리를 두는, 혹은 형식적인 멘토가 아니라 그들이 살아가는 데 도움을 준 절친한 친구였다. 내 경우 그는 그저 직장으로 자신을 찾아오라고 초대한 것만이 아니라 세심한 관심과 존중으로 나를 대해주었다. 내가 젊고 무지했어도 그는 나를 내려다보지 않았다. 나와 함께 있는 것을 좋아했고 나도 그와 함께 있는 것이 좋았다.

수 세기 동안 영혼에 관한 책들은 우정의 중요성을 역설했다. 우정은 명백한 삶의 일부이지만 항상 그에 합당한 주목을 받지는 못했다. 사람들은 흔히 우정을 맺었다가 아무렇지도 않게 아무런 생각

없이 끊어버린다. 맥그리비는 우정을 삶의 방식으로 만들었다. 그것은 그의 삶에 의미를 부여하는 그의 스타일, 그의 생활 방식이었다.

그가 위대한 시인이 되지 못했음을 한탄하는 평론가들도 있다. 그는 뛰어난 시를 쓰고 또 번역했지만 재능 있는 사람들이 자신의 길을 찾도록 도와주는 데서 목적을 발견한 것처럼 보였다. 여기에 나이 들어 어른이 될 때 우리를 위한 교훈이 있다. 우리는 다른 사람들에게 친밀한 친구가 됨으로써 의미를, 사람들이 그토록 많이 이야기하는 그 붙들기 어려운 의미를 찾을 수 있다. 또한 맥그리비가 그랬듯 조용히 친구를 인도함으로써 그런 의미 있는 우정을 강화할 수도 있다.

나는 아직 검증되지 않은 젊은 상담자와 치료사들에게 이렇게 말하곤 한다. 젊다는 점을 감안할 때 어떤 면에서는 자신과 반대되는, 자신의 깊은 내면에 있는 어른과 접촉해 내담자에게 성숙한 친구가 되라고. 거리를 두고 형식적이어야 한다고 배웠을 그 관계에서 나타날 우정에 대해 걱정하지 말라고. 우정이 생겨서 나타나게 하라고, 거기서 치유와 지혜가 피어날 수 있다고. 어쨌건 중요한 것은 문자 그대로의 우정이 아니라 우정의 정신이라고 나는 말한다.

우정에는 단계가 있다. 너무 가까워서 서로 간에 장벽이 전혀 없는 것 같은 친구가 있는가 하면 '좋은 친구'이지만 그리 친하지 않은 친구도 있다. 또 친구라고 부를 수는 있지만 실제로는 그냥 아는 사람에 가까운 친구도 있다.

나의 친구 토마스를 떠올릴 때면 그는 내가 나타나기를 앉아서 기다리고 있었던 게 아니었을까 싶어진다. 그는 항상 깨어 있고 준비가 된 사람처럼 보였다. 그런데 우리는 결코 친구가 아니었다. 그는 아버지 같은 인물, 경험 많고 세상을 잘 아는 믿을 수 있는 신사의 역할을 유지했지만 그래도 따스했고 우리의 우정에 대해 말할 때면 애정이 넘쳤다. 그것도 그가 누린 특별한 재능이었다. 그러니까 그는 격식을 차리면서도 다정했고, 연장자이면서도 가까이 다가갈 수 있는 사람이었고, 지식이 부족한 나에게 현명하면서도 너그러웠다.

어른의 역할 즐기기

토마스 맥그리비 같은 사람이 됨으로써 나이 들면서 의미와 즐거움을 찾을 수도 있다. 젊은 사람들에게 친구가 되어주고 조언을 해주고 그들을 이끌어주는 어른의 역할을 할 준비가 되어 있을 수도 있다. 그런데 이런 일을 잘하려면 우리의 정체성에 들어 있는 어른의 부분, 그러니까 인생철학의 일부이자 성격의 한 부분인 그것을 활성화시켜야 한다. 어느 평론가는 맥그리비에 대해 이렇게 말했다.

'방에 혼자 들어가 시를 쓰는 것은 그답지 않았다. 차라리 그는 사람들 틈에 끼여 대화하는 편을 좋아했다.'

어른의 역할은 여러 가지로 상상해볼 수 있다. 모든 것을 잘 아는 공동체의 힘 있는 원로일 수도 있고, 리더가 아닌 그룹의 일원으로 마음에서 우러나오는 행동을 하는 친절하고 사교적인 사람일 수도 있다. 노년은 으레 융통성이 없고 고독하다는 식으로 상상하지 않도록 조심하자.

영어에 '친구 되기making friends'라는 말이 있다. 꼭 우정에 빠지는 것을 말하는 게 아니다. 누군가에게 친구가 되려면 노력과 창의성이 필요하다. 어른이 되면 어디를 가든 친구가 될 수 있는 사람이 된다. 자신의 친구들한테만이 아니라 또 다른 사람들이 누군가의 친구가 되는 것도 도와줄 수 있다.

또 어른이라면 베풀 수 있는 지혜가 있을 것이다. 나이 든 사람들이 자신의 경험 가치나 살아오면서 배웠던 것의 가치를 인정하지 않는 것을 흔히 보게 된다. 언젠가 의사들의 학술회의인 '오슬러 심포지아Osler Symposia'에 참석했는데, 한 분과에서 퇴직한 외과 의사가 목숨까지 위태로웠던 도전적인 몇 가지 사건에 초점을 맞춰 자신의 인생담을 들려주었다. 어른에게 경험담을 들려달라는 것은 그 모임의 기획자 측에서 볼 때는 간단했지만 효과적인 아이디어였다. 참석했던 다른 의사들도 나중에 그런 이야기들이 자신들에게 얼마나 큰 의미가 있었는지 모른다고 말했다. 거기에는 사실이나 수치 같은 것이 없었다. 단지 늙은 의사의 개인적인 이야기, 경험에 기초한 지혜만 있었다.

어른은 또 실수나 실패, 그리고 위기일발의 사건을 기꺼이 털어놓으면서 가르친다. 나의 아버지는 언젠가 자신을 유혹하려 한 여자 이야기를 들려주었다. 아버지는 "재미있었을 테지만 그럴 가치가 없었지. 내 결혼 생활은 그 어떤 정사보다 만족스럽거든"이라고 말했다. 나는 아버지가 인생의 교훈을 가르치려 했다는 것을 알고 있었지만 보통 아버지는 교훈을 교훈처럼 보이지 않게 했다. 맥그리비도 국립미술관을 구경시켜주며 조용히 예술 작품을 어떻게 보는지 가르쳐줄 때 그런 식으로 은근슬쩍 가르침을 베풀었다.

조부모의 역할

우리는 또한 남성 어른과 여성 어른을, 아버지나 어머니 혹은 할아버지나 할머니 또는 다른 노인의 전형적인 이미지를 구별해야 한다. 많은 사람들에게 자신의 영혼을 지탱해주는 것은 부모의 정신 이라기보다 조부모의 정신이다. 우리 대다수에게 그 조합은 강력하 다. 자신들이 아이들에게 얼마나 중요한지 조부모가 이해하고 멘토 역할도 한다면 도움이 될 것이다.

조부모는 부모가 갖게 되는 복잡한 감정 없이 사랑과 관심을 풍 부하게 베풀 수 있다. 살아가는 동안 아이의 영혼은 합당한 것 이상 의 수용과 칭찬을 필요로 하는데, 조부모는 부모가 채워줄 수 없는 것을 채워줄 수 있다. 아버지와 어머니의 경우처럼, 다른 사람들이 조부모 역할을 맡아 필요한 사랑을 조금이라도 베풀 수 있다.

조부모는 그들만의 지도와 지혜를 베푼다. 우리는 이를 아메리 카 원주민인 수Sioux족의 성인 검은고라니Black Elk의 위대한 비전에서 신화적으로 볼 수 있다. 초년기의 비전이 그를 부족의 지도자로 만 들었는데, 그 비전에서 할아버지들 중 한 명이 그에게 '이 세상 모든 곳에 있는 할아버지들이 회의를 하고 있는데 그들이 너를 가르치기 위해 여기로 불렀다. …… 나는 이들이 노인이 아니라 세계의 힘이 라는 것을 알았다'고 말했다.

검은고라니는 항상 신성한 방식으로 봐야 한다고 말했다. 즉 문 자 그대로가 아니라 자연의 내부를 깊숙이 들여다봐야 한다고. 그는 자신의 할아버지들이 신화적인 방식으로 말하는 것을 들었다. 자연을 통해, 동물을 통해, 그리고 그의 비전을 통해서. 우리도 똑같이 할 수 있다. 어떤 점에서 인생 자체가 조부모를, 어른의 얼굴과 목소리를 지닌다는 것을, 그리고 그것이 우리를 인도하기 위해 존재한다는 것을 이해하면서.

조부모는 영원에 더 가깝다. 그들의 젊음은 젊은이들이 상상하기 어려운 옛날이며 그들의 미래는 영원에 더 가깝다. 그들은 많은 경험을 했고 많은 비밀을 지니고 있다. 그들은 영적인 안내자가 되기에 완벽하게 적합하다.

어른 작가들

우리는 책에서도 어른의 가르침을 발견할 수 있다. 우리의 어른이자 우리 앞에 간 사람들은 우리에게 가르쳐줄 것이 많다. 우리는 종이나 스크린에서 그들의 말을 읽지만, 사실은 그들이 말하는 것을 듣는 것이다. 내부에서 우리에게 말하는 목소리는 독서 경험의 일부이고, 그래서 우리는 책을 조상들에게서 유래한 동떨어지고 추상적인 생각이 아니라 그들의 생각을 그들의 목소리로 듣는 듯 대해야 한다. 책은 우리에게 가르쳐줄 것이 많은, 목소리를 들을 수 있는 매체이다.

작가로서 나는 그런 어른의 역할을 강하게 느끼며 종이 위의 글자들을 통해 나의 목소리가 들리기를 희망한다. 내 평생의 일은 오직 미래의 독자들이 나의 생각과 말을 내적인 방식으로, 그리고 항상 그들과의 대화 속에서 '들을' 것이기에 의미가 있다. 나는 애정을 갖고 그들을 생각하며 그들이 어른으로서 나의 관심을 받아들이기를 희망한다.

우리 어른의 임무는 가르침이나 어떤 본보기 혹은 지지가 필요한 사람이 우리 시야에 들어올 경우 알아볼 수 있는 준비를 갖추는 것이다. 그런데 나이 든 이들이 의미 있는 경험이 다가오길 기다리기만 한다면 틀림없이 공허감을 느끼게 될 것이다. 그들 스스로 준비해서 멘토가 되라는 초대에 적극적으로 응해야 한다. 나의 친구 토마스가 날 위해 마치 방아쇠처럼 준비되어 있었듯이. 그는 의례적이고 거리를 두는 제도적 대응이라는 관례를 깨고 우정을 베풀었다.

어른은 치유할 수 있다

존 오도노휴 John O'Donohue 는 '아남 카라'의 특별한 우정을 문자 그대로의 자연법칙에 의존하지 않는 깊은 연결로 묘사한다.

'그대의 아남 카라와 함께 그대는 영원을 깨운다. …… 두려움은 용기로 바뀌고, 공허함은 충만함이 되며, 거리감은 친밀함이 된다.'[2]

이런 것들, 그러니까 창의적이 되고 관습에 얽매이지 않을 용기, 삶이 펼쳐질 수 있는 텅 빈 순간들을 기꺼이 허용하는 태도, 그리고 현대 생활의 많은 부분을 차지하고 있는 일상적인 거리감보다는 친밀한 삶의 방식 등은 우리가 어른이 되는 데, 그리고 그 과정에서 우리 자신과 다른 사람들을 이롭게 하는 데 필요한 것들이다.

일반적으로 신경증적 고통은 봉사와 자신을 넘어서는 것으로 치유할 수 있다. 특히 노년의 슬픔은 쓸모 있어짐으로써, 관습적인 방식을 자신의 영감에 맞춤으로써 어느 정도 해결할 수 있다. 우리는 어른의 의미를 어쩌다 보니 다른 사람들보다 몇 년 더 산 사람에서 메마른 관습은 잊고 지도해줄 사람을 찾는 이들을 위해 창의적이고 적극적으로 살아가는 사람으로 바꿀 수 있다.

언젠가 아내가 자신의 영적 스승인 요기 바잔Yogi Bhajan의 집에 있는 꿈을 꾸었다. 거기에는 스승의 아내도 있었는데, 그 아내란 사람이 내 아내의 전남편의 할머니였다. 현실에서 그 할머니는 필요한 보살핌을 받기 힘들었던 노부인이었다. 아내와 나는 매우 강력한 인도의 가부장적 교사의 아내가 보살핌을 필요로 하는 아주 늙은 여인으로 각색된 이 흥미진진한 꿈에 대해 이야기를 나눴다. 처음에는 이 꿈이 영적인 사람들에게 강력한 아버지와 같은 교사에 상응하는 강한 여성 어른의 정신이 결여되어 있음을 보여주는 것은 아닐까 하고 생각했다. 한편으로는 아내가 수련 중에 받은 아버지 같은 가르침에 필적하는 건강하고 현명한 노부인이 아내에게 필요하다는 것을 보여주는 꿈이라고 해석하기도 했다.

우리 모두는 여자건 남자건, 젊은이건 노인이건 아주 늙은 여인의 강한 정신이 필요하다. 그녀는 아마 현명하고 힘이 되고 신비하면서도 근면할 것이다. 그녀는 실제 사람의 유형이 아니라 개인적인 형상, 내면의 정신이다. 그리고 우리 각자에게 필요한 고유한 자질을 가질 것이다. 우리가 할 일은 그녀를 알게 되고 그녀의 재능으로 실험을 하는 것이다. 그녀는 영원하지만 우리가 나이 먹는 것을 도와줄 수 있다. 그녀의 도움으로 우리는 다른 사람들과 비교하며 몸으로만 나이를 먹지 않고 안에서부터, 영혼으로부터 나이를 먹는다.

많은 여성들이 젊어 보이려고 애쓰며 노화에 대처하려 하는데, 또한 여성 어른의 정신을 불러내볼 수도 있을 것이다. 나이 든 얼굴과 몸의 아름다움을 인정하면서 늙은 대로 아름다워 보이려 할 수도 있을 것이다. 그러면 나이를 부정하지 않고 젊을 것이다. 여기에 담긴 역설은 먼저 자신의 나이가 되어야만 젊어 보일 수 있다는 것이다. 그런 다음에야 우리가 사랑하는 젊음을 되찾으려는 노력을 할 수 있다. 나이를 부정한다고 젊어지지는 않는다.

젊음과 나이를 음과 양이라고 생각해보자. 우리는 둘 다 바람직하고 얻을 수 있다고 생각하면서 한쪽에서 다른 쪽으로 조용히 매끄럽게 옮겨갈 수 있다. 미묘하게 젊음을 되살리고 자기 나이의 아름다움을 감상할 수 있는 역량을 키우자. 아름다운 사람이 되려면 그 두 가지가 다 있어야 한다. 완벽한 균형을 이룰 필요는 없고 그저 적절하고 효과적인 방식으로 정도껏 표현되기만 하면 된다.

늙어가는 독신 남녀들은 때로 외롭고 허전하다며 친구들에게 지나치게 기대려고 한다. 의존성과 독립성 역시 젊음과 나이와 마찬가지로 함께 작용한다는 사실을 기억하는 것이 도움이 될 것이다. 그것들 역시 음과 양처럼 둘 다 표현되어야 한다. 사실 의존하는 법을 알아야만 진정으로 독립적일 수 있다. 자신의 힘이나 독립성을 잃지 않으면서 다른 사람들에게 의지하는 법을 알아야 한다. 의존도 하나의 기술이며 부끄러운 것이 아니다. 평정을 유지하는 것보다 취약해지는 것에 인격의 힘이 더 많이 필요하다는 사실을 알게 될 것이다.

남자건 여자건 나이 든 사람들의 가장 큰 불평 사항 중 하나는 자식들에게, 그리고 그 누구에게도 짐이 되고 싶지 않다는 것이다. 그러나 의존하지 않으려 하다가 더 큰 짐이 될 수도 있다. 그냥 사실을 직시하는 편이 더 나을지도 모른다. 독립성을 유지할 수 있는 효과적인 방법을 찾을 수도 있겠지만 조만간 그 모든 것을 스스로 할 수 있는 능력은 줄어들게 된다.

나이가 많은 사람이 아니라 어른이라는 느낌은 도움을 받기 위해 다른 사람에게 의지할 필요를 상쇄할 수도 있다. 도움을 받으면서도 품위와 가치를 유지할 수 있다. 많은 것을 의존하고 있을지 몰라도 존경받을 만하고 알면 좋은 어른이 될 수 있다.

어른이 되는 법

나는 늘 '어른'이라는 말이 이상했다. 어른이 되고 싶다는 야망을 가져본 적도 없었고 어른이 무엇인지 확실히 알지도 못했다. 그런데 내가 만난 많은 사람들이 어른에 대해 은근히 존경심을 드러내며 이야기하고, 최근에 한 친구는 나이를 먹는 주된 이유가 어른이 되기 위해서라고 했다.

곰곰이 생각해보니, 어른이 되는 것은 나이 드는 것을 긍정적으로 느낄 수 있는 좋은 방법이며 그 과정에서 정말 좋은 일을 하는 것일 수도 있겠다 싶었다. 어른은 나이를 먹는 것이 명예이고 거기에는 조용한 지도력과 교육이라는 특별한 역할이 따름을 의미한다. 나는 내 인생을 풍요롭게 만들어준 어른에 대해서 이미 이야기했는데,

그 경험과 몇몇 다른 경험을 토대로 긍정적이고 필요한 어른의 역할을 수행할 수 있는 몇 가지 방법에 대해 말하고 싶다.

1. 자신의 나이를 편안하게 받아들여야 한다. 어른은 나이가 많은 사람이다. 얼마나 나이 들어야 어른인가는 상대적이다. 50대에도 어른인 사람이 있는가 하면 70대나 80대에 보다 확실하게 어른인 사람도 있다. 나의 아버지는 90대에 어른이었고, 나의 친구 조엘 엘키스 박사는 100살대에 들어서서 그랬다. 몇 살이건 나이를 받아들이고 그에 대해 솔직하고 차분하게 말하자.

   나이 공개를 꺼리는 사람이 많다. 나이 얘기를 잘 안 하려 하거나 몇 살인지 대충 단서만 주거나 나쁘게 들리지 않도록 늘 수식어를 단다. 남자건 여자건 어른이라면 무엇보다 자신의 나이를 쉽게 받아들일 수 있어야 한다. 나이를 얼버무린다면 자신이 편하지 않다는 이야기이다. 나이대로 행동하지 않는 것은 약간 신경증에 걸린 것이다. 마음속에 감춰진 문제나 꿍꿍이가 있는 것이다. 그런 사람은 있는 그대로의 자기 자신을 보여주지 않는다. 그런 경우 어른이 되기는 상당히 어렵다.

   젊은 친구들과 친해지고 싶어서 자신의 나이에 솔직하지 못한 경우도 있다. 자신의 젊음에 너무 집착해 그것을 잃는다는 생각을 참지 못하는 경우도 있다. 인위적인 삶을 살아서 나이 드는 자연스러운 과정을 감당하지 못하는 경우도 있다. 이런 이야기들은 그저 나이를 거부하는 나름의 이유를 생각해보자고 하는 말이다.

2. 다른 사람을 지도하고 교육할 정도로 자신의 교양과 경험에 자신

감을 가져야 한다. 자신의 진정한 지혜를 인정하는 데는 인격의 힘이 필요하다. 오늘날에는 숙제를 하지 않아서 그런 자리에 오를 준비가 되어 있지 않는데도, 가령 책을 쓰거나 추종자를 만들어냄으로써 현명한 상담가의 역할을 맡는 사람이 많은 것 같다. 지금 나는 능력과 역량에 대한 그릇된 인식을 이야기하는 것이 아니다. 다른 한편으로 오랜 세월 쌓아온 자신의 지식을, 그리고 자신이 젊은이들에게 줄 게 얼마나 많은지를 깨닫지 못하는 사람들도 있다. 여기서 문제는 지식과 경험이 아니라 지도 능력이다. 토마스 맥그리비는 결코 내게 '삶의 교훈을 주고 싶다'고 말하지 않았다. 그는 자신감과 기쁨에 차서 그런 생각 없이 어른의 역할을 수행했다. 그렇게 행동하려면 자신을 과대평가하거나 짐짓 겸손한 척하지 않고 자신을 아는 능력과 성품이 필요하다.

보통 정직한 지도력은 오랜 세월에 걸쳐 계발된다. 어른이 되기 위한 수습 기간은 아주 어릴 때부터 시작되어 일생 동안 지속된다. 그런 뒤에 하는 어른의 역할은 인격이 피어나고 일생의 사명을 완수하는 것과 같다. 맥그리비가 내게 말했던 것이 그것이다. 이제 활동적인 삶이 끝났다고 생각한 순간 그의 개인 지도 학교의 잠재적인 학생으로 내가 나타났던 것이다.

3. 어른이라면 젊은이들을 사랑해야 한다. 그런데 젊음을 너무 질투하고 시기한 나머지 젊은이 앞에서 분노를 느끼는 노인들도 있다. 그들의 불평과 판단과 비판은 노년에 대처하지 못한 자신의 실패를 표현하는 방식이다. 그들에게는 카타르시스가 필요하다. 나이에 맞선 그들의 싸움을, 그리고 젊음에 대한 그들의 분노를

정화해줄 카타르시스가. 그들은 나이 드는 것을 사랑하는 법을 배워야 하며, 그럴 경우 자신을 사랑하는 법을 배우게 될 것이다. 자기혐오는 흔히 다른 사람에 대한 분노로 바뀐다. 나이 든 사람들이 할 일은 자연스럽게 사는 것이며 시간의 흐름에 몸을 맡기고 자연의 일부가 되는 것이다. 늙었지만 화내지 않고 경험이 풍부하고 가르칠 준비가 되어 있는 사람이 되는 것이다.

4. 어른은 자신의 지식과 지혜를 다른 사람들, 특히 젊은이들을 돕기 위해 쓴다. 중학생들에게 도시의 상수도에 대해 가르치고 싶어 했던 나의 아버지를 기억할 것이다. 아버지는 아이들 앞에 서서 수도 시설과 물을 처리하는 기술에 대한 자신의 지식을 나눠주었고, 또한 자신의 인생담을 들려주며 훗날 아이들이 스스로 뭔가를 이룰 수 있도록 영감을 주는 노인이었다.

아버지의 강연에는 물을 처리하는 기술에 대한 이해, 즉 직접 학습과, 한 노인이 평생 해온 일에서 어떻게 즐거움을 발견하는지를 보는 간접 학습이 있었다. 어른이라면 현명해서 두 가지 학습을 모두 염두에 둘 것이다. 전문적인 기술만 가르칠 수도 있지만 어른이라면 인생의 교훈도 가르치면서 영감을 줄 수 있다.

아버지가 아이들에게 어른 노릇을 해보려고 하면서 겪었던 문제 중 하나는 학교 교사들과 관리자들의 태도였다. 아버지가 많은 학교와 교회 단체에 문의했을 때 일정에 여유가 없다며 거절하는 관리자들도 있었다. 그들은 아마도 아버지를 자신의 인생을 위해 뭘 좀 해보려는 괴짜로 여겼을 것이다. 그러나 아버지는 평생 기회가 있을 때마다 아이들을 가르친 분이었다. 아버지는 아이들과 청년들을 사랑했고 기회가 있을 때마다 자연스럽게 그들을 도왔다. 젊은 사람은 나이 든 사람과 만나면 도움이 된다는 철학으로 살아온 사려 깊은 사람이었다. 나는 아버지를 보면서 진정한 어른은 어떻다는 것을 처음으로 알게 되었다. 아버지는 그런 말을 한 적이 없지만.

5. 영감을 주는 능력을 함양하자. '영감inspire'이라는 말은 '숨을 불어넣는다'는 의미이다. 그래서 누군가에게 영감을 줄 경우에는 열심히 노력하고 창조적이 되고 의미 있게 세상에 참여할 이유를 불어넣는 것이 된다. 자신의 좋은 호흡을 다른 사람에게 주는 것이다. 인공호흡을 하듯. 문자 그대로 그렇게 한다는 의미는 아니지만.

영감은 마법과 같다. 놀라운 효과를 내서가 아니라 그 작동 방식 때문이다. 보통 영감은 이성적으로가 아니라 다른 사람에게 불꽃을 댕길 강력한 말이나 제스처로, 어쩌면 자기 자신이 예가 되어서 주게 된다. 영감을 주는 사람은 뮤즈가 되고 안내자가 될 수 있다. 사람들은 그 사람의 나이를 보고 그 사람에게 의지해서 어려운 시기를 지나거나 신선한 아이디어를 생각해낼 수도 있다. 한 학생이 나를 정신분석학계의 어른이라고 칭했을 때 나는 처음에 어리둥절했다. 나는 자주 내 나이를 잊어버린다. 그러나 그때 이후로 나는 의도적으로 어른의 역할을 수행하려고 노력했다. 때로는 사람들이 우리의 역할과 임무를 성유를 발라주듯 편안하게 우리에게 맡긴다.

어른의 그림자

모든 것에는 그림자가 따른다. 어른의 역할도 마찬가지이다. 어른의 어두운 면을 엿볼 수 있는 길은 아니무스animus라는 융의 개념이다. 나는 제임스 힐먼을 통해 융을 읽고 난 후 아니무스를 영혼과 유사한 우리 안의 한 요소로 설명하곤 한다. 그러나 영혼이 사랑과 이미지와 시학과 몽상에 관심이 있는 반면 아니무스는 우리 안의, 혹은 우리 활동의 합리적이고 직관적이고 비판적이고 반성적인 힘인 경향이 있다.

융은 특히 의견은 넘치지만 실제 아이디어는 별로 없는 사람에게서 나타나는 약하고 미숙한 아니무스에 관심을 가졌다. 이 아니무스는 편견, 그릇된 사고, 빈약한 논리, 빌려온 판단, 그리고 받쳐줄 것도 별로 없는데 사상가나 전문가처럼 구는 것으로 나타날 수 있다. 힐먼은 그림자 같은 아니무스가 영혼의 깊은 움직임을 손상시킬 수 있는 보다 많은 방식을 제시한다.

'경험을 정신화해 추상화하고, 그 의미를 추출하고, 그것을 행동으로 옮기고, 그것을 일반 원리로 도그마화하거나 뭔가를 증명하기 위해 그것을 사용함으로써 경험에서 우리를 멀어지게 하는 아니무스의 목소리를 듣는다.'[3]

이러한 방식으로 나이 든 사람이 그렇게 고상하지도 효과적이지도 않게 어른의 역할을 맡을지도 모른다. 나이를 내세워 공허한 선언과 판단을 내리거나 자질도 없으면서 지도자가 되려고 하는 사람들을 알고 있을 것이다. 때로는 오래 사는 것만으로 지혜가 생긴다고 여기는 노인들도 있다. 나이 드는 것은 평생에 걸친 일이며 사려 깊고 인내심 있는 사람이 진정한 지도자와 지혜의 원천이 된다는 사실을 알지 못하는 것이다. 때로는 어른의 역할이 충만한 인생을 살았어야 주어질 알맹이를 갖지 못한 껍질에 불과할 수도 있다.

때로는 언론이 공적 생활에서 어른이 될 만한 일을 한 적이 없는 노인을 어른으로 대하는 것을 본다. 그런 경우 우리가 얻을 것은 얄팍한 견해와 자기 위주의 판단뿐이다.

만일 어른 대접을 받고 있는 사람이 공허감을 느낀다면, 이는 자신은 실제로 사람들이 찾는 어른이 아니라는 사실을 내심 알고 있다는 표시이다. 그런 경우 자신의 무지를 인정함으로써 그 그림자 어른을 좀 더 실질적이고 현명한 노인으로 바꿀 수 있다. 무지를 인정하면 좋은 판단을 내리고 유용한 조언을 제공하기 위해 정확하고 적용 가능한 정보를 찾게 될 것이다.

물론 '그림자'가 있다는 것은 우리가 하는 일이 절대 완벽하지 않다는 것을 의미한다. 그러니 어느새 어른의 역할을 하고 있다면 자신이 다소 독선적이고 과대 포장되어 있을 거라고 여기자. 너무 비판적일 수도 있고 조언자로서의 역할을 너무 대단하게 생각할 수도 있다. 우리가 할 수 있는 것은 어른의 지위에는 그런 그림자들이 따라온다는 것을 인정하고 그 영향을 최소화하려고 노력하면서 세상이 목말라하는 지혜의 원천이 되는 도전적인 임무를 수행하는 것이다.

어른 노릇의 즐거움

어른이 되는 것은 다른 사람이 가르침과 지혜를 찾을 때 도움을 줄 뿐만 아니라 본인에게도 살아갈 이유를 준다. 그것은 관대하고 사려 깊은 삶의 마지막 행위일지 모른다. 그것은 마지막 순간까지 특별한 권위와 헌신으로 행해지는 봉사이다.

나이 든 사람이 의식적으로 어른의 역할을 하면 도움이 된다. 나 자신의 경험에서 말하자면, 어느 시점이 되면 사람들이 우리를 어른으로 대하면서 우리가 그들에게 줄 수 있는 유익함을 찾을 것이다. 그때가 우리가 변해야 할 시점이다. 이제는 더 이상 군중의 일부가 아니다. 이제 우리가 나서서 사회에서 새로운 자리를 맡아야 한다. 우리에게 그것은 또 다른 통과의례이자 상태의 상승이며, 우리 자신과 우리의 삶을 바꿔 새로운 즐거움과 새로운 의무감을 느낄 수 있는 단계로 옮겨가는 것이다.

옷차림도 달리하고 말도 좀 더 권위 있게 하면서 나이와 경험을 명쾌하게 인정해야 할 것이다. 다른 때 같으면 피곤하거나 흥미가 없어서 거절할 수도 있는 리더의 역할을 받아들여야 할 수도 있다. 평생 글을 쓰고 여행을 하고 나면 집에 머물면서 쉬고 싶겠지만 어른으로 뽑혔으니 할 일이 더 있다는 것을 나는 안다.

나이 든 사람은 시간의 요구 사항과 기회에 익숙해져야 한다. 나이가 든다는 것은 결국 시간, 시계로 세는 분과 시간이 아니라 질적인 시간의 문제이다. 우리는 스스로에게 이렇게 말할 수 있다.

'나는 나이 들고 있다. 시간을 어떻게 쓰고 내 인생을 어떻게 의

미 있게 만들지 생각할 때이다.'

어떤 이들에게 어른이 된다는 것은 중요한 결정이다. 그들의 영
향력은 광범위하고 공적일 수도 있기 때문이다. 그러나 우리 같은
사람들은 손자들과 이웃들에게 조언을 해주고 경험에서 얻은 정보
를 나눠 주면서 소소하게 어른 노릇을 한다. 나이 든 사람들이 의식
적으로 자신에게 적합한 환경에서 어른의 역할을 하기로 결정한다
면 세상에 도움이 될 것이다. 결국 그들은 어른이 되는 기술을 배우
게 되고 즐기게 될 것이며 확고한 공헌을 하게 될 것이다.

인생 실험을 미래에 남기고

많은 사람들처럼 나와 아내도 집을 깔끔하게 유지하고 예술가이자 작가로서 우리의 작업 도구를 정돈하고 싶어 한다. 깔끔함에 관해서라면 우리 둘 다 완벽함과는 거리가 멀다. 1에서 10까지 점수를 매긴다면 우리는 7.5 정도이다. 정신적인 작업을 하는데도 우리둘 다 감정이 풍부하고, 별 필요도 없는 물건을 모으고 어질러진 것을 좋아한다. 그런데 내가 물건들을 보관하는 이유는 아마도 나 이후에 올 이들과 연결되고 싶어서일 것이다.

이 세상을 가볍게 걸어야 한다는 것을 알고 있지만 내 손자들과 내 증손자들을 계속 생각하게 된다. 나는 벌써 그들을 사랑해서 그들 모두 내 책의 사본을 갖기를 바란다. 그들의 시대에는 내가 잊히거나 별 의미 없는 작가라고 해도. 그래서 나는 책과 논문과 기념품과 화병과 부처와 기념물을 모아둔다. 내가 왜 오래된 연장 전선과 말라버린 펜들을 보관하고 있는지는 나도 모르겠다.

영적인 삶을 사는 것은 물리적으로 여기 있지 않는 사람들과 관계를 맺는 것이기도 하다. 그러니까 앞서간 사람들과 앞으로 올 사람들 말이다. 이렇게 시간을 확장하면 나이를 먹지 않는 영원한 자기와 접촉하게 된다. 효과적으로 나이를 먹는 좋은 방법 중 하나는 내 안의 다른 곳, 그러니까 현재 시간과 그다지 관련되어 있지 않지만 이른바 '시간의 안개' 앞쪽과 뒤쪽으로 쭉 뻗어 있는 곳에서 사는 것이다.

손자의 손자의 손자들에 대한 나의 사랑은 삶의 덧없음을 이겨내는 데 도움이 된다. 나는 죽음이 내 관계의 끝이 아니라고 생각한다. 그렇게 나의 시간 범위의 확대를 모색하는 것은 도움이 된다. 나는 미래의 사랑하는 이들을 위해 구체적인 준비를 하면서 그들의 존재를 느낀다. 앞서간 이들과 계속 관계를 모색할 때처럼.

시간 감각의 확대

나는 오늘날 영적인 사람들 사이에 너무나 흔한 만트라, '순간을 살라'는 말이 마음에 든 적이 한 번도 없다. 때로 영적 교사들은 자연스럽지도 않고 실제로 즐길 수도 없는 일을 하라고 말하는데 사람들이 자주 굴복한다. 순간을 살려면 노력이 필요한데, 내 경험으로 보자면 그 모든 찬사에도 불구하고 그럴 만한 가치가 없다. 나는 차라리 과거와 미래에 더 많이 살고 싶다. 시간의 틀을 순간으로 압축하기보다는 확대하는 쪽이 더 좋다.

칼 구스타프 융은 보다 의미 있는 인생을 살기 위해 구체적인 노력을 기울인 좋은 본보기이다. 그는 취리히 호수에 은거지 삼아 석탑을 세웠는데 자신의 생각대로 전기나 수도를 설치하지 않았다. 그는 자신의 시간 감각을 강화하고 싶어 했다. 그는 일기에 자신의 경험에 대해 몇 가지 중요한 점을 밝혀놓았는데 물에, 그 태초의 물질에 가까이 머물면서 어머니의 자궁과 같은 구조물에서 살고 싶다고 했다.

'볼링겐Bollingen의 탑에서는 마치 여러 세기를 동시에 살고 있는 것만 같다. 그곳은 나보다 오래갈 것이며 그 위치와 스타일에서 그것은 오래전의 것들을 가리키고 있다. 그곳에는 현재를 보여주는 것이 거의 없다.'

여기서 융은 현재를 폄하하고 있다. 나는 자신이 살았던 시간의 틀을 확대하고 싶어 했던 융의 갈망을 이해하는데, 나는 과거뿐 아니라 미래로도 나아가고 싶다. 나는 이제 미래 세대와 관계를 맺고 싶다. 그러기 위해 내가 쓰는 방법 중 하나는 언젠가 내 집에서 살 사람들을 떠올리는 것이다. 나는 가족과 살았던 대부분의 집에 메시지와 사진을 넣은 타임캡슐을 묻어두었다. 다음 소유자가 바로 발견했을 수도 있지만 몇 세대가 흐른 뒤에야 발견될지도 모를 일이다.

미래에 살려면, 온갖 유산을 남기자면 믿음이 필요하고 상상의 공간 속으로 들어가 미래가 어떠할지 그려보는 능력이 필요하다. 그런 상상을 하면 나이 먹는 과정을 즐길 수 있고 나이 먹는 것이 진정한 모험임을 알 수 있다.

나의 아버지는 70대 후반이 되자 내게 편지를 남겼다. 편지에는 자신이 죽으면 어떻게 할지에 관한 실제적인 정보와 함께 삶에 대한 자신의 생각, 다음 세대에 편지를 쓰고 있는 심정도 담겨 있었다. 그 편지는 내가 나의 자식들과 그들의 자식들에게 남길 소중한 유산이다. 아버지는 늘 다른 사람들을 생각하는 인정 많은 사람이었다. 나는 당신의 자식들과 손자들에게 미친 아버지의 말의 힘에 놀라지 않았다.

이왕 편지 이야기가 나왔으니 한마디 더 하고 싶다. 이메일과 순간적으로 문자를 보내는 시대에 편지는 전화 부스의 전철을 밟았다. 하지만 편지는 이제 훨씬 더 효과적이다. 우리는 지금 손으로 편지를 쓰거나 컴퓨터로 출력할 수 있다. 어떤 스타일과 형식으로 쓰면서 중요한 이야기를 할 수 있다. 우리가 해야 할 말을 자식들과 친구들이 알고 있을 거라고 지레짐작하지 말자. 그것을 말로, 특별한 말로 보기 좋은 종이에다 써보자. 화려한 서명을 해서 적절한 곳에 넣어두자. 원한다면 봉랍封蠟 봉투를 사용하자. 지금 주고 싶다면 받을 사람에게 보관해두었다가 나중에 읽어달라고 부탁할 수도 있다. 드라마틱하게 하자. 그것은 우리의 생각을 후손에게 전해주는 선물이다.

다음은 미래와 관계를 맺는 간단한 방식들이다. 타임캡슐을 남기거나 나중에 읽힐 편지를 쓰자. 자신이 알고 있고 약간의 기술이 필요한 가치 있는 것을 가르치자. 지혜를 전하자. 자신의 개인적인 스타일을 보여주고 인정받자.

유산을 남기고 받는 것

유산은 양방향으로 작동한다. 하나는 후대를 위해 가치 있는 것을 남기는 것이고, 다른 하나는 우리를 위해 남겨진 것을 받아들이고 감사하는 것이다. 사람들이 내게 지금 이 순간을 살아야 한다고 말하면 나는 15세기가 더 편하다고 고백한다. 그 세기는 전 세계적으로 특히 창조적인 시대였으며 나는 그 특별한 세대가 남긴 작품에 감탄한다. 그 시대의 예술, 저술, 관념, 심지어 복식에도. 내가 유럽을 여행하는 것은 주로 아직도 남아 있는 그 옛 세계를 즐기기 위해서이고, 아일랜드와 영국에 가면 그럴 목적으로 15세기의 성들과 교회들을 찾아다닌다.

개인적으로 나는 과거가 나를 위해 남겨준 것에 감사한 마음이 들 때 미래를 위한 유산을 남기는 일을 더 쉽게 생각하게 된다. 그리고 그렇게 시간을 확장하면 나이 드는 것을 긍정적으로 받아들일 수 있게 된다. 현재는 내게 그렇게 매혹적이지 않아서 나는 젊고 충동적인 세계와 보조가 맞지 않는 것 같은 느낌을 즐길 수가 있다. 내가 소중히 여기는 나의 기이함 중 하나는 시대와 보조를 맞추지 않고 다른 세계와 다른 시대를 편하게 여기는 것이다.

나는 작가이자 교사로서 만일 내가 당당하게, 그리고 흥미롭게 제시할 수 있다면 나의 옛 방식과 옛 생각도 젊은이들에게 어필한다는 것을 안다. 내가 조금 별난 사람이라고 해도 괜찮다. 그것은 사실 내가 젊은이들에게 뭔가를 줄 준비를, 품위 있게 유산을 남길 준비를 하는 데 도움이 된다.

유산은 저택이나 번창하는 회사처럼 실질적이고 구체적일 수 있다. 또 아주 미묘할 수도 있다. 화가이자 조각가인 앤 트루잇Anne Truitt은 모교인 브린모어 대학을 방문한 이야기를 하면서 회랑에서 보낸 조용한 한순간을 곱씹는다.

'거기, 중정 가운데의 원형 분수에서 사방으로 뿜어져 나오는 물줄기 덕분에 한층 찬란하게 초록으로 빛나는 잔디밭 건너편으로 한 학생이 보였다. 그녀는 대리석 벽에 등을 기대고 서서 글쓰기에 완전히 몰두해 있었다. 나는 그녀를 방해하지 않으려고 멀리 문 옆으로 가서 침묵의 연속성으로 그녀와 연결된 나 자신을 남겨두고 떠나듯 그녀를 떠났다.'[4]

깊이 몰두해 있는 그 학생은 학창 시절의 트루잇 자신을 상기시켰고 그 학생의 프라이버시를 보호하려는 그녀의 배려는 그 학생과 트루잇 둘 모두에게 작은 선물이었다. 그녀는 오래전 자신을 바라보고 있다는 생각에 그 학생에게 공감해서 소중한 프라이버시를 선물한 것이다.

젊은 사람에 대한 그러한 배려는 젊은이들과 미미하지만 의미 있는 연결감과 일체감을 유지시켜 나이 든 사람이 잘 나이 들도록 해준다. 이 작은 사건에서처럼 학생과 성숙한 여성이 정체성을 공유하는 것이다. 나는 앤 트루잇이 진정한 예술가일까 생각해볼 필요가 없었다. 그녀는 다른 사람에게서 자신을 보고 그 일체감 때문에 다른 사람을 우아하게 대할 수 있는 감수성을 보여주는 사람이다.

정신적 계보

수 세기 전 예술가들과 작가들에게는 자신들을 있게 해준 인물들의 역사적 계보를 존중하는 관행이 있었다. 그들은 영감을 받은 이들과 뮤즈들의 목록을 '프리스카 테오로기아prisca theologia', 즉 정신적 계보라고 일컬었다.

가령 15세기 작가라면 자신의 사고와 삶의 방식에 기여한 중요 인물들의 목록을 만들었을 것이다. 그 목록은 플라톤에서 성 아우구스티누스와 아랍의 학자를 거쳐 보다 최근의 스승까지 다양할 수 있다. 나의 계보는 유리피데스Euripides부터 플라톤과 오비드Ovid를 거쳐 토마스 모어Thomas More와 에밀리 디킨슨까지, 바흐와 글렌 굴드Glenn Gould를 거쳐 융과 힐먼까지 이어질 것이다. 이 목록을 다 채우자면 최소한 열두 명의 이름이 더 필요할 것이다.

나는 그들의 저서를 서가의 특별한 칸에 놓는 것으로 나의 계보를 기리려고 한다. 융의 전집은 내가 매일 일할 때 바로 내 어깨 너머에 있다. 힐먼의 전집은 그 위 칸에 있다. 내게 큰 의미는 없지만 가끔 유용한 책들은 아래 칸에 둔다.

내 개인 서재에는 토마스 모어의 동상뿐 아니라 에밀리 디킨슨과 그녀의 고향 마을인 매사추세츠 주 애머스트의 옛 사진과 글렌 굴드를 그린 그림책이 있다. 나는 이런 나의 조상들을 사랑하며 그들에게 할 수 있는 한 경의를 표한다. 이런 일들이 미래와 연결되도록 나를 준비시켜주는 것 같다. 나는 미래의 독자들에 대한 사랑과 관심으로 글을 쓰며 그들에게 삶을 바라보는 나 자신의 방식을 가능한 한 많이 남겨주고 싶다. 이것은 자기도취적인 것이 아니라 그저 나이를 먹는 좋은 방식이라고, 즐겁게 나이를 먹으며 다음 세대에 좀 더 많은 것을 전해줄 수 있는 좋은 방식이라고 생각한다. 누구라도 이렇게 할 수 있다. 미래를 향해 마음을 열고 엘리엇의 말처럼 '또 다른 강렬함 속으로' 들어가면 된다.

심리 치료를 받으면 사람들은 흔히 어린 시절에 상처를 준 조상과 부모 이야기를 하는데, 나는 그들의 부모와 증조부모에 대해 긍정적으로 물어보려고 애쓴다. 그들이 내담자의 삶에 어떤 기여를 했는지 알아보려 하거나 긍정적인 영향을 준 사람을 찾아보려 하면서. 어떤 심리학자들은 성인의 삶에서 잘못된 것에 대해 계속 부모를 비난해서는 안 된다고 말한다. 동의는 하지만 그렇다고 부모를 아예 잊어버리고 싶지도 않다. 나의 전략은 내담자에게 좋거나 나쁜 영향을 준 가족에 대한 이야기를 하도록 격려하는 것이다.

치료를 받으러 오는 사람들은 때로 명백한 문제 때문이라기보다는 삶의 범위가 비좁아서 더욱 큰 고통을 겪는다. 그들의 상상력에는 숨 돌릴 여지가 없다. 보통 나는 삶을 바라보는 그들의 시야를 확장할 수 있도록 도와주려 한다. 그들의 조부모와 조상들에 대해, 그들이 자란 곳에 대해, 특히 그들이 다른 사람들에게 어떤 봉사를 했는지에 대해 이야기해달라고 한다. 더 큰 세상을 향해 마음을 열기만 해도 증상이 완화될 수 있다.

내 말을 주의 깊게 듣는다면 조상들이 우리에게 준 좋은 것에 눈을 돌리자고, 그리고 그 유산을 고맙게 여기자고 말하고 있음을 알 것이다. 그들의 가치를 보면 우리의 가치를 볼 수 있다.

간단한 예를 하나 들어보겠다. 최근 70대 초반의 여인이 처음 상담을 받으러 와서 늙어가는 게 우울하다며 세월이 어느새 지나가 버렸다고 말했다. 갑자기 늙은이가 되어버렸다며 늘 꿈꿔왔지만 못했던 일들로 후회만 가득하다고 했다. 그러면서 자신의 삶의 주인은 자신이 아니었다고, 늘 다른 사람들이 할 일을 결정하게 했다고, 그리고 그 조언은 대부분 열심히 일하고 돈을 버는 것이었다고 했다.

나는 그녀의 시간 감각이 어그러진 이야기를 듣다가 갑자기 그녀에게 말했다.

"아버지 이야기를 해보세요."

그러자 그녀는 이렇게 말했다.

"보세요, 전 심리 치료를 여러 차례 받아봤답니다. 부모님의 삶은 물릴 정도로 점검했어요."

나는 그녀의 말을 곧이곧대로 받아들이지 않고 저항하는 것이라고 판단했다. 그래서 말해달라고 우겼다.

"치료를 받아본 적이 있다면, 어린 시절과 부모님에 대해 많은 이야기를 했을 수도 있다는 점은 이해합니다. 그러나 그런 대화는 흔히 그 아들이나 딸의 심리를 설명하고 이해하려는 시도입니다. 나는 그저 당신의 아버지가 어떤 사람이었는지 알고 싶을 뿐입니다. 그냥 그의 이야기를 듣고 싶어요."

그래서 그녀는 자신의 아버지에 대해 이야기했고 나는 좀 더 자세히 이야기해달라며 그녀를 격려했다. 나는 그녀가 지금 가진 문제의 원인을 그 부모에게서 찾고자 한 것이 아니라 그저 그녀의 인생 이야기를, 뒤로는 그녀의 역사로, 그리고 앞으로는 그녀의 갈망과 소망으로 확장시키고 싶었다. 나는 그녀가 누군가에 대한 그 감각을 확장함으로써 치료를 시작하고 싶었던 것이다. 이렇게 시간을 늘리는 것 자체가 치료 효과를 높일 것이라고, 그리고 그녀의 깊은 영혼을 그 상황 속으로 불러낼 것이라고 생각했다. 나는 큰 수고와 비용을 치르면서 자신의 정신의 충만함을 담을 탑을 세웠던 융의 교훈을 따르고 있었다. 우리는 이야기로 확장된 공간을 만들고 있었다. 우리의 궁극적 목적은 나이를 먹지 않는 영혼을 깨닫는 것이었다.

사람들은 부모나 조부모, 친척들의 이야기를 할 때면 그들을 보다 복잡하게 묘사하곤 한다. 왜 자신이 그렇게 불행한지를 설명하려 할 때는 자신의 부모를 단층적으로, 부정적으로 축소할 수도 있다. 하지만 그냥 자신에게 중요한 사람들의 이야기를 할 때는 더 가벼운 마음으로 그들의 노고에 감사하는 마음을 갖기도 한다.

사람들은 그냥 이야기를 할 때 그 사람의 좋은 점을 찾는 경향이 있다. 아니면 가끔 그렇듯, 가족의 상황이 정말로 나빴을 경우에는 문제의 복잡성을 깨닫고 덜 비판적으로 바뀐다. 이야기는 가족 역학의 중요한 세부 사항을 포함하기도 하고 그 상황을 좀 더 다층적으로 만드는 복잡성을 암시하기도 한다. 이야기가 미묘할 때는 단순한 결론에 이를 수가 없다.

모든 이야기가 동등하고 좋다는 말이 아니다. 어떤 이야기들은 흔히 가족 내에서 반복되는데, 그 이야기들이 상황을 안정적으로 유지하기 때문이다. 아마도 가족 중 한 명을 희생하면서. 섬세하지 못하다고 아버지를 비난하기는 쉽다. 모든 정서적 문제를 어머니 탓으로 돌리는 것도 흔한 일이다. 그러나 상황은 늘 더 복잡하다.

나는 치료사로서 나의 역할이 사람들에게 자신의 이야기를 효과적으로 할 수 있는 기회를 마련해주는 것이라고 생각한다. 나는 주의 깊게 경청하며 그 상황을 보다 미묘하게 만드는 세부 사항들로 들어가도록 격려한다. 흔히 이야기가 익숙한 장을 떠나 늘 하는 비난과 변명에서 벗어나면 통찰이 들어서는데, 그 통찰이 소중하다. 아마도 오랫동안 삶이 어떻게 진행되어왔는가에 대한 생각을 그 통찰이 바꾸기 때문일 것이다.

훌륭한 치료사는 보통 내담자가 들려주는 이야기를 그대로 받아들이지 않는다. 더 자세하게 말해달라거나, 흔히 수정된 이야기를 내놓는다. 역사수정주의는 과거를 해석하는 국가의 방식일 뿐만 아니라 모든 개인의 자기의식의 일부이다. 그것은 잘 나이 드는 표시이다.

우리의 조상을 존경하는 것은 쉽지 않다. 그들의 문제가 우리에게 미치는 것을 느끼기도 한다. 우리 모두 약한 존재이고 실수를 한다는 사실을 우리는 잊는다. 그러나 우리의 조상들이 우리에게 남긴 좋은 것을 볼 수 있다면 우리는 보다 미래를 잘 대면하게 될 것이다. 우리는 늘 불확실한 미래에 직면한다. 그러므로 우리에게는 의지할 수 있는 단단한 무언가가 필요하다.

모든 이에게 유산이 있다

왜 우리의 유산이 미래 세대에 미칠 영향에 관심을 가질까? 우리의 삶이 무언가에 이르기를, 가치가 있기를 원하기 때문이다. 오랜 수고와 창조적 노력의 결실을 보여주고 싶은 것이다. 또한 기여하고 싶은 것이다. 우리의 유산은 우리의 자아를 강화해주는 것이 아니라 연결되고 싶은 욕망과 관대함의 표현이어야 한다.

가정주부이자 엄마였던 나의 어머니를 생각해보면 어머니는 거창하거나 주목할 만한 유산을 남기지 않았지만 매우 헌신적이고 다정한 여인이었다. 나는 어머니의 영향이 내 딸아이에게 미치는 것을 아는데, 딸은 할머니의 지원과 관심을 언제나 고마워한다. 내가 직업적으로 특히 친밀하고 영혼이 깃든 삶의 측면에 중점을 두면서 치료를 받는 내담자들에게 헌신적으로 임하게 된 것은 어머니의 영향, 그분의 유산 덕분이라는 생각이 든다. 나는 어머니에게 찬사를 보내고 어머니의 사진과 편지들을 간직하면서 어머니가 내게 준 선물을 기린다.

어머니는 오랫동안 여름 별장에 무궁화를 키웠다. 그래서 나는 새로운 곳으로 이사할 때마다 어머니를 기려 무궁화를 심는다. 최근에도 심었는데 아내가 흰색 꽃을 심을지 다른 색을 심을지 물었다. 나는 어머니가 흰 꽃을 좋아하리라는 걸 바로 알았다. 이제 아침마다 집 옆 작은 덤불을 볼 때면 나의 개인적인 프리스카 테오로기아, 어머니를 통한 나의 정신적 계보, 영혼이 충만한 아니마의 계보가 떠오른다.

후대와 관계 맺기

유산을 물려주고 싶어 하는 것은 자연스럽고도 훌륭한 일이지만 의도적으로 그럴 필요는 없다. 삶의 도전과 기회를 받아들이며 온전히 살아간다면 다음에 올 이들을 위해 저절로 뭔가를 남길 수 있다. 훌륭한 교사란 본받을 가치가 있을 정도로 발전한 사람이라고들 한다. 유산도 마찬가지이다. 관대한 정신으로 풍성한 삶을 살았다면 너무 애쓰지 않아도 풍요로운 유산을 남길 것이다.

그래도 후대를 생각하는 것은 가치 있는 일이다. 우리 세대는 고갈되고 병든 자연을 남겨야 할까? 우리 자식들에게 국내외적으로 갈등만 넘치는 세상을 남겨야 할까? 절대 아니다. 우리는 개인으로서 평화로운 세계를 만드는 데 기여할 수 있지만, 또한 후손들에게 유익하고 소중히 간직될 우리의 지혜, 우리의 발견, 우리의 창조적인 작품도 남길 수 있다.

나이가 들면 가끔 자문하게 된다. 나는 가치 있는 삶을 살았는가? 나를 기억할까? 죽은 뒤 평판에 대해서는 신경 쓰지 말라고 초연한 정신으로 말할 수도 있을 것이다. 다 놓아버리고 광대한 생명의 바다 속으로 녹아들어야 한다면서. 그러나 내 인생이 가치가 없으면 어쩌나 하는 걱정은 끈질기며, 그 때문에 심란해하는 사람들이 있다. 나는 그런 생각이 무익하다거나 신경증적이라고 여기지 않는다. 그런 생각을 진지하게 받아들이고 후대를 위해 무언가를 하는 계기로 삼으라고 말하고 싶다.

어떤 의미에서 유산을 남기는 일은 기억을 하는 것과 반대이지만 이 둘은 밀접하게 연관된다. 단순한 일인데 흔히 유산에 대해 깊이 생각하게 되는 일이 있다. 골프를 치다가 다음 홀이나 티 박스에 도착해보면 땅에 고정된 벤치가 보인다. 보통 페어웨이를 마주 보고 있는 벤치에는 예전에 그곳에서 골프를 친 누군가를 기념하고 친구나 배우자나 가족이 기억하고 싶어 하는 누군가를 기리는 작은 동판이 붙어 있다. 그러한 추모는 앞으로 그 홀에 도착해 그 벤치에 잠깐 앉아서 쉴 모든 골퍼에게 주는 선물이다. 그것은 기억을 하는 것과 유산을 남기는 것 사이의 관계를 잘 보여주는 간단한 의식이다. 나도 사람들이 내 이름으로 유산을 남겨주면 좋겠다.

이 단순한 예에서 우리는 유산에 깃든 마음을 보게 된다. 그 유산은 사려 깊은 누군가가 앞으로 올 사람들을, 돌봐주고 지지해주는 누군가를 필요로 할 그들을 관심과 애정을 가지고 생각했다는 사실을 보여준다.

시인 마야 안젤루Maya Angelou는 언젠가 '나는 사람들이 무슨 말을 했고 무슨 일을 했는지는 잊지만 어떤 기분이 들게 했는지는 절대 잊지 않는다는 사실을 배웠다'고 썼다. 따라서 유산은 가슴의 문제이다. 그것은 생각이 아니라 대체로 보이지 않는 사람들과 연결된 느낌이다. 그것은 특별한 사랑의 방법인데, 만일 나이 드는 것을 좀더 즐겁게 해줄 수 있는 게 있다면, 그것은 새로운 사랑의 방식을 발견하는 일이다.

미래를 위한 간단한 선물은 가슴을 활짝 열어 아직 태어나지 않은 이들을 껴안는 것이다. 그것은 미래에 대한 생각과 희망, 그리고 친절에 바탕을 둔 영적인 행동이다. 어떤 점에서 그것은 우리의 관계 범위를 미래에까지 확장시켜서 우리를 더 큰 사람이 되게 한다. 나이 듦에 대처하는 데도 도움이 되는데, 활동적인 현재에서 사색적인 미래로 관심이 옮겨갈 때 그것은 특별한 의미가 있기 때문이다.

아직 오지 않은 이들을 껴안는 것은 또한 어른으로서 우리의 역할을 확장시킨다.

어떤 경우에는 우리가 사회 변화를 위해 폭력을 사용하는 것과 같은 끔찍한 행동의 순환을 종식시킬 때 강력한 유산이 창출된다. 긍정적인 면에서 우리의 유산은 장애물을 다루는 새롭고 계몽적이고 자비로운 방식일 수 있으며, 그런 경우 우리의 후손들이 영감을 받고 본받을 예를 남기는 것이다.

우리는 알지 못하는 사람들에게, 그리고 이 불가사의한 세대의 행렬에서 우리를 대신할 사람들에게 가슴을 열 수 있을까? 나는 다른 사람들에게 가슴을 열기 위해서 나의 업적을 바라보고 나의 개인적 욕구를 지나칠 수 있을까? 그러한 의미에서 유산을 가꾸는 것은 성숙의 일환으로 자기 이익을 넘어 확장하는 것이기도 하다.

유산은 우리의 삶에 대한 위대한 비전의 일부가 될 수도 있다. 우리는 행복하기를 원하고, 가족과 친구들이 안전하고 건강하기를 원하며, 우리가 살고 있는 나라가 융성하기를 원한다. 그런데 은하와 우주라는 광대한 영역에 대해서는 어떠할까? 우리는 세계를 건설하는 데 기여하고 싶을까?

이 위대한 비전에서 우리의 유산은 무의미할 정도로 작을지 모르지만 바로 그 작은 기여가 모여 삶을 복잡하고 풍요롭게 만들며 영광스런 무언가로 발전하게 해준다. 우리의 작은 삶들은 창조 그 자체에 대한 원대한 비전과 만나 가장 큰 역설 중 하나를 이끌어낸다. 세계가 그렇게 광대해도 우리의 삶이 의미가 있다는 역설을.

그러므로 유산을 남기려면 삶을 진지하게 받아들여야 한다. 이는 이 책의 주제 중 하나이다. 비전을 세워야 우리의 운명을 펼치는 장場인 이 거대한 세상이 우리를 집어삼키고 뿌리째 뽑아버린다는 느낌이 들지 않게 된다. 아무리 보잘것없어도 우리가 얼마나 중요한지 깨닫기 위해서 우리는 자기의식을 충분히 확장해야 한다.

사람들은 흔히 의미를 찾는다고들 하는데, 의미는 지금 당장 잡을 수도 있다. 비전에 따라 살고 연민을 키우는 것, 삶을 억압하기보다 용기 있게 삶의 편에 서는 것, 이런 것들이 다 의미의 원천이다. 유산을 남기고 싶다면 의미 있고 관대한 삶을 살면 된다.

잘 나이 드는 하나의 방법

나이 들며 느끼는 쓰라린 슬픔 중 하나는 이 덧없는 삶이 그다지 가치가 없다는 생각이다. 그러나 다른 이들을 위해 유산을 남긴다는 느낌이 들면 인생이 가치 있어질 수 있다. 많은 사람들이 유산의 중요성을 깨닫고 유산을 실행하는 상징적인 몸짓을 한다. 희귀한 숲을 후세에 남기거나, 인상적인 기념물을 세우거나, 아니면 교내 기념비를 세우는 데 필요한 벽돌을 구입할 수도 있다. 내가 살고 있는 뉴잉글랜드의 시골 지역에서는 공원이나 해변이나 연못을 공용으로 기부하는 사람들도 있다.

1993년 엘리자베스 마셜 토마스Elizabeth Marshall Thomas는 『인간들이 모르는 개들의 삶』이라는 베스트셀러를 출간했는데, 그 수익금으로 뉴햄프셔 피터버러에 있는 아름다운 커닝햄 폰드Cunningham Pond를 구입해 시에 기증했다. 인간을 위한 해변과 개를 위한 해변이 있어야 한다는 조건을 내걸고. 나는 가족들과 자주 그 해변으로 놀러 가는데, 특히 개들이 자신들의 해변에서 뛰놀고 있는 모습을 볼 때면 감사의 마음이 우러난다. 그곳에 가면 가끔 사람들이 엘리자베스 토마스의 이야기를 하는 게 들려서 그녀가 남긴 유산의 관대함을 느끼게 된다.

후대를 돌봐야 한다는 정서는 우리를 인간적으로 만들고 우리의 삶에 폭과 깊이를 더해준다. 그것은 확실히 이 시대의 나르시시즘, 인생의 의미에 대한 불안감에 뿌리를 둔 나르시시즘을 넘어서는 움직임이다. 우리가 우리 자신에게 주의를 기울이는 것은 우리 자신의 가치를 걱정하기 때문이다. 그러나 다른 사람들에게 관심을 가짐으로써 보다 더 자기 자신이 된다는 사실을 알게 되면 마음의 평화와 유산을 연결시킬 수 있다. 다른 이들을 위해 뭔가를 남김으로써 우리는 더 깊고 더 큰 사람이 된다.

나이 들면서 자신의 가치에 대한 질문은 더 절박해질 수 있다. 시간이 얼마 남지 않았기 때문이다. 인생을 소중하고 의미 있게 만들기 위해 무엇을 할 수 있을까? 과연 그렇게 살아왔는가? 사람들이 나에 대해 무슨 말을 하고 어떻게 생각할까?

사람들은 보통 자기의식이 큰 이들을 비판한다. 나르시시즘과 위대한 자기를 구분하지 못하는 것이다. 우리는 큰 사람들이, 전 세계적 관점에서 인생의 사명을 보는 사람들이 필요하다. 물론 비현실적인 공허한 자기상을 갖고 있는 사람도 많지만 실제적인 자아상을 가진 사람도 많다. 그들은 인생을 큰 관점에서 보며 원대하게 받아들인다.

우리가 의식적으로 우리의 유산에 대해 생각하지 않는다면 가장 쓰라린 노년을 맞을 수도 있다. 즉 후회로 가득 찬 노년을. 할 수 있었던 일들을 하지 않은 것을, 하지 않았다면 좋았을 일을 했던 것을 후회하는 것이다. 그러나 후회란 무익하고 공허한 감정이다. 그 것은 영혼에 근거하지 않는다. 그런 의미에서 죄책감과 같은데, 죄 책감은 그냥 나쁜 느낌일 뿐 변하거나 뉘우치려는 진정한 결단이 없다.

마찬가지로 후회도 변화에 이르지 못하고 중간에서 어정쩡하 게 머무는 상태이다. 죄책감보다 더 좋은 선택은 실제로 책임을 인 정하는 것이다. 그냥 감정만 느끼는 것이 아니라 진정으로 책임을 지는 것이다. 후회가 성숙해지면 뉘우침이 된다. 뉘우침은 영혼을 건드리며 변화를 낳는다. 그것은 변할 것 같은 인상만 주면서 표류 하는 느낌이 아니다. 사람으로서 우리에게, 그리고 우리 삶의 선택 에 영향을 미치는 깨달음이다. 보다 나은 선택은 매일같이 인생을 소중히 여기고 넓은 견지에서 인생을 생각하면서 지금 기여할 수 있 는 일을 하는 것이다. 그것이 무엇이든. 후회할 여지가 없게.

후회로 가득 찬 사람은 유산을 남길 수 없다. 후회는 삶의 자연 스러운 움직임을 멈추게 한다. 현재 자신의 모습과 상황에서 벗어나 기를 바라고, 후회하는 대상에 고정되어 생명이라곤 없는 감정에 얼 어붙는다. 후회의 지배를 받게 되면 긍정적으로 나이를 먹을 수 없 다. 그저 늙어갈 뿐이다.

후회는 뉘우치려는 시도이지만 실제로 뉘우침에 이르지는 않 는다. 만일 후회만 가득하다면 어떻게 후회를 뉘우침으로 바꿀 수 있을지 생각해보는 게 좋다. 좀 더 직접적으로 느끼고 그에 대응하는 행동을 취해야 할 수도 있다. 영어에서 뉘우침re-morse은 '계속 물어뜯는 것'을 의미한다. 뉘우침은 그 이빨을 우리에게 박아서 우리는 그것을 무시할 수 없다. 그것은 반응을 요구한다.

언젠가 책 사인회에서 만난 한 여자가 자신이 후회하는 일에 대해 이야기해주었다. 그녀는 10대 때 가톨릭 수녀원에 들어가 수녀가 되었는데, 여러 해 동안 엄격한 독신 생활을 하다가 결국 수녀원을 나왔다고 했다. 그런데 현재 그녀의 정서적 삶에는 큰 오점이 남았다. 그녀는 수녀원에 들어가기로 결정하는 바람에 한창때 적극적인 성생활을 포기해버린 것을 후회하고 있었다. 그 후회는 사라지지 않고 나이가 들수록 강해지면서 그녀의 삶을 비참하게 만들었다.

나는 그녀의 후회가 뉘우침으로 바뀔 수 있을지, 그녀가 성격상의 약점이건 느슨한 감정이건 간에 자신을 원치 않은 인생으로 이끈 것을, 혹은 고통스런 후회를 떨쳐버리지 못하는 자신의 무능 뒤에 있을지도 모르는 것을 자세히 들여다볼 수 있을지 궁금했다. 그녀는 자신의 운명을, 혹은 자신의 인생을 결정지은 선택을 받아들이지 못했다. 자신의 인생을 받아들이지 못한 것이다. 대신 후회가 그녀의 깊은 현실에서 그녀를 멀어지게 했다. 아마도 그녀는 여전히 자신의 성을 소중히 여기지 않았을 것이다. 전적으로 다르게, 좀 더 주도적으로 열심히 살기보다 스스로를 동정하는 편이 쉬웠을 것이다. 길게 대화할 시간이 없었으므로 짐작만 해볼 뿐이다.

인생을 만회하기

세상에, 가족에게, 혹은 특정인에게 남길 귀중한 유산이 있다고 느끼면 노년을 견디기가 좀 더 수월하다. 그런 느낌은 불멸을 맛보게도 해준다. 내가 죽은 후에도 나의 영향력이 한동안 지속될 것이기에. 남겨줄 뭔가가 있어서 인생이 살 만한 가치가 있었다고 여길 수 있다.

유산은 과거의 태만과 잘못, 우리가 야기한 고통이나 부정적인 것을 만회할 수도 있다. 그런 것들은 작은 문제가 아니어서 유감을 표명하는 것으로는 충분치 않다. 일을 엉망진창으로 만들었으면 만회할 수 있는 뭔가를 해야 한다. 주목할 만한 유산을 남기는 것은 인생의 목적과 가치를 되찾아준다.

나는 출간한 책이 기대만큼 팔리지 않을 때마다 내 유산에 대해 생각한다. 나는 다시 후대를 위해 글을 쓸 자극을 얻고, 언젠가는 누군가가 내가 글로 쓰려 했던 바를 알아주길 바란다. 나는 그러한 미래의 독자들을 염두에 두고 현재의 의견과 취향의 변덕에 흔들리지 않으려고 노력한다.

구체적으로 말하자면, 나는 우리의 시대정신이 정량화된 연구와 명백하고 사실적인 문제 해결책을 좋아한다는 것을 알고 있다. 이러한 상황에서 내가 영혼을, 종교적이고 마법적인 전통을 강조하는 것은 시대착오적으로, 심지어는 엉뚱한 것으로 보일지 모른다. 그래서 나는 후세에 희망을 건다. 그들의 시대에는 현재 우리의 태도, 유물론적이고 기계론적인 태도가 바뀔 것이며 인문학과 영성을 좋아하게 될 거라고. 나는 벌써 후대 사람들을 좋아하며, 나의 말이 그들 세대를 위한 유산으로 전달되기를 바란다.

유산은 가슴을 뛰게 하고 우리의 비전을 확장시킬 수 있다. 유산에 대한 나의 생각을 안다면, 유산은 간단한 것이 아님을 알 수 있다. 주관적으로 그것은 선한 소망과 사랑뿐 아니라 갈등과 걱정도 포함할 수 있다. 후세 사람들의 사랑을 바라는 망상처럼 보일 수도 있다. 아니, 환상이라고 하자, 좀 더 관대하게.

나는 후대를 향한 사랑이 커지면서 내가 삶의 순환의 일부임을 더 많이 느끼며 내 삶의 덧없음에 대해서는 별로 걱정하지 않는다. 내가 나이 드는 것은 자연의 순환에, 그리고 더 나은 미래에 주는 선물이다. 그리고 너그러워지려 하는 이런 시도는 깊게 자리 잡은 영성의 표현이다. 사람들은 흔히 명상을 하고 생활 방식을 정화하는 법을 배우는 것이 영성에 대한 것의 전부인 양 말한다. 그러나 보다 도전적인 측면은 후대와 관련하여 우리 삶의 한계를 넘어서는 것일지도 모른다. 유산을 개발하는 것은 우리의 가장 중요한 영적 성취 중 하나가 될 수 있다.

마지막으로, 유산은 나이 들수록 소중해지는 기쁨과 성취감의 원천이다. 유산은 인생의 과정을, 여러 단계인 그 과정을 완수한다.

1. 자신을 교육하고 재능과 기술을 개발하는 단계
2. 자신의 능력을 발휘할 직업을 찾는 단계
3. 경력을 개발하는 단계
4. 경력상의 종료와 전환점을 처리하는 단계

5. 자신만의 방식으로 성공을 성취하는 단계

6. 봉사를 중요시하면서 노년으로 들어서는 단계

7. 미래 세대를 위한 유산을 창출하는 단계

이 도식은 가능한 인생 과정의 뼈대에 불과하지만 창조적인 삶의 처음부터 끝까지 그 흐름을 보여준다. 이는 도식 이상인데, 한 단계에서 다른 단계로 넘어갈 때 삶의 역학을 느낄 수 있기 때문이다. 유산을 남긴다는 느낌은 그냥 결말이 아니라 완성의 느낌을 제공함으로써 그 리듬에 잘 맞는다. 인생의 호弧는 완전하며 유산에서 자연스러운 결말을 맺는다.

우리의 문화가 노동 지향적인 의미의 원천에서 멀어지고 있을지 모르지만 느긋한 삶을 누렸어도 유산을 남길 수 있다. 노동 윤리가 완화되면 우리는 보다 창의적이 되기를 원하고 우리의 아이들에게 남겨줄 세상에 대해 좀 더 관심을 갖고 싶어질 것이라고 희망해본다.

유산이란 인생에서 하는 일에 쏟아붓는 시간과 노력을 상상하는 하나의 방식이다. 문화적으로, 역사적으로 엄청난 유산을 남기는 사람들도 있지만 우리 대다수는 평범하게 살면서 한 조각의 영향이라도 미래에 미치기를 희망한다. 유산에서 중요한 것은 우리가 후손에게 미치는 영향력의 크기가 아니라 그저 누군가에게 의미가 있었다는 사실이다.

나는 그 지혜와 창조적인 작업으로 내게 큰 영향을 준 남자와 여자들에게 공개적으로 존경을 표할 때마다 기쁘다. 토마스 누젠트Thomas I. Nugent, 그레고리 오브라이언Gregory O'Brien, 르네 도송Rene Dosogne, 엘리자베스 포스터Elizabeth Foster, 토마스 맥그리비, 그리고 제임스 힐먼. 바로 나 개인의 정신적 계보. 물론 이 목록은 더 길어질 수 있다. 여러분도 자신에게 친숙한 정신적 계보의 이름을 적고 그들의 기여를 인정함으로써 자신의 목록에 있는 사람들의 유산에 이바지하기로 결심할 수 있다.

그런 일을 하면서 나이를 먹으려면 공동체가 필요하고 협력이 뒤따라야 한다. 그것은 혼자서 할 수 있는 일이 아니다. 우리는 주변 사람들이 나이 드는 데 참여함으로써 우리의 노년을 준비할 수 있다. 우리의 공동체는 후세 사람들을 포함하고, 우리 다음에 올 사람들을 좀 더 가깝게 느끼기 위해서는 진지하게 상상하는 노력만 있으면 된다.

외로움의 변용

나는 나이가 든다는 것을 믿지 않는다. 나는 태양을 향해 자신의 모습을
영원히 바꾸는 것을 믿는다. 그러니 나의 낙천주의를.
_버지니아 울프, 〈저널〉, 1932년 10월

내가 30년이 넘도록 실천하고 있는 심리 치료의 주요 원리 중
하나는 제임스 힐먼에게 배운 간단한 것이다.

'증상과 같이 가라.'

문제라면 항상 극복하고 정복하려고 애쓰는 세상에서 이 원리
는 마법처럼 무거운 정서적 긴장에서 벗어나 새로운 삶의 영역으로
나아갈 수 있게 해준다. 이것이 마법과도 같다는 것은 상식과 아주
다르기 때문이다. 고통에 직면하면 우리는 거의 항상 '어떻게 없애
지?' 하고 묻는다. 그러나 이 마법의 원리는 아주 다르다. '어떻게 이
문제 속으로 더 깊이 들어가 그 반대쪽에 있는 나 자신을, 편안하고
더 행복한 나 자신을 발견할 수 있을까?' 하고 묻는다.

힐먼은 이 점에 대해 윌리스 스티븐스의 시구를 즐겨 인용했다.

'세계를 통과하는 길을 찾는 것은 그것을 넘어서는 길을 찾는

것보다 어렵다.'

　우리는 유쾌하지 않은 문제를 껴안을 수 있을까? 그러니까 외로움과 같은 문제를 회피하려 들지 않고 그 속으로 들어가 외로움을 알게 된 후에 그 고통에서 벗어날 수 있을까?

　증상 속으로 들어가는, 혹은 증상과 같이 가는 이 역학이 외로움의 경우 어떤 도움이 되는지 설명해보겠다.

　외로울 때 억지로 사람들 곁에 있음으로써 그 외로움을 없애고자 하는 것은 사실 감정을 억압하는 일이다. 그 감정에서 도피함으로써, 거기서 멀리 떨어져 반대쪽으로 감으로써 그 감정을 억압한다. 그러나 '억압된 것의 회귀The return of the repressed'라는 프로이트의 기본 원리는 여전히 유효하다. 어떤 상태에서 벗어나려고 하면 그 상태는 이전보다 더 강해져서 돌아온다. 몸을 이끌고 사람들이 모인 곳으로 가보지만 집으로 돌아오면 이전보다 더 외로워지는 것이다.

　증상을 피하는 것은 자신에게서, 자신의 영혼이 처한 상태로부터 도망치는 것이다. 외로움을 인정하고 주의를 기울이는 편이 더 나을 수 있다. 외로움에 굴복하거나 빠져 있을 필요는 없다. 나는 사람들에게 내 책의 제목을 '영혼에 빠져 있기'라고 붙이지 않았다고, '영혼의 돌봄'이라고 했다고 말하곤 했다. 그러니 외로워하는 자신을 잘 돌볼 수도 있을 거라고, 그 감정을 없애려 하지 말라고 했다.

　또한 우리는 증상 속으로, 이 경우에는 우리의 외로움 속으로 들어가야 한다. 왜냐하면 그 감정은 불편함과 고통만 주는 게 아니라 우리에게 필요한 것을 가리키기 때문이다. 이는 내가 여러 차례 인용한 새로운 생각인데, 나의 좋은 친구이자 훌륭한 심리학자인 패트리샤 베리Patricia Berry가 제시한 것이다. 외로움을 느낀다면 더욱 사회적이 되어서 사람들과 어울리기보다는 자신에게 도움이 되고 불편하지 않은 고독의 가능성을 모색해볼 수 있다.

외로움은 좀 더 혼자 있어야 한다고, 적어도 사람들과 어울리지 않는 시간의 진정한 가치를 볼 줄 알아야 한다고 말하는 것일 수 있다. 외로움은 항상 우리를 얽매고 있는 것 대신에 중요한 것을 생각하는 공간 속으로 우리를 이끌 수 있다. 외로움은 흔히 공허하고 무의미한 활동에 끊임없이 관여하는 사람들을 치유하는 방법에 대한 암시일 수도 있다.

노년의 물리적 외로움

물론 상황에서 기인하는 외로움도 있다. 활발하게 살아왔는데 돌연 노년에 가족들은 흩어져서 각자 사느라 바쁘고 친구들은 멀리 이사했거나 죽었을 수도 있다. 또 과거와 같은 우정을 찾기 어려운 노인 공동체에서 생활하게 될 수도 있다.

그렇다면 그런 물리적 외로움은 어떻게 다뤄야 할까?

나의 어머니가 돌아가셨을 때 아버지는 아흔한 살이었는데, 그 후로도 아버지는 몇 년 동안 같은 집에서 혼자 생활했다. 아버지는 자신의 독립성에 상당히 만족스러워하는 것 같았다. 당연히 어머니를 그리워했다. 한번은 내게 아침마다 침실에 놓아둔 어머니의 사진을 보면서 대화를 한다고 말했다. 또한 아버지는 75년 전, 10대 시절에 시작한 우표 수집으로 계속 일을 했다. 덕분에 좋아하는 일로 바쁘게 지내면서 전 세계의 사람들과 교류하고 돈도 조금씩 벌었다. 이웃 사람들은 아버지를 좋아했고 정기적으로 따뜻한 음식과 식료품을 가져다주었다. 아버지는 혼자 살아도 외로움을 느끼는 것 같지 않았다.

그러다가 아버지가 넘어지기 시작했다. 아버지는 병원으로 실려 갔다 돌아오곤 했다. 자신의 집에서 독립성을 누리며 계속 살 수 없다는 게 분명해졌다. 형의 도움으로 아버지는 형네 근처의 노인 요양원을 찾아냈다. 그곳으로 뵈러 갈 때마다 아버지의 눈에서는 슬픔이 보였다. 아버지는 늘 사람들과 어울리기를 좋아했다. 친구를 쉽게 사귀고 활동에도 잘 참여했다. 새로운 환경에서도 조금 그러기는 했지만 분명 독립적으로 살던 때를 그리워했다. 그때쯤에는 우표에 대한 열정마저 거의 사라져버렸다. 심각한 사고로 오랜 회복기를 보내고 있는 손자를 도와주는 것만이 아버지의 유일한 동기처럼 보였다.

내가 아버지의 얼굴에서 보았다고 생각한 것은 혼자 있는 데서 오는 외로움이 아니라 자신의 세계와 자신이 평생 해오던 일을 상실한 데서 오는 외로움이었다. 아버지는 늘 삶에 따르는 비극이나 해야 할 일들에 대해 다소 금욕적이었다. 대가족인 우리 집안에서 장례를 치르거나 유언을 하거나 공증할 일이 생기면, 또 나쁜 일이 생길 경우에 사람들은 정서적으로 아버지에게 의지했다. 아버지는 주어진 상황에 불평하는 법이 없었다. 아버지는 자신이 더 이상 독립적으로 살 수 없다는 것을 알았다. 그러나 요양원 방에서 지내는 삶은 아버지가 집에서 누렸던 삶이 아니었다.

아버지는 우표에 대한 열정을 잃은 듯했지만 삶에 대한 열정까지 잃지는 않았다. 100세 생일 파티에서 아버지는 진심으로 웃으며 다양한 축하객과 많은 대화를 했다. 하지만 파티가 끝나자 아버지는 방으로 돌아갔다. 그날 나는 아버지의 휠체어를 밀고 다니며 평상시 아버지의 즐거움과 고독, 그 둘 다를 보았다.

외로움과 혼자 있는 것

외로움과 혼자 있는 것은 다르다. 군중 속에 있어도 외로움을 느끼고 혼자 있어도 외롭지 않을 수 있다. 경험에 근거한, '증상과 같이 가라'는 규칙에 따른다면 혼자 있음으로써 외로움을 치료할 수 있다. 우리의 고통스런 감정은 우리에게 뭔가가 필요하다는 것을 암시하며 그 방향을 제시한다. 그런데 어떻게 그럴까? 그게 어떻게 말이 될까?

자기 자신의 삶을 느끼고 강한 자기의식을 갖는 것이 중요할 수 있다. 시끌벅적한 사람들 틈에 있으면 그러기가 어렵다. 너무 많은 일이 일어나고 신경 써야 할 사람도 너무 많으니까. 자신의 목소리를 들을 수도 없고 자신에게 무슨 일이 일어나고 있는지도 알 수가 없다. 우리는 우리 자신의 삶을 위해 외로운 것이다.

나이 들게 되면 과거의 삶을 그리워할 일들만 생긴다. 그러면 자신이 어떤 사람이었고, 지금은 어떤 사람이라고 느끼는지 감각을 상실하게 된다. 그 감정이 외로움처럼 보일 수 있는데, 그럴 가능성이 명백하기 때문이다. 그러나 그것은 특정 사람들과 장소들과 경험들과 더불어 친숙한 세계를 잃어버린 상실감일 수도 있다.

수도원을 떠났을 때 몹시 외로웠던 기억이 난다. 나는 생소한 시카고의 니어노스사이드에 아파트를 빌렸다. 드폴 대학교에서 집으로 걸어 돌아가다 불이 켜진 식당에서 사람들이 모여 저녁을 먹는 모습을 보곤 했다. 그럴 때면 찌르는 듯한 아픔을 느꼈는데, 외로움 때문일 거라고 생각했지만 그 당시에 나는 혼자 사는 것을 즐겼다. 내가 그리워한 것은 옛 공동체와 몇 년간 알고 지낸 친구들이었다. 내가 좋아했고 소중히 여겼던 생활 방식이 그리웠고, 또 나는 내가 어디로 가고 있는지 전혀 알지 못했다. 내가 느낀 그 '외로움'은 사실 익숙한 세계와 거기서 알게 된 안전함과 친숙함에 대한 상실감이었다.

나 자신이나 나의 세계가 없는 상태에서 느끼는 그런 상실감은 당혹스러웠다. 내가 불 켜진 창문을 통해 본 장면은 사람들이 자신의 친숙한 세상을 누리는 모습이었다. 당시 내 삶에도 많은 사람이 있었지만 나 자신의 세계는 없었고, 내가 누군지도 알지 못했다. 외로움이 그냥 외로움이 아닌 경우는 의외로 흔하다.

반대인 경우도 있다. 과거와, 그러니까 가족과 친구, 그리고 예전에는 많은 의미가 있었던 장소와 너무 가까이 있어서 외로울 수도 있다. 이제 새롭게 접근해야 할 때일 수 있다. 과거를 그리워하면 현재와 미래에 많은 감정을 실을 수 없게 된다. 현재와 미래를 받아들이지 않아서 외로움을 느낄 수도 있는 것이다.

엘리자베스 토마스는 내게 여러 해 동안 남편과 함께 살았던 집에서 살고 있다고 했다. 그 집은 지나가버린 삶의 기억들을 뿜어냈다. 이제 그녀는 새로운 삶과 새로운 집을, 기억에서 자유롭고 새로운 모험을 지지해줄 장소를 원했다. 주변 사람들은 그녀가 과거를 떠올리고 싶어 할 거라고 생각할지 몰라도 그녀는 다시 출발하고 싶었다.

또다시 음과 양의 지혜가, 서로를 파괴하지 않고 나란히, 처음에는 한쪽이 강하고 다음에는 다른 쪽이 강한 식으로 작용하는 역동적인 대립 원리가 등장한다. 예이츠는 그 원리를 서로 안과 밖으로 회전하는, 때로는 완전히 상호 침투하고 때로는 완전히 분리되는 나선형으로 상상했다.

과거와 미래는 오갈 수 있으며, 대부분의 경우 각각의 보상을 제공한다.

나이 들면서 우리는 유연성과 회복력을 요구하는 통로들을 통과한다. 우리는 잃고 얻으며 또다시 잃는다. 이 책에서 내가 계속 반복하는 주제는 나이 듦이란 세월이 흘러가는 것을 지켜보는 것이 아니라 인생에 기꺼이 마음을 열고 그 초대를 받아들여서 몇 번이고 변하는 것을 의미한다는 것이다. 그 많은 변화가 모여 지켜본 인생이 아니라 살아온 인생이 된다. 혹은 『월든』에서 '나는 생각하며 살고 싶어서, 오직 인생의 본질적인 사실만 바라보며 인생이 가르쳐줄 것을 배울 수 있는지 알아보고 싶어서, 죽는 순간이 왔을 때 내가 살지 않았다는 사실을 발견하지 않기 위해서 숲으로 왔다'고 했던 소로가 말한 인생. 삶이 우리를 나이 들게 한다면 그것은 우리가 삶을 환영하고 그 연금술에, 영혼의 화학적 성질에 영향을 미칠 수 있는 그 꾸준한 변화에 마음을 열었기 때문이다.

다시 말하지만, '나이 먹는다'는 말을 흔히 그러듯 세월의 흐름이 아니라 시간이 지날수록 잘 '나이 드는' 와인과 치즈에 관해 말할 때처럼 들어주기 바란다. 그런 것들은 나이 들수록 더 좋아지며, 심지어 나이를 먹어서 특별한 가치를 띤다. 인간도 비슷한 방식으로 나이 들 수 있다. 경험에 의해 변하면서 더 진짜가 되고 더 풍미가 있어지는 것이다. 그런 식으로 우리가 나이 들려면 경험의 영향을 받아 관점을 바꾸고, 보다 깨어 있고 보다 세련된 사람이 될 수 있어야 한다. 가령 고독의 길을 끝까지 따라가며 그것을 개성으로 바꿀 수 있어야 하는 것이다.

우리 안에는 우리가 의식하지 못하는 무의식이 존재한다. 우리는 정말로 중요한 것들은 의식하지 못한다는 사실을 깨닫지 못한다. 우리는 생각하고 처리해야 할 것들을 생각하지 않으면서 살아간다는 사실을 의식하지 못한다. 우리는 하루하루를 반성하기보다는 반응하며 살아간다.

일상을 깊이, 그리고 잘 반성하는 능력은 하나의 성취이다. 나이 들수록 그 능력이 더 나아질 거라고 기대할 수 있다. 경험에서 배웠으니까. 반성을 잘하려면 어느 정도 고독이 편해야 한다. 반성을 하려면 조용히 혼자 있어야 하기 때문이다.

외로움이라는 것은 그저 자신과 단둘이 있으면서 방해받지 않고 자신의 생각에 마음을 여는 것의 특성일 수도 있다. 외적으로는 아무 일도 하지 않는 것 같아도 내면에서는 기억과 생각들이 들끓는다. 반성이 따르는 고독은 관용이 필요할지 모른다. 그런 고독은 우리를 잘 나이 들게 하며 우리에게 성품을 부여할 수 있기 때문이다.

사색하기 좋은 조건

사실 사색을 하라고 주장하는 것도 이상하다. 그것은 당연한 일 같으니까. 성숙한 인간이 되려면 당연히 사색을 해야 한다. 그런데 우리는 인생을 외적인 사건, 사물들과 관련지어 해석하는 굉장히 외향적인 사회에 살고 있다. 우리의 사색 능력은 나날이 줄어들고 있다. 우리는 점점 더 축약된 형태로 전달되는 '간략하게 줄인' 뉴스에 대해 말하곤 했는데, 이제는 방송용으로 줄인 그 간략한 뉴스조차 사람들이 소화하기에 너무 긴 것 같다.

사색이 완전한 고요 속에서 이뤄질 필요는 없지만 그것은 심오하고 즐거운 대화 도중에, 휴식을 취하거나 독서를 하다가, 심지어는 텔레비전이나 온라인으로 세상사와 문화적 발전에 대한 분석을 듣다가도 일어날 수 있다. 사색은 오락과 같지 않지만 겹치기도 한다. 내면을 들여다보게 하는 사색적인 영화에서 보듯. 개인적으로 내게는 나의 인생이 취한 방향과 앞으로 가고 싶은 방향을 생각할 때 전기와 회고록이 사색의 좋은 자료가 된다.

평범한 사람들에게는 독서를 하거나 사건의 이해를 도와주는 누군가의 말을 듣는 것이 사색의 첫 단계라고 할 수 있다. 우리는 그렇게 읽거나 들으면서 그 생각들을 우리 자신의 것으로 만든다. 어쩌면 다른 사람이 제시한 관점을 전부 받아들이지 않고 자신에게 유용한 생각들만 취할 수도 있다.

사색의 두 번째 단계는 대화이다. 말할 가치가 있는 것을 갖고 있는 사람들이나 대화를 즐기는 사람들을 만나려고 노력하자. 즐거움은 중요한 요소이다. 다시 말하지만, 다른 사람들이 제시하는 전부를 받아들이는 것이 아니라 대화를 하며 자신의 생각을 분명히 하고 새로운 생각들을 얻는 것이다.

사색의 세 번째 단계는 자신을 표현하는 효과적인 방식을 찾는 것이다. 그것은 신문이나 잡지, 시, 에세이, 소설 같은 다양한 형태의 글쓰기일 수도 있다. 자신의 아이디어를 비디오나 오디오 프로그램으로 만들어 사람들에게 제공할 수도 있고 그냥 갖고 있을 수도 있다. 공들여 글을 쓰거나 말하면서, 심지어 가장 일상적인 방식으로도 자신의 생각들을 파악할 수 있다. 친구나 사랑하는 사람, 가족에게 쓰는 편지도 사색의 기회가 될 수 있다. 에밀리 디킨슨이나 버지니아 울프 같은 유명 작가들의 편지가 훌륭한 사례이다. 그들은 편지 쓰기를 진지하게 여겼다. 그들에게 편지는 진지한 사색의 기회였다.

나는 3년 넘게 매일 아침 트위터에 트윗을 작성하고 있다. 나를 팔로우하는 대략 5,000명에게 보내는 140자 미만의 짧은 메시지는 하루를 시작하면서 다양한 문제를 사색할 기회를 주었다. 힘들지도 않으면서 보람이 있었다.

다시 한 번 거듭 말하지만 사색은 꼭 필요하다. 소크라테스가 재판 때 처음 했던, '검토되지 않는 삶은 살 가치가 없다'는 말을 명심하자. 아니면 원래의 그리스어에 가깝게 '검증되지 않은 삶은 인간을 위한 삶이 아니다'는 말을. 우리는 우리에게 일어난 일에 대해 생각하도록 자극을 받아야 한다. 어쩌면 그것이 인생의 좌절과 실패의 목적일 것이다. 키츠의 말처럼 '지능을 단련시켜 영혼을 만들기 위해서는 고통과 고난의 세계가 필요하다'. 도움이 되는 것은 고통 그 자체일까, 아니면 시험받는 데서 오는 사색일까?

이 책의 요점 중 하나는, 우리는 어떤 일들을 겪고 자극을 받아 조금이라도 변하게 될 때 긍정적이고 바람직한 의미에서 진정으로 나이 든다는 단순한 생각이다. 우리는 우리가 될 수 있는 존재가 된다. 우리를 교육시키는 것은 인생이다. 우리는 인격과 성품에서 발전해나간다. 사람으로서 원숙해지는 것이다.

버트 바카락의 나이 듦

한창 이 책을 쓰고 있는 중에 나는 로리 파이Lori Pye라는 내 오랜 친구가 만들어 운영하는 대학원생 대상의 '비리디스 그래듀에이트 인스티튜트Viridis Graduate Institute'('Viridis'는 녹색 생활green life을 의미하는 라틴어다 - 옮긴이)라 불리는 환경 운동 프로그램에서 강의했다. 그런데 수강생들 중 한 명이 유명한 작곡가 버트 바카락Burt Bacharach의 친구라면서 버트가 나이 듦에 대해 나와 이야기하고 싶어 한다고 알려왔다. 그는 여든여섯 살이었다.

그와의 대화를 언급하기 전에 버트는 작사가인 할 데이비드Hal David와 함께 쓴 곡들로 전 세계적인 명성을 얻었다는 이야기부터 하고 싶다. 그는 수많은 히트곡을 썼다. 「당신에게 가까이Close to You」, 「알피Alfie」, 「지금 세상에 필요한 것What the World Needs Now」, 「아서의 테마Arthur's Theme」, 그리고 뮤지컬 「프라미스, 프라미스Promises, Promises」 등. 2012년에는 백악관에서 의회도서관이 수여하는 거쉰 상을 받았고 아카데미 상을 세 차례, 그래미 상을 여섯 차례 수상했다.

　우리는 전화로 이야기를 나눴는데 내게 그 대화는 매번 당혹스러웠다. 처음에 내가 전화를 했을 때 그는 바빴다. 그는 내게 다시 전화해달라고 했다. 나는 다시 전화했고 그가 받았다. 그는 '물어보고 싶은 게 있으면 물어보라'고 했다. 나는 그냥 대화하기를 바랐지만 버트가 나를 길게 줄지어 선 인터뷰어 중 한 명으로 여긴다는 것을 알았다. 나도 그 방식을 잘 알고 있었다. 분명 버트만큼은 아니지만 나 역시 30년간 낯선 사람들과 인터뷰를 해왔으니까.

　이러면 어렵겠다고 나는 생각했다. 어떻게 깊은 대화로 들어갈까? 그런데 버트는 그다음에 바로 자신에 대해, 그리고 자신에게 중요한 것에 대해 조심스럽고도 솔직하게 털어놓기 시작했다. 그는 성공했지만 도전적인 삶을 살았다. 젊은 시절에는 자신의 음악에 깊이 빠져서 사람들에게 그럴 수 있었는데도 별로 시간을 내주지 못했다고 했다. 그는 확실히 변했다. 무슨 일이 일어났던 것이다. 그는 전처인 앤지 디킨슨과 현재의 아내 제인, 아들인 크리스토퍼와 올리버, 그리고 딸 라일리에 대해 애정 어린 말을 했다. 또 야스퍼스 증후군에 대해 거의 알려지지 않았던 시절에 그 병으로 고통받다 끝내 자살한 딸 니키를 슬프게 회상했다.

　그의 인생은 보기 드문 재능과 놀라운 성공뿐 아니라 많은 고통과 상실을 안겨주었다. 나는 그의 목소리에서 두 종류의 감정을 느꼈으며 그의 솔직함과 감정의 투명성에 놀랐다. 그는 외로워야 할 충분한 이유가 있었으며 그의 어조에서도 그것을 느낄 수 있었다. 그러나 그는 외로운 사람이 아니었다. 그의 고독이 그가 아니었다.

고독은 금세 감지할 수 있는 그의 일부이긴 했지만 그의 전부는 아니었다.

외로움에 관한 중요한 교훈이 있다. 외로움은 인생의 일부이며 그것을 존중하고 표현할 수 있다. 그러나 그것을 뒤집어쓸 필요는 없다. 외로운 노인이 될 필요는 없는 것이다. 가끔 외로워지는 노인이 될 수는 있다. 그 차이는 엄청나다.

대부분의 심리적 문제는 그 감정이나 상태를 받아들이고 거기에 삶의 한자리를 내주는 게 낫다. 억압은 어떤 형태이건 효과가 없다. 내가 버트 바카락과 이야기를 나누며 느낀 것은 감정의 성숙이었는데, 그것이 바로 가장 잘 나이 든다는 것이 어떤 것인지를 보여주는 것이다. 그는 여러 감정을 갖고 있었다. 아쉽고 고통스러운 것이 있는가 하면 긍정적이고 희망적인 것도 있었다. 그 모든 것의 배경에는 자신의 창의성과 자신의 성취에 대한 깊은 만족감이 있었다.

여든여섯의 나이에 버트의 반성적인 태도는 또 다른 필수 요소이다. 그는 나이를 탓하며 창조적 삶을 끝내지 않았다. 여전히 콘서트를 열고 작곡을 하고 매일같이 신체 단련이 포함된 건강관리법을 지킨다.

버트는 우리에게 젊을 적에는 어떤 일에 정신없이 빠져 있느라 인간관계에서 실수를 저질러 뉘우칠 일이 많을 수도 있다는 것을 가르쳐준다. 그러나 우리는 성숙해지면서 뉘우침이 희망과 행복을 없애버리지 않는 단계에 이를 수 있다. 사실상 그것은 행복에 고통과 아쉬움의 색조를 부여하면서 더 깊은 행복을 맛보게 해준다. 행복은 가치 있는 목표이지만 깊어져야 하며, 고통스러운 것도 포함한 다른 많은 감정으로 보다 복잡해져야 한다.

여든여섯의 나이에 버트가 보여주는 놀라운 창조성은 외로움에 대한 또 다른 치유책을 제시한다. 우리는 그저 노년의 관례 같아서, 늙은 것을 보여주기 싫어서, 혹은 능력이 예전 같지 않아서 삶에서 발을 뺀다. 인생을 살지 않기로 선택하는 데에는 그럴듯한 이유가 많지만 보통은 두려움 때문이다. 약한 존재로 보이기 싫은 것이다. 강하게 살 수 있다면 외로움이 문제가 되지 않을 것이다.

외로움의 치유법

나는 어릴 때부터 고독의 필요성을 강하게 느꼈다. 아마도 내게 가장 이상적인 상황은 수도원 생활이었을 것이다. 수도원에서 나는 아무도 들어올 수 없는 내 방과 조용히 혼자 있는 시간을 가졌다. 또한 살아오는 동안 거의 내내 내게는 어떤 면에서 파트너가 있었다. 나는 25년째 결혼 생활을 하고 있으며 나의 고독의 필요성을 처리해야 한다. 그러지 못하면 나는 외로움과 반대되는 상태에 시달린다. 그런 상태를 표현하는 말이 있는지는 모르겠다.

그런데 놀랍게도 고독의 애호가인 나도 아내와 아이들이 어디가고 없으면 외롭다. 그 전에는 고독을 고대하고 또 며칠 동안은 고독을 즐기지만, 그러고 나면 슬슬 외로워지기 시작한다. 그래서 오히려 고마운데, 그것이 내가 인간임을, 정상임을 알려주기 때문이다. 나도 외로울 수 있다. 나는 자기 충족적인 존재가 아니다. 그것은 또한 내가 때로 소망하는 그 소중한 고독을 과대평가해서는 안 된다는 점을 상기시킨다. 언젠가는 혼자 있게 될 수도 있고, 외로움의 심연을 발견할 수도 있을 것이다.

외로움은 주변에 사람이 없는 문제만이 아니라 나 자신과도 관련된 것이라면 어떠할까? 나 자신 때문에 외로운 것이라면? 나였던 그 사람과 나의 인생을 일군 그 사람 때문에, 내가 참여했던 프로젝트들 때문에, 그리고 항상 벗어날 수 있기를 바랐던, 그런데 이제는 그리운 직장 생활 때문에 그러하다면? 외로움은 유일무이한 사람이 되는 것과, 그리고 결국에는 혼자라는 사실을 배우는 것과 연관된 감정이다. 나의 행성과 나의 도시와 나의 집을 공유하는 많은 사람들이 있음에도 불구하고.

관계는 나의 인생을 다른 누구에게도 줄 수 없다는 실존적 사실로부터 정신을 팔게 해준다. 외로움을 치유하기 위해 관계를 맺는다면 그 관계란 자기도취적인 조작이 아니고 뭐겠는가? 자신의 문제를 해결하기 위해 누군가를 이용하는 거니까. 이상하게 들릴지 모르지만 외로움은 인생에 사람이 없어서 생기는 것도, 새로운 관계를 맺음으로써 치유되는 것도 아니라고 나는 생각한다.

올리비아 랭Olivia Laing은 〈퍼블리셔스 위클리〉의 한 칼럼에서 외로움을 다룬 책들에 대해 이렇게 말한다.

'이런 책들의 이상하고 거의 마술적인 점은 외로움을 검토하면서 그에 대한 해독제 역할을 한다는 것이다. 외로움은 본질적으로 심하게 고립된 경험이다. 그러나 소설이나 회고록이 그 얼음 같은 지역들을 그려내는 데 성공하는 경우, 세상으로부터 단절되어 외딴 섬에 혼자 있는 것 같은 느낌에 수반되는 예리한 아픔을 상당히 완

화시킬 수 있다.'⁵

소설이 외로움을 덜어주기도 한다. 한 사람이나 많은 사람이 아니라. 랭은 자신의 책 『외로운 도시』에서 상상력이 외로움의 고통을 이겨내는 데 효과적일 수 있다고 말한다. 또다시 사람들이 아니고 상상력이다. 이는 노인들의 외로움에 대한 효과적인 대응책의 단서가 될 수 있다. 노인들에게는 관계보다 상상력이 더 필요할지도 모른다. 사람들로 북적이는 도시에 살면서 외로운 사람에게 사람이 아닌 다른 것이 필요하듯이.

그런데 어떻게 그럴 수 있을까? 외로운 사람들에게 가족과 친구와 사회가 필요한 건 당연하지 않은가? 외로운 도시 증후군을 생각해보자. 사람들에게 둘러싸여 있는데도 그 모든 것에 대한 경험에서 완전히 혼자인. 외로운 사람들에게 무엇보다 필요한 것은 외로움을 다른 방식으로 상상해보는 일일지도 모른다. 그다음에 서로에게 활기를 불어넣어주는 관계가 필요할 수도 있다. 세 번째는 자기 자신과 친밀한 관계가 필요할 수도 있다. 우리는 외로워서 집단에 들어간다. 우리에게 필요한 것은 외롭지 않을 때 공동체에 들어가는 것이다.

좀 더 자세히 설명하고 싶지만, 먼저 외로움은 때로 자신으로부터 혹은 자신의 영혼의 어떤 측면으로부터의 소외일 수도 있다는 점을 생각해보자. 외로움의 아주 생생한 본보기로 단편 작가 존 치버 John Cheever를 들기도 하는데, 그의 이야기를 듣게 되면 그는 자신이 동성애자라는 사실을 받아들이지 않아서, 실제 자신 때문에 외로웠음을 알게 된다. 명백한 자신의 본성을 반기지 않는다면 외로울 수 있으며 자신의 인생에 많은 사람이 있어도 그 문제를 해결하지 못하리라는 것을 이해할 수 있다.

혼잡한 도시에 사는 사람은 도시와 친해지면 외로움을 덜 느낄 수 있다. 우리의 관계가 모두 인간적인 것은 아니다. 우리가 사는 집과 지역, 그리고 도시에 활기를 불어넣는 그 모든 것과의 친밀함도 우리의 외로움을 달랠 수 있다. 그런 것들은 우리가 살아 있음을 느끼게 해준다. 외로움을 극복하려면 사람들과의 교제만이 아니라 생기를 주는 모든 것과 친해져야 한다. 다른 식으로 표현하자면, 세계 그 자체는 영혼을, '세계영혼anima mundi'을 가지고 있으며 우리에게 인생을 살 가치가 있게 해주는 끈을 줄 수 있다. 그것이 외로움에서 중요한 것이다. 그냥 사람들과의 사귐이 중요한 것이 아니라.

도시에 살아도 평소처럼 자주 밖에 나갈 수 없을 때가 올 것이다. 그럴 때 그런 사람을 돌보는 사람이나 친구나 친척들은 그냥 창밖을 내다보거나 특별한 음식을 들여오는 것처럼 도시를 느낄 수 있는 것이면 아주 사소한 경험이라도 중요하다는 사실을 잊지 말아야 한다. 마을이나 시골에 사는 경우에도 그 경험은 다를 테지만 상황은 비슷할 것이다.

사람들과 우정과 공동체를 평가 절하하는 것이 아니다. 물론 거기서도 활력을 얻을 수 있다. 그러나 그 관계는 상호적인 것이라 애초에 우리에게 활력이 있어야 한다. 앞에서 말했듯 활력의 유일한 원천으로, 혼자라는 것을 느끼지 않으려는 방어책으로 사람들에게 의지하는 것은 소용이 없다. 그것은 외로움을 달래는 하나의 방법일 것이다. 군중 속에 있다고 외로운 사람이 덜 외로워지지는 않는다.

나이 든 자신을 받아들이지 못해서 외로운 것 같은 사람들도 있다. 그들은 더 젊었으면 하고 바라고, 때로는 다른 나이가 되려고 한다. 제1장에서 설명했듯, 노년에 젊음의 정신을 불러올 수 있지만 나이를 부정하면 자신 안에 분열을 야기하는데, 그것이 깊은 외로움의 한 근원이다. 이 외로움의 근원을 바로잡는 것은 어려울 수 있는데, 이는 대부분의 사람들이 나이를 부정하는 것과 외로움을 느끼는 것 사이의 연관성을 보지 못하기 때문이다.

여기서 작동하는 역설을 다시 떠올려보자. 사람은 하나로 통일된 단단한 덩어리가 아니라 여러 가지 다양한 면이나, 심지어는 인격을 갖고 있다는 사실을 – 힐먼이 '심리적 다신론psychological polytheism'이라고 불렀던 – 인정한다면 젊음을 추구하면서 동시에 노년을 떠안을 수 있다. 두 가지를 한 번에 할 수 있는 것이다. 이렇게 하면 노년을 젊음에서 분리하지 않아도 된다.

외로움을 극복하는 가장 좋은 방법은 작은 것에서도 활력을 추구하는 것이다. 호기심, 경이, 모험 정신, 배움에 대한 사랑, 창조적 성격, 사람들에 대한 관심, 특이함, 관조적인 생활양식을 유지하자는 말이다. 능력이 줄어들어도 그런 것들은 가능하다. 내 친구 존 반 네스John Van Ness는 아내의 치매에 관한 비디오를 제작하고 있는데, 그 비디오에서 그는 그런 심각한 도전에서도 어떻게 사람이 중요한 발견을 하고 삶을 이어나갈 수 있는지를 보여준다. 그가 여든여섯의 나이에 그 비디오를 제작하고 있다는 것 자체가 설득력을 더해준다.

거울 공동체

외로움에 대한 가장 중요한 반응은 자신의 일부를 차단하지 않도록 하는 것이다. 나의 외부 세계에 있는 사람들의 공동체는 나의 많은 자기self에 반영되어 있다. 나 자신을 예로 들어보겠다.

어떤 자기가 내면 공동체의 일원이면 좋겠는지 나 자신에게 물어보면 나는 식별하기가 어렵다. 하지만 노력해봐야 한다. 총격이 벌어지고 있는데 숨는 꿈을 반복적으로 꾸었던 기억이 난다. 한번은 경찰이 와서 오랫동안 미친 듯이 총을 쏴대는 여자를 제압했다. 나는 평범한 남자가 경찰이고 그가 그 미친 여자를 다룰 수 있는 것을 보고 놀란다.

그 꿈은 나의 광기와 히스테리 성향에 대해, 그다음에는 위기를 해결하는 데 참여하지 않으려는 나의 태도에 대해 궁금증을 불러일으켰다. 꿈속의 나는 총을 무서워하는 것 같다. 그렇다면 내가 들이지 않는 것이 강한 남자일까 하는 생각이 들었다. 나는 평생 수도사였을 때의 나처럼 조용하고 말씨가 부드러운 남자가 좋았다. 또 공적 생활에서 활발한 활동을 한다거나 지역사회 활동에 참여하는 것이 힘들었다. 나는 강연을 하고 전 세계 사람들이 읽는 책을 출간할 수 있지만 공적 이슈에 참여하는 문제에서는 어려움을 겪는다. 나의 이런 모습을 어쨌거나 환영해야 하는 것일까? 외로움을 느끼기 시작하면 나는 확실히 이 방향으로 가볼 참이다.

여러분도 나처럼 스스로에게 물어볼 수 있다. 누가 내면 공동체의 일원이면 좋겠느냐고. 거부되었거나 무시당했던 자기는 누구인가? 아마 여러분은 그게 누군지 몇 가지 단서를 갖고 있을 것이다. 여러분이 두려워하는 내면의 성격이 있는가? 여러분은 친밀함, 사랑, 창의성, 분노, 힘에서 떨어져 있는가? 여러분의 기질, 여러분의 내면 공동체의 일원일 수도 있는 이런 자질들을 구현한 인격이 있을 것이다.

우리는 나이가 들면서 오랫동안 보이지 않은 가능성들을 알아차릴 수도 있다. 노인들은 보통 과거를 돌아보면서 지나쳐버린 기회들을 본다. 자아 성장에 저항했기 때문에 그런 기회들을 놓쳤다는 사실을 우리는 이제 이해할지 모른다. 우리는 보통 노년에 다시 시도할 수 있고 더 많은 것을 포용하고 더 큰 사람이 되는 방법을 찾을 수 있다. 노년은 자기 축소가 아니라 자신이 누구인지, 혹은 어떤 사람이 될 수 있는지에 대한 감각을 다양화하고 증대시키는 것을 의미해야 한다. 이는 또 다른 외로움의 강장제이다.

외로워도 외로움에 빠지지 말자. 내면에서부터 더욱 커지고 다양해지자. 더욱 복잡해지고, 그런 다음에 우리의 복잡성을 필요로 하는 세상에 새롭게 참여하자.

제5부

영적으로 나이 들기

노년에도 특히나 옳은 것을 강력히 말할 때
지치지 않는다는 것을 보여주고 나면 다시 젊어지는 것 같다.
_쿠사의 니콜라스

우정과 공동체

여러 친구의 몸에서 하나의 영혼을 보는 것은 흔한 일입니다.
_알마노 도나티에게 보내는 마실리오 피치노의 편지

아내에게서 장인인 조의 장례식 이야기를 들었다. 군대 시절의
친구가 참석했는데, 장례식이 끝나자 묘지 사무실로 가서 조 옆의
작은 땅 한 조각을 주문했다는 것이다. 우정이 복받쳐서 어떻게든
그 우정을 영원한 것으로 만들고 싶었던 것이리라. 아내는 그 친구
의 감정의 깊이에 놀랐다. 그러나 우정은 인생에 진정한 의미를 부
여하는 뿌리 깊은 열정 중 하나이다.

그 이야기는 또한 나이 들면서 우정이 얼마나 중요한지를 상기
시켜준다. 우정은 때로 가족보다 더 중요한 것처럼 여겨지며 일반적
으로 다른 종류의 관계보다 훨씬 더 안정적이라는 것은 분명한 사실
이다. 우정은 노인들에게도 중요한데, 앞에서 논의한 것처럼 노년에
는 외로워지기 쉽기 때문이고, 곁에 누군가가 없이 나이 드는 도전
에 직면하는 것도 쉽지 않기 때문이다.

우정과 영혼 만들기

내가 생각하는 우정의 이점을 몇 가지 꼽아보면 다음과 같다.

1. 관계가 친밀해져도 개인으로 남기 쉽다.
2. 우정은 누군가를 자신의 파트너로 만들기보다 그 사람에게 영혼을 여는 데 기반을 둔다.
3. 정서적 관점에서 친구 관계는 일반적으로 가족 관계나 연인 관계보다 구속감이 덜하다.
4. 친구는 가족이나 연인을 가까이 두는 것보다 더 쉽게 자신의 삶에 엮을 수 있다.
5. 친구 관계는 다른 종류의 관계처럼 자주 바뀌지 않는다.
6. 우정은 친밀해도 개성과 상호 관계가 균형을 잘 이룰 만큼 충분한 거리가 있다.
7. 친구들은 서로를 자주 보지 못할 수도 있는데, 그래서 친밀감이 짐이 되지 않는다.
8. 우정은 오래가서 어릴 적 우정이 평생 지속될 수 있다.
9. 우정의 구조는 유연해서 이혼이나 입양 같은 어려운 공적 변화를 겪지 않아도 된다.
10. 친구 관계에서는 상대방을 질식시키거나 지배하지 않고도 사랑할 수 있다.

우정에도 그 나름의 한계와 문제가 있지만 다른 형태의 관계보다는 대체로 자유롭고 덜 복잡하다. 따라서 노인들에게 좋을 수 있다. 물론 늘 단순하거나 쉽기만 한 인간관계는 존재하지 않는다. 모두가 배워야 하는 기술 중 하나는 복잡한 다른 사람과 관계를 맺는 법이다. 그리고 우리는 모두 복잡하다.

이 책에서 말하는 나이 듦의 의미에서, 혹은 더 사람이 된다는 의미에서 우정은 촉매제이다. 결혼을 하거나 부모가 되거나 연인이 되는 것은 흔히 격렬하고 강렬한 형태의 나이 듦이지만 우정은 보통 더 긴 기간 동안 덜 파괴적인 방식으로 우리를 나이 들게 해준다.

미국 역사상 가장 주목할 만한 우정 중 하나는 수잔 앤서니와 엘리자베스 캐디 스탠턴Elizabeth Cady Stanton의 길고도 생산적인 협력이었다. 그들은 1851년에 만나 1902년 앤서니가 86세의 나이로 죽을 때까지 긴밀히 협력했다. 앤서니는 전략가이자 조직가였고 스탠턴은 작가이자 아이디어를 내는 사람이었다. 스탠턴은 결혼해 일곱 명의 아이를 두었지만 앤서니는 독신이었다. 그들은 기질이 매우 다르고 몇몇 기본적인 생각에서 의견도 달랐지만 함께 미국 여성들의 삶을 바꾸어놓았다.

'우리가 만난 지 51년이 되었는데, 우리는 여성의 권리를 인정하도록 세상을 흔들면서 한 해 한 해를 바쁘게 보냈다'고 수잔 앤서니는 1902년, 자신이 죽은 해에 친구에게 썼다. 그들은 '세상을 흔들면서', 그리고 서로를 소중히 여기고 서로에게 감사하면서 50년이 넘도록 우정을 쌓았다.

인류학자 에디스 터너Edith Turner는 하나의 목적을 공유함으로써 공동체 의식을 촉발시킬 수 있다고 했다. 우정에 대해서도 똑같은 말을 할 수 있다. 친구들은 그냥 서로를 바로 보며 좋아하지 않는다. 더 나은 세상을 만들기 위해 함께 노력하기도 한다. 그들은 흔히 초월적인 목적을 갖는다.

스탠턴은 늘 여성과 아프리카계 미국인의 삶을 변화시키는 일을 하고 싶어 했다. 특히 그들의 주의를 계속 다른 곳으로 돌리는 그들의 종교적 신념에 도전하면서. 앤서니는 그렇게 포괄적이면 많은 여성들이 여성의 참정권이라는 그들의 목표를 외면할까 두려워했다. 스탠턴은 자유주의적인 성향이었고 앤서니는 보수적인 성향이었다. 그렇지만 그들은 사회의 생각과 가치를 바꾸기 위해 50년 동안 효과적인 노력을 기울이며 서로를 지지하게 되었다. 노년에 앤서니는 영원히 함께 살자고 스탠턴을 초대할 기회를 놓친 것을 후회한다고 말했다.

이것은 함께 나이 드는 이야기, 서로가 삶을 살아가는 것을, 특히 각자 사람들의 삶에 진정한 변화를 일으키라는 초대를 받아 그에 응하는 것을 서로 도와준 이야기이다. 그들의 관계는 나이 든다는 것이 그저 늙어가는 것이 아니라 자신이 살고 있는 세상을 위해 일어나 뭔가를 하라고 인식된 사명을 받아들이는 일임을 보여준다. 스탠턴과 앤서니는 대단히 에너지가 넘치는 한 사람의 두 측면 같았다. 그 오랜 우정 덕분에 그들은 오늘날 전반적인 사회적 평등과, 특히 여성들의 고결함의 모델이 되기에 이르렀다.

우리도 이런 식으로 나이 드는 것을 상상해볼 수 있다. 세상이 돌아가는 방식에 변화를 일으키는 과정으로 말이다. 스탠턴과 앤서니의 예는 우리의 삶에 의미를 부여하고 오랫동안 우리를 지탱해주는 불꽃이 될 수 있는 우정의 기회가 오는 것을 놓치지 말라는 가르침을 준다.

또한 우정의 힘과 중요성도 이해할 수 있다. 그들의 이야기를 알고 나면 스탠턴이나 앤서니가 혼자서도 그만한 일을 해낼 수 있었을 거라고 상상하기 어렵다. 그 우정은 방정식의 일부였는데, 우리가 여성의 참정권과 노예제 폐지, 그리고 다른 자유를 향해 굉장히 중요했던 그들의 운동을 살펴보면, 두 여성의 우정에 고무되지 않을 수가 없다. 그들의 우정은 사적인 것처럼 보이지만 공적인 파급 효과가 엄청났다.

늙어가면서 두 여성의 우정은 더 강해졌다고, 아니면 우정이 자라면서 그들은 공적 가치를 띤 리더이자 교사로 나이가 들었다고 말할 수 있다. 우정은 가장 좋은 의미로 나이를 먹게 해준다. 그것은 우리가 성장하도록, 자아도취에서 벗어나도록, 그리고 눈을 밖으로 돌려 세상의 필요를 향하도록 해준다.

그들이 서로 얼마나 달랐는지도 주목하자. 우리 시대에는 특히 정치적·인종적·종교적·영적인 선을 넘어 우정을 생각해볼 필요가 있다.

관계의 기술

친구 사이든 공동체 생활이든 좋은 관계에서도 나타나게 마련인 문제들을 다룰 때 약간의 정교함이 필요하다. 친밀함은 삶의 중요한 측면일 수 있지만 쉽지는 않다. 내가 사람들에게 나이 듦을 주제로 책을 쓰고 있다고 말하면, 그들은 한결같이 노년의 가정생활과 결혼 생활, 혹은 은퇴 공동체 생활의 어려움에 대해 써달라고 한다. 왜 노인들은 함께 사는 것이 그토록 어려운 거냐고 그들은 묻는다.

노인층의 특정 이슈를 살펴보기 전에 모든 연령층의 사람들이 함께 살아가는 데 있어서 겪는 어려움을 한번 생각해보자. 결혼, 가족, 사업 – 우리는 인간의 이 모든 공동체에서 이상과 현실의 괴리를 발견한다. 우리는 사람들이 이런 관계를 즐길 거라고 상상하지만 그 모든 관계에서 투쟁을 발견한다. 여기, 조화로운 관계를 유지하기 어려운 몇 가지 이유가 있다.

1. 인간을 움직이는 것은 이성적인 동기가 아니라 불안정한 감정이다. 우리는 인간을 지능을 가진 의식적인 존재라는 의미로 '호모 사피엔스'라고 부르지만, 사실 우리는 모두 무의식적이다. 우리는 보통 우리가 왜 어떤 행동을 하고 어떤 말을 하는지 알지 못한다. 그러므로 불합리한 행동을 예상하고 가끔 합리적인 행동을 즐기는 편이 더 낫다.

2. 우리는 모두 무한한 깊이를 가진 불가사의한 존재라서 우리 자신도, 우리의 동기도 완벽하게 알지 못한다. 우리는 다른 사람과의 상호작용에서 상대방은 무슨 일인지 알 거라고 가정하지만 자신의 감정을 이해하기 힘든 것은 우리 자신이나 상대방이나 마찬가지이다. 다시 말하지만, 상대방도 우리 자신만큼이나 자기 자신을 모른다고 가정하는 편이 더 낫다.

3. 우리의 행동은 대부분 과거, 보통은 아주 어린 시절 경험의 표출

이다. 어린 시절과 인생의 경험은 왔다가 사라지는 것이 아니다. 일어난 일은 사라지지 않고 우리와 같이 있다. 어린 시절과 가족 이야기는 우리의 정체성에서 계속 중요한 주제로 작용한다. 문제는 그것들이 성인의 지속적인 상호작용의 배경에 있다는 사실을 모른다는 것이다. 우리는 누군가가 가리킬 때까지는 그것들을 보지 못한다.

4. 과거의 많은 패턴은 날것으로 별다른 변화 없이 계속 우리에게 영향을 미친다. 심리 치료를 받는 사람들은 과거의 경험들을 처리할 기회를 갖게 되는데, 비교적 합병증 없이 과거를 정리하는 데 도움이 된다. 물론 정식 치료가 과거를 처리하는 유일한 방법은 아니지만 효과적일 수 있다.

5. 인간의 삶은 합리적이거나 통제되는 것이 아니라 다이몬diamon(고대 그리스에서 인간과 신 사이에 있는 초자연적인 존재 - 옮긴이)적이다. 다이몬적이라는 말은 우리에게는 난데없이 튀어나와 우리를 덮칠 수 있는 강한 충동이 있다는 뜻이다. 우리는 평소에 하지 않을 일들을 하고 그냥 입에서 나오는 말을 한다. 많은 철학자와 심리학자가 묘사한 바와 같이 다이몬을 사랑, 분노, 창조적 표출 혹은 심지어 폭력을 향한 불가사의하지만 강력한 충동이라고 생각하면 된다. 칼 구스타프 융은 우리 모두가 갖고 있는, 합리적이고 통제된 삶을 방해하는 그 압도적인 충동을 지칭하기 위해 콤플렉스라는 용어를 썼다.

이런 것들이 우리의 관계에 직접적인 영향을 미치면서 흔히 명확한 의사소통을 어렵게 하는 인간의 조건에 대한 몇 가지 '진실'이다. 나이 들수록 생계를 꾸리고 세상에 기여하는 도전에 덜 열중하게 되어서 다이몬적인 삶의 힘을 오롯이 느끼게 된다. 콤플렉스는 사라지지 않는다. 심지어 더 힘들어질 수도 있다. 나이가 들면서 그것을 다루는 힘이 줄어들 수도 있다. 오래된 분노와 갈망이 그 어느 때보다 더 짓누르게 되는 것이다.

이 책의 다른 곳에서 나이 듦에서 분노가 차지하는 중요한 위치를 다루었지만, 이 맥락에서 우정과 공동체를 유지하는 데 있어 수동적 공격성으로 상황을 '해결'하려는 유혹을 경계해야 한다는 점을 지적하고 싶다.

대화를 하다 오해가 생기는 경우, 탈출구가 보이지 않으면 '있어봐야 소용없으니 그냥 가겠다'고 하는 사람이 있다. 때로 노인 공동체에서 이런 종류의 반응을 보게 된다. 이것은 순전히 수동적 공격성으로, 좌절감과 분노를 드러내지 않고 표현하는 것이다. 자리를 뜨겠다는 의도를 선언하는 것은 관련된 사람들에 대한 일종의 보복이다. 그들을 자신의 분노 속으로 끌어들이는 대신 분노를 감추고 가버리는 것이다. 어느 쪽이든 사람들에게 분노를 안기지만 두 번째 방법은 잘 위장되어 있어서 그 분노에 상처를 입은 사람들이 대응하기가 어려워진다.

나이 든 사람들은 감정을 분출하면 일시적으로 마음이 편해진 것 같지만, 그렇다고 상황이 나아진 것은 아니다. 수동적 공격성은 보통 미숙한 정서 발달의 표시이다. 우리는 관계를 유지하고, 분노를 표현하고, 해결책을 찾는 법을 배워야 한다. 다시 한 번 말하지만,

직접적이고 명확한 것이 많은 문제를 해결한다.

이 불만족스런 수동적 공격성은 노인이라고 다 '나이 든' 것은 아니라는 사실을 보여준다. 자신을 표현하는 법을, 그리고 친구와 솔직하게 지내는 법을 배우지 못한 것이다. 결국 문제는 노인들의 분노가 아니라 성숙하지 못한 분노이다. 늙어서가 아니라 진정으로 나이 들고 성숙해지지 않아서 문제인 것이다.

인정받는 것의 중요성

노인들 사이에 심해질 수 있는 또 다른 일반적인 관계의 문제는 대단한 사람이 되기 위한 고투이다. 그토록 많은 사람들이 유명 연예인에게 매료되는 이유 중 하나는 자신의 가치를 잃어버렸기 때문이다. 자기 자신을 존중하지 않기 때문에 유명인을 떠받든다. 같은 이유로 가까이 있는 사람들을 깎아내리는 습관에 빠질 수 있다. 다시 말하지만, 문제는 친구가 부족하다고 생각하는 것이 아니다. 자기 자신이 부족하다고 생각하는 것이 문제이다.

질투와 시기는 노인 공동체의 문제인데, 이는 이해할 만하다. 평생 해온 일과 신체 능력을 상실하면 질투하고 싶은 유혹이 조금일지라도 커진다. 이는 질투심과 시기심이 모두 자신의 가치를 느끼고 싶은 욕구에서 비롯되기 때문이다. 노인들에게는 자신이 속한 공동체의 누군가가 인정을 받거나 특별한 혜택을 받는 것을 보는 것이 고통일 수 있다. 그것이 즉각 그들의 내면 깊은 곳에 자리한 욕구, 특별해지고 싶고 예전처럼 가치 있는 사람이 되고 싶은 욕구에 불을 지피기 때문이다.

특별해지고 싶은 욕구는 유치해 보일 수도 있다. 상황이 다르긴 하지만 아이들에게도 그런 욕구가 있기 때문이다. 어린 시절에 자연스러운 그 인정받고 싶은 욕구를 프로이트는 '1차적 나르시시즘'이라고 불렀다. 커서도 그럴 경우에는 신경증에 가까워진다. 성인이 여전히 인정과 호의를 얻으려고 야단을 떨면 안 되는 것이다. 그런데 노인들에게는 보상과 인정을 받을 기회와 존경의 상실로 인한 '노인 나르시시즘'이 있다. 사람들은 일반적으로 다른 사람들이 지켜봐주고 인정해주는 것이 우리 모두에게 얼마나 중요한지 깨닫지 못한다. 정확하고 긍정적인 말로 가치를 확인해주는 것은 많은 노인들에게 좋은 관계를 유지하는 기반이 될 수 있다. 또한 분노와 짜증에 대한 깊이 있는 해결책이 될 수 있다.

나이 많은 사람들은 흔히 과거를 돌아보면서 자신이 어떤 사람이었고 어떤 일을 성취했는지를 알린다. 노인을 돌보는 사람이라면 그러한 욕구를 이해하고 너그럽게 귀를 기울이는 게 좋다. 요즘 들어 나도 가끔 그런다. 나는 작가로서 한창때가 지났고, 실제로 성공을 거둔 나의 책들은 지금의 젊은이들이 영유아였던 시절에 출간되었다. 사람들에게 나의 과거를 알리고 싶은 욕망을 억제하려 하지만 가끔은 내가 공개 석상에 나가면 얼마나 많은 사람들이 왔는지를 언급하게 된다. 나도 노인인지라 인정을 받는 것이 얼마나 도움이 되는지 알고 있지만, 또한 과거 자랑을 해대는 것이 사람들을 얼마나 짜증나게 하는지도 잘 알고 있다.

다른 사람의 성공을 인정해주는 것은 친구가 되는 길이기도 하다. 칭찬의 말이 필요치 않다고 느껴도 어떻게든 해주는 게 좋다. 인간 심리에 관한 보편적 법칙이 하나 있다면 사람들은 항상 인정받고 싶어 하고 인정해주면 고맙게 여긴다는 것이다. 그 욕구는 감정을 초월한다. 그것은 자기의 기반과 관련되어 있다. 인정을 받게 되면 사람으로서 입지가 더욱 안정되는 것이다.

질투와 시기

질투와 시기는 무언가가 잘못되고 있다는 징후이다. 징후는 조짐이자 신호이다. 이런 곤란한 감정들은 더 강한 자기의식이 필요하다는 신호일 수 있다. 가령 더 이상 직업이 없는데 어떻게 자부심을 유지할까? 앞에서 말했던 것처럼 '노인 나르시시즘'에 빠져 영광스런 과거를 이야기할 수도 있을 것이다. 그러나 그런 이야기로 충분치 않을 때도 있고, 가족들이 그 옛날이야기에 질려서 감탄보다 동정을 조장하게 될 수도 있다.

질투는 내가 사랑하거나 인정하는 사람이 내가 아닌 다른 누군가에게 관심을 기울이기 때문에 고통을 느끼는 것이다. 시기는 다른 누군가가 내가 좋아할 만한 것을 갖고 있기 때문에 고통을 느끼는 것이다. 이 두 개의 간단한 정의를 생각해보자. 행운이나 아름다운 것을 가진 다른 누군가에게는 아무런 문제가 없다. 또 나는 다른 사람이 친구나 친밀한 사람을 선택하는 것을 통제하고 싶지도 않다. 그러므로 내가 그 모든 것을 받아 마땅하다고 생각하지 않는다면 그런 감정은 말이 되지 않는다. 그 두 감정에 들어 있는 고통은 그 감정의 대상이 아니라 '나'에 대한 것이다. 질투는 - 자신이 모든 것을 받아 마땅하며 자신이 못 가지면 악의를 가진 누군가가 뺏어갔다고 생각한다면 - 특히 당연한 감정이다.

배신의 증거를 찾으려고 애쓰는 사람들에게서 볼 수 있는 질투에 내재된 마조히즘은 - 고통에서 쾌락을 느끼고 고통을 욕망하는 - 그 감정 속에 얼마나 많은 자아가 있는지를 보여준다. 이런 증상을 따라가보면 질투나 시기를 하는 사람에게는 사랑과 관심이, 혹은 바람직한 일이 필요하다는 사실을 알 수 있다. 마조히스트는 자신을 사랑하지 않으며, 자신은 관계나 어떤 소유물을 가질 자격이 없다고 느낀다. 궁극적인 해결책은 사랑과 행운을 가질 만한 사람이 되는 것이다. 사랑과 관심이 찾아오면 질투심과 시기심은 약해지거나 사라질 것이다.

자신을 사랑하는 법

자신을 사랑하고 자신의 인생을 사랑한다는 것이 무슨 의미인지 좀 더 자세히 설명해보겠다.

대부분의 사람들은 많은 시험과 비판을 받고 자란다. 부모는 자녀가 민감한 관계들로 이뤄진 복잡한 세상에서 처신하는 법을 배우기를 바라고, 그래서 자녀의 야생성을 억제하려 애쓰는데, 이는 이해할 수 있는 일이다. 부모는 또 아주 자연스럽게 자신들이 교육받은 대로 자녀를 훈육한다. 부모들은 자식의 자발성을 통제하는 것에 관한 무의식적이고 무반성적인 추정으로 가득 차 있는데, 이는 물론 문제가 될 수 있다.

그리하여 흔히 개인적 판단인 주의, 비판, 통제의 목소리가 우리 대다수에게 따라다닌다.

"넌 나쁜 애야. 넌 시키는 대로 하지 않아."

교사들도 똑같이 학생을 진정으로 인도하지 않고 무의식적으로 가혹하게 비판할 수 있다. 그래서 우리 대부분은 비판의 목소리를 머릿속에 지닌 채 자란다. 그러니 자신을 사랑하기가 쉽지 않다. 사실 자신이 부족하고 매우 불완전하다는 것을 발견하는 게 훨씬 쉽다.

노년에도 그런 비판의 목소리에 맞서고 자신에게 너그러워야 한다. 과거의 실수를 용서하고 지금 생각하면 창피스러운 일을 했던 이유를 이해하면서. 그런 비판적인 목소리들이 마음속에 얼마나 오래 있었는지 깨닫지 못할 수도 있다. 그 목소리들은 서서히 사라지는 테이프 녹음이 아니라 늘 가까이 있는 영구적인 이미지이다. 그런 것들이 나 자신을 사랑하는 것을, 그리고 나의 인생을 인정하는 것을 어렵게 만든다.

그런데 비판의 목소리들은 가만히 들여다보며 그것들이 처음 등장했던 전체적인 상황을 기억하게 되면 약해질 수 있다. 신뢰하는 사람들에게 그에 대해 이야기해도 된다. 마음속에서 들리는 그 희미한 비판의 목소리에 얼굴을 부여하고 이야기를 입히면 그 힘이 일부 사라진다. 그리고 내부에서 들리는 비판과 비난의 감정의 원천을 정확히 찾아내면, 그러려고 최선을 다하기만 해도 약간의 거리감과 안도감을 얻게 된다. 이러한 노력을 계속 반복하다 보면 전체적으로 문제가 완화된다.

심리 치료를 하다 보면 자신을 깨닫지 못하는 부모로부터 무사비한 고함을 듣고 야단을 맞으며 자란 사람들이 자신의 아이들에게 똑같이 무의식적으로 거칠게 행동하거나 말하면서 그러는 것이 옳다고 생각하는 이야기를 자주 듣는다. 그들과 함께 어린 시절이나 청소년기의 기억들을 검토하면서 상당 시간을, 몇 주를 보내기도 한다. 어른인 현재, 부모와 어떤 관계에 있는지도 기록하는데 동일한 역학을 지닌 경우가 많다. 오래된 패턴들은 지속적이고 끈질기다. 너무 자연스럽고 습관적으로 여겨져서 그런 것이 없는 인생을 상상하기 어려울 정도이다.

평생 자신에게 중요한 어른들에게 비판을 받아 자신을 사랑하지 못하는 사람들도 있다. 이 과정에서 앞으로 나아가도록 도와주기 위해 내가 하는 일은 그 모든 것을 설명하는 것이 아니라 이해하는 것이다. 나 자신의 감정을 들여다보며 내 안에서 복잡하기 이를 데 없는 그 사람의 영혼에 대한 사랑을 찾는다. 나는 사랑하고 수용하는 입장에서 말하면서 부정의 세월에 맞선다.

친구나 가족도 같은 일을 할 수 있다. 가슴속에서 진정한 사랑을 찾아 위선이나 과장 없이 표현할 수 있을 것이다. 우리는 누군가의 깊은 자기를 사랑할 수 있다. 설령 그의 행동에 짜증나는 면이 있다고 해도. 개인적으로 나는 한 사람의 영혼은 그 어떤 외적인 행동보다 바로 그런 면에 깊이 숨어 있다는 사실을 기억하고 싶다. 그들이 누구인가는 그들이 어떻게 행동하는가와 같지 않다.

코뮤니타스

공동체의 개념을 설명하기 위해 인류학자들은 때로 '코뮤니타스communitas'라는 라틴어를 쓴다. 나도 라틴어의 강한 배경을 지닌 이 단어를 쓰고 싶다. 단, 나의 해석을 붙여서.

먼저 공동체는 동일한 생각을 가졌거나, 심지어는 엄격하게 공통된 목적을 지닌 사람들의 집합이 아니다. 진정한 공동체는 진정한 개인들의 모임이다. 자신의 마음을 말할 수 없다면 공동체의 일원이 아니라 집단 내지는 더 나아가 무리의 일부이다. 공동체의 기쁨은 집단의 사고방식을 따르는 데서 오는 것이 아니라 숭고한 가치를 지닌 사람들, 재능을 공유하고 싶은 사람들, 그리고 인류, 그러니까 타인을 껴안는 궁극적인 공동체를 사랑하는 사람들과 함께하는 소박한 즐거움에 있다.

저명한 정신분석학자인 도널드 위니콧Donald W. Winnicott은 순종은 기쁨의 적이라고 했다. 어린이들에 대해서 한 말이지만 성인들에게도 해당된다. 이에 대한 그의 말은 강력하다.

'순종에는 개인은 무가치하다는 의미가 담겨 있으며 중요한 것은 아무것도 없고 인생은 살 만한 가치가 없다는 생각과 연관되어 있다.'[1]

이 점에 대해 생각해본 적이 없을지 모르지만 다른 누군가의 요구나 규칙이나 기대에 따르는 것은 생기를 빨리는 일이다. 어린이나 노인들을 대하는 일을 하는 사람들은 모두 이 점을 명심하는 것이 좋다. 그들에게 순순히 따르라고 요구할 때마다, 게다가 그런 일이 흔하다면, 그저 자기 자신으로 있는 데서 느끼는 기쁨을 앗아가는 일을 저지르고 있는 것이다. 순종은 공동체의 소리 없는 적이다. 소리 없다고 하는 것은 일반적으로 우리가 그 파괴적인 힘을 의식하지 못하기 때문이다.

내가 말하는 코뮤니타스는 기질이 너무나 다양하면서도 — 그러니까 다면적이고, 다양하고, 자유롭고, 그리고 할 소리를 하는 — 다른 사람들에게 개방적일 수 있는 사람들의 모임이다. 달리 말하면 코뮤니타스는 경직되고 불안한 자기의식이 엄격하게 경계선을 치지 않는 삶을 강력히 지향한다. 코뮤니타스는 개인에서 시작되어 다른 사람들과 함께 사는 것이다. 공동체는 우리 안에 있고, 따라서 그들의 개성을 허용하면서 다른 사람들과 함께 있는 것이 상대적으로 쉽다. 자신의 생각과 취향을 가진 한 사람의 개인으로 보이는 것이 얼마나 중요한지 겪어봐서 알 것이다.

코뮤니타스는 밖을 지향한다. 그것의 제스처는 악수하기 위해서, 혹은 포옹하기 위해서 내뻗은 팔이다. 그것은 인생이 제시하는 다양한 방식에 대한 깊은 자각이며, 동일성이나 순종에서 편안함을 찾지 않는다.

나이 든 사람들은 다른 사람들과 함께할 준비가 되어 있다. 그들은 자기에서 타인으로 옮겨가 이제는 다른 사람들과 함께하는 데서 좀 더 만족감을 느낀다. 그러나 늘 그렇듯 진정으로 나이를 먹지 않고 그저 오래 살기만 했다면 사회생활이 불편할 수 있다. 그런 사람들은 자기 안에 너무 많은 것이 있고 개성의 껍질이 깨지지 않아 더 큰 세상을 향해 마음을 열지 못한다.

언젠가 엘리너라는 60대 여성이 치료를 받으러 왔다. 나의 많은 내담자처럼 그녀 역시 치료사였다. 첫 시간부터, 그녀가 진료실로 걸어 들어오는 순간부터 나는 그녀가 제대로 성장하지 않았다는 것을, 전혀 나이를 먹지 않았다는 것을 알 수 있었다. 이제는 다른 사람들을 상담하는 이들 중 아직 인생을 맛보지 않은 사람이 많다는 사실에 놀라지 않는다. 인생의 쓴맛을 보지 않은 사람들로 하여금 곤경에 처한 이들을 안내하도록 내모는 어떤 미묘한 심리적 기제가 있는 모양이다. 어쨌든 그녀는 나도, 그 상담 과정도 별로 신뢰하지 않았다. 그녀는 변화에, 그리고 자신을 솔직하게 직시하는 것에 철벽을 치고 있는 것 같았다.

그런데 상담가들은 그들 자신의 삶으로부터의 문제를 배제하는 경향이 있다. 나도 예외가 아니다. 그것은 단지 모든 이들이 처리해야 하는 그림자 같은 것이다. 심각한 문제로 커질 수도 있지만 보통은 그것만 없으면 효과적인 경력에 결정적인 그늘을 드리울 뿐이다.

엘리너는 몇 주 동안 계속 방문했고 나는 그 이유가 궁금했다. 그녀는 마음을 열고 새로운 관점을 고려하지 못했다. 문화적 가치에 대한 그녀의 견해는 나와 크게 달랐지만 나는 늘 그러한 차이를 개인적인 도전으로 받아들인다. 문화에 대한 나의 생각이 방해가 되지 않도록 노력했으며 그녀와 친해지려고 최선을 다했다. 그녀에게 최선을 희망했으며 불안이 어느 정도 진정될 때까지 그녀가 나와 함께 있기를 바랐다.

우리는 매주 이야기를 나눴지만 그녀를 둘러싼 보호막이 터지는 느낌은 없었다. 나는 계속 뭔가 일어나기를 기다렸고, 그녀가 자신의 슬픔에 담긴 것을 표현하게 해주려고 내가 가진 기술을 총동원했다. 어느 날 그녀는 내게 전문직 여성들을 위한 은퇴지로 떠난다고 말했고, 그것이 그녀를 본 마지막이었다.

그녀는 의심스러운 남자들과만 관계를 맺어온 고독한 사람이었다. 한 남자는 그녀를 협박하기까지 했는데도 그와의 관계를 유지했다. '선택의 여지가 별로 없다'고 그녀는 말했다. 그녀는 공동체를 갈구했지만 다른 사람들에게 마음을 열지는 못했다. 그녀는 모든 사람에게 살아가는 법을 말해주고 싶어 했다.

영혼으로 나이를 먹는 것은 저절로 되는 일이 아님을 분명히 하고 싶다. 조셉 캠벨 식으로 말하자면, 우리는 모험의 부름을 거절할 수 있고 인생을 진전시킬 수 있는 기회를 싫다고 뿌리칠 수 있다. 물론 그러한 거절은 보통 억압과 비판으로 가득 찬 배경에 뿌리를 둔 두려움으로 인한 것이다. 융은 우리의 심리학적 사고가 너무 자주 역사를 생략한다고 불평하면서 우리의 정체성은 여러 세대에 걸쳐 생겨나는 것이라고 했다. 우리는 각기 특유의 장벽 혹은 콤플렉스와 씨름하는 가정생활에서 삶의 원료를 얻어 처리한다.

가령 오늘날 홀로코스트(제2차 세계대전 당시 나치 독일이 자행한 유대인 대학살 - 옮긴이)의 끔찍한 비극을 받아들이려고 애쓰는 가족이 많다. 마치 어제 있었던 일처럼 느끼면서. 조부모와 삼촌과 숙모와 사촌들이 날마다 겪었던, 상상조차 할 수 없는 공포에 그 가족들이 아직도 비틀거리는 것은 이해할 수 있는 일이다. 가족의 역사는 그다음 세대에 흔적을 남긴다. 나도 우리 집안에서 아일랜드 역사의 특정 시대에 강했던 도덕적이고 양심적인 태도가 어떻게 우리에게 영향을 미쳤는지를 보았다. 그리고 그것은 지금도 내 정신 속을 배회한다.

그러한 사건들은 두려움과 용기를 모두 불러일으킨다. 그 후손들이 지금도 인생에 자신을 내맡기는 것을 힘들어한다는 사실은 이해할 만하다. 플로리다로 조엘 엘키스 박사와 그의 아내 샐리를 찾아갔을 때 그들과 함께 보낸 어느 오후가 생각난다. 조엘의 집안은 홀로코스트 기간 동안 씨가 마르다시피 했는데, 그는 긴 생애 동안 그 고통을 느껴왔다. 그와 그의 아내는 홀로코스트 도서관을 만들었고, 나는 그곳에서 그와 그날 오후를 보냈다. 마치 신전에, 성스러운 공간에 있는 것만 같았으며, 우리가 그 책들이 말하는 이야기에서 성스러운 공포를 느꼈을 때 조엘은 깊고 긴 명상에 들었다.

나는 엘리너를 전혀 비판하지 않는다. 그녀는 사랑하고 사랑받기 위해 인생을 신뢰하는 법을 배울 시간이 더 필요한지도 모른다. 그동안은 그녀의 많은 행동과 결정에 두려움에서 기인한 답답함이 더해질 것이다. 언젠가는 그녀가 자신의 삶에 울타리를 치기보다는 자신의 인생을 살아가기를 바란다. 나의 희망이 그녀에게 조금이라도 도움이 되면 좋겠다. 치료는 작동하든가 작동하지 않는가 하는 기계적인 일이 아니다. 그것은 사람들의 불가사의한 인생에의 참여이다. 그것은 보기보다 상호적인데, 치료자도 내담자와 함께 그 자신의 삶의 원료를 처리하기 때문이고, 또 두 개의 삶이 교차하며 나아가기 때문이다.

공동체에서 나이 드는 것

나이가 들수록 우리의 자기의식은 열리고, 가슴이 전면에 나선다. 연민과 접속할 수 있는 능력이 드러나면서 그동안 적어도 부분적으로 감춰져 있었을 우리의 일부가 나오게 된다. 공동체 안에 있는 법을 배우면서 우리는 좀 더 확고한 사람이 된다. 가치관에 따라 행동하고 개성을 보여줄 기회를 갖고 소중한 피드백을 받는다. 우리의 내적 잠재성이 세상으로 쏟아지고 사람들 사이에서 실현된다.

노인을 돌보는 사람들은 공동체에서 인격이 형성되는 이 복잡한 규칙을 알고 있을 것이다. 그들은 나이 든 사람들이 공동체를 위해 준비가 되어 있다는 것을 알게 될 것이다. 그것은 애처로운 일이 아니다. 코뮤니타스는 젊은이의 사회적 노력과는 다른 방식으로 나이 든 사람들의 마음을 자극한다. 젊어서는 공동체의 모델을 통해 형성되는 성인의 정체성을 발견하는 기쁨이 있다. 늙어서는 사람들 사이에서 더 큰 정체성과 위안을 발견하며 오랫동안 너무나 많은 에너지를 소모한 성인 생활을 마무리한다. 젊어서는 공동체가 자기self를 빚지만 늙어서는 공동체가 자기를 영혼을 향해 연다.

나는 사람들을 상담하면서 나이 든 사람들은 보통 자기 인생의 특정 시기에 관한 꿈을 꾼다는 사실을 반복적으로 확인하게 되었는데, 이는 그 시절을 반성하고 처리해야 한다는 표시이다. 우리는 그때 있었던 일에 대해 계속 이야기를 하면서 그 문제들을 정리하고 그것들이 현재의 삶에서 어떤 역할을 하는지를 보았다. 그러고 나면 꿈은 과거의 또 다른 주요 시점으로 이동할 수 있다. 자동적인 꿈의 움직임을 따라가면서 우리는 천천히 인생 이야기를 통해 앞으로 나아간다.

각각의 경우 그 사람은 다른 공동체에 속해 있을 수 있고 그 시절의 사람들이 중요한 역할을 한다. 우리는 현재 삶의 공동체에 영향을 미치는 내적인 꿈의 공동체를 의식하게 된다. 내부 세계는 외부 세계를 반영하고 그 반대의 경우도 마찬가지이다. 우리는 자신에게 영향을 미치는 공동체가 어떻게 외적일 뿐만 아니라 내적일 수도 있는지 알게 된다.

나이 든 사람들은 오랫동안 알고 지낸, 그리고 인생의 이야기에 포함되는 다양한 가족과 집단에 대한 이야기를 할 필요가 있을지 모른다. 그 많은 이야기들은 우리가 흔히 가정하는 단선적인 관점과 다른 다층적인 인생의 그림을 만들어낸다. 말하는 것은 일종의 정리이고, 특히 노년에는 필요한 단계이며 삶의 연금술, 그러니까 사건들과 인격을 처리하는 일에 속한다.

사진 앨범을 보면 그 과정을 촉진할 수 있다. 인생의 특별한 시기를 함께한 사람들을 보면 기억을 헤쳐 나갈 때 사고가 활발해진다. 얼마나 많은 다른 공동체가 경험의 일부가 되었는지를 보게 되고, 그 공동체들이 어떻게 지금의 자신을 만들었는지에 대한 통찰도 얻게 된다. 공동체 안에서 자신의 삶의 역사를 보는 것이다.

내가 글을 쓰는 우리 집 방 벽에는 뉴욕 오번에 살았던 고모할머니의 옛날 사진이 걸려 있다. 고모할머니는 아름다운 드레스를 차려입고 카메라 렌즈를 바라보고 있다. 사진은 유리로 된 특이한 액자에 들어 있는데, 고모할머니의 모습을 둘러싸고 그려진 꽃들은 이제 색이 바랬고 유리 가장자리에는 검은색 금속 체인이 둘러져 있다. 그 사진은 내가 매일 보는 자리에 걸려 있어서 어린 시절 나의 가족 공동체와 - 고모할머니는 1950년대에 돌아가셨다 - 거기서 내가 느꼈던 사랑을 상기시켜준다.

우리는 평생 많은 공동체를 거치는데, 대부분의 기억처럼 왔다가 사라지는 것이 아니라 쌓인다. 그것들은 늘 가까이 있어서 그것들을 불러내는 일이 생기면 저절로 의식에 떠오른다. 나는 오래된 사진틀에 담긴 고모할머니의 사진을 보고 있으면 할아버지의 얼굴이 생각난다. 나는 지금 내 삶에서 일어나고 있는 일과, 내가 할아버지의 공동체에 있을 때 일어났던 일 사이에 어떤 연관성이 있다는 것을 안다. 나는 내 경험의 더 깊고 원형적인 배경을 발견하는 것이다.

『오디세이』에 나오는 '네키아Nekyia'는 오디세이가 지하세계에서 한 명씩 나타나는 죽은 자들과 앉아 대화를 할 때 그의 경험을 묘사하기 위해 사용된 말이다. 그의 어머니와의 만남이 감동적인데, 어머니는 아들에게 자신이 어떻게 죽었는지 말해준다. 아들이 멀리 있는 전쟁터에서 집으로 돌아오는 중이었다.

'내게서 삶의 달콤한 기운을 앗아간 것은 너에 대한 그리움, 너의 영리함과 너의 온화한 태도에 대한 그리움이었다.'[2]

여신인 키르케가 오디세이에게 고된 여정을 마치고 집으로 돌아가려면 감히 죽은 자들을, 특히 예언자 티레시아스를 만나야 할 것이라고 알려주었던 것이다.

'그가 너에게 갈 길과 여정의 단계들을 알려주고 물고기가 우

글대는 바다에서 집으로 돌아가는 방법을 알려줄 것이다.'[3]

우리는 신화에 나온 이 매혹적인 이미지를 누구든 죽은 자들을 대면하고 보다 영적인 삶을 사는 방법을 보여주는 것으로 이해할 수 있다. 우리는 우리 앞에 간 사람들에 대한 기억의 혜택을 받는데, 그들은 상상 속 깊은 곳에 여전히 존재하는 공동체의 일원이다. 그들은 우리의 여정의 단계와 우리가 갈망하지만 포착하기 어려운 집에 온 느낌을 찾는 법을 알려줄 수 있다.

사진은 그러한 '네키아'의 계기가 될 수 있지만 과거의 이야기나 이제는 죽은 이들과 관련된 물건도 그럴 수 있다. 나는 거의 매일 세상을 떠난 어머니와 아버지, 그리고 친한 친구들을 생각하며 그들과 그들의 삶에 대해 궁금해한다. 이런 종류의 사색은 오디세이가 했던 것처럼 삶 속으로 더 깊이 들어가는, 그러므로 더 강력한 형태의 나이 듦으로 들어가는 이니시에이션의 일환으로 죽은 이들을 가까이 두는 일종의 '네키아'이다.

나이가 든다는 것은 집으로 돌아가는 것임을, 자신이 속한 곳에, 자신의 인생과 자기를 창조한 영웅적 여정이 완수되는 곳에 이르는 것임을 이해할 수 있을 것이다.

나의 친구 존 모리어티John Moriarty는 늘 대부분의 작가들이 인용하게 되는, 아름답고 여러 생각을 불러일으키는 말을 사용했다. 그는 자전적인 책 『노스토스Nostos(귀향)』에서 이렇게 말한다.

'우리도 모르게 최종적이고 영광스런 가능성의 느낌이 계속 침투한다. 우리도 모르게 우리의 노스토스가 우리에게 도래한다.'[4]

그는 마음을 초월하는 것을 다룬 부분에서 그렇게 쓰고 있는데,

거기가 바로 우리가 나이를 먹으면서 향하는 곳이다.

우리는 살아가는 동안 대부분 경험의 의미를 요약하고 합리적인 언어로, 특히 오늘날에는 심리학의 언어로 우리의 문제를 설명하려고 한다. 그런데 존은 마음을 넘어서는, 합리적 설명을 넘어서는 지점에 도달해보라고 한다. 그것은 경이로움 속에 고요히 앉아 우리가 어떤 사람이 되었는지를 말없이 보여주는 지점일 것이다. 죽은 이들을 이해하고 느끼는 것은 그 신비한 지식을 얻는 방법이다.

우리는 그것이 어떻게 작동하는지 알 필요가 없지만 죽은 이들을 이해하고 느끼는 것은 영원으로 가는 길, 적어도 우리의 시선을 저 너머로 두는 방법인 것은 분명하다. 역설적으로 그런 종류의 초월적 비전은 우리를 더욱 인간적으로 만든다. 나이가 든다는 것은 더욱더 인간이 된다는 것이고, 우리 안에서 개별적으로 실현된 인간의 잠재력을 보는 것이다.

우리는 전통에 따라 각자의 방식대로 죽은 이들과 가까이에 머물 수 있다. 나의 경우는 기회가 있을 때마다 친척들과 옛 친구들의 이야기를 하는 것이다. 그들의 이야기를 하면서 나는 그들에게 경의를 표한다. 우리를 앞서간 이들에게 존경을 표하는 것에는 본질적으로 인간적인 뭔가가 있다.

얼마 전 '영혼으로 나이 듦'을 주제로 연 워크숍에서 참가자들에게 내 조상들의 사진을 몇 장 보여주었다. 미시간의 한 호수에서 작은 보트를 젓고 있는 할아버지의 사진도 있었다. 고모 베티와 내가 함께 타고 있었다. 그다음에는 1944년 신문에서 오린 기사를 보여주었다. 앞에서 자세히 말했던, 내가 네 살 때 할아버지가 나를 구하고 돌아가신 사건을 다룬 기사였다.

나는 초점을 바꿔서 아버지와 어머니의 결혼식 사진을 보여주고 그다음에는 교사로서 한창때이던 아버지의 모습을, 그리고 마지막으로 100세 생일 파티 때의 아버지 모습을 보여주었다.

나는 보통 이미 세상을 떠난 친척들을 잘 공개하지 않지만 그들의 이야기를 하고 그들의 사진을 보여줌으로써 내가 어떻게 그들을 존경하는지 보여주고 싶었다. 이는 감수성을 깊게 하고 나이를 먹게 해주는 영혼이 담긴 활동이다. 그들은 우리의 인도자이자 본보기이다.

나는 또한 앞선 이들의 작업을 이어나가기 위해 최선을 다한다. 융이나 에밀리 디킨슨 같은 저자를 인용할 때에도 그저 권위나 좋은 아이디어를 찾고 있는 것이 아니다. 나는 죽은 이들에게 그들의 지혜로 우리를 키워달라고 부탁하고 있는 것인데, 그 지혜는 오늘날 책과 기념물에 담겨 남아 있다. 죽은 이들을 공경하는 의식을 개발하는 것은 나이를 먹는 좋은 방법이다. 그것은 젊은이들에게 자연스럽게 일어날 수 있는 일은 아니다. 하지만 나이가 들면 앞서간 사람들의 삶에 감사할 수 있을 것이다.

이렇게 죽은 사람들을 기리는 일이 병적일 필요는 없다. 그것은 우리가 알거나 혹은 그에 대해 읽은 누군가에게서 발견한 어떤 좋은 자질을 기리는 즐거운 행위일 수 있다. 내가 가까운 조상 중에 한 사람의 말을 인용하면 그들에게 다시 한 번 말을 하게 하는 것이다. 나는 그들을 불러내고 있는 것이다. 오디세이가 그의 위대한 신화적인 귀로의 고비에서 했던 것과 흡사하게.

죽은 이들을 이해하고 느끼게 되면 더 큰 시간의 틀 속으로 들어가게 되어 우리 삶의 끝이 다가와도 죽음이 낯설지 않을 것이다. 우리는 그에 대해 이야기하는 것을 좋아하지 않지만, 나이 듦이란 삶의 운동이며 삶의 끝을 향한 활력으로 가득하다. 그것은 그냥 그런 것이다. 젊을 때는 모든 것이 태어나고 삶 속으로 들어가는 문제라고 느낄 수도 있지만 이내 인생은 또한 퇴장하는 문제라는 의식이 강해진다.

모든 존재, 인간과 인간이 아닌 모든 존재, 살아 있거나 죽은 모든 존재와의 공동체 의식은 삶이 무엇인지 그 진상을 알려준다. 죽음이 삶의 일부라는 것을 부정하면 제대로 나이 먹을 수가 없다. 이것이 우리 시대와 우리 개개인의 큰 문제이다.

어릴 적에 가톨릭교도로서 '성인들의 공동체communion of saints'에 대해 배웠다. 나는 이를 사랑과 봉사의 삶, 예수가 가르치고 구현한 삶을 살도록 영감을 받은 거룩한 이들의 공동체로 해석한다. 내가 보기에 사람은 여러 가지 방식으로 그러한 삶을 살도록 영감을 받을 수 있다. 가령 불교의 가르침이나 역사상 많은 비종교적인 인본주의 스승들의 지혜를 통해서. 이 충만하고 다정한 사람들의 공동체에는 죽은 이들이 들어간다. 나는 날 위해 목숨을 바친 나의 할아버지를 생각한다. 그 행동은 그를 본보기가 될 만한 성스러운 사람으로 만들었다.

우리가 나이를 먹으면서 최종적인 성취감을 찾을 때 너그러운 사랑이 작동하는 공동체의 일원인 것이 도움이 된다. 나의 할아버지의 너그러움을 알고 있기에 나는 영감을 받고 나도 결정적인 순간에 그만큼 너그러워지기를 바란다. 인간의 삶에서 가장 큰 신비 중 하나는 인생은 혼자 갈 수 없다는 것이다. 최고의 자기가 되기 위해서 다른 사람들이 최고가 되는 것이 필요하다.

내면의 날개

여기, 우리 모두 두려움과 걱정을 갖고 있나이다.
우리의 기도에 그대의 영혼을 더하소서.
가만히 우리의 천사가 되소서.

_스코틀랜드 기도문

늙으면 늙을수록 세상사에 몰두할 일이 줄어든다. 사색적이 되고 경이에 더욱 다가서게 된다. 자기를 만들고 경력을 쌓고, 혹은 대단한 사람이 되는 일에 그다지 집중하지 않게 된다. 자연스럽게 영적인 삶에, 그리고 의미와 목적에 대한 질문에 마음을 열게 된다. 물론 모든 사람이 그러지는 않는다. 노년기에 강한 영성을 계발하려면 오랫동안 자신의 삶에 대해 생각해왔어야 한다. 영적으로 나이가 들었어야 하는 것이다.

나이 들면서 흔히 겪게 되는 질병도 경이와 심오한 질문을 유발하는 촉매제이다. 또한 살면서 해오던 일이 바뀌고 어떤 형태든 은퇴를 하게 되면 젊을 적에는 생각해본 적도 없는 심오한 질문을 스스로에게 던지게 된다. 나이가 들면 날개가 자란다. 그리고 솟아오른다. 자연스럽게 시야가 확장되고 보다 영적이 되는 것이다.

나이 든 사람들 중에는 어릴 때나, 아니면 좀 더 커서 알게 된 종교 생활을 계속하기로 마음먹는 이들도 있다. 그래서 오늘날 기성종교 신도들의 고령화 경향이 심하다는 '교회의 고령화'에 대한 이야기가 들린다. 젊은이들의 관심을 끈 일부 교회에는 해당되지 않지만.

지금 이 시대에 나이 든 사람들의 영성은 흔히 교회의 전통과 관련되어 있지만 교회들이 대체로 쇠퇴하고 있기 때문에 그들의 종교가 부활하지 않는 한 그 상황은 그리 오래가지 않을 것이다. 이제 나이 든 이들을 위한 다른 종류의 영적인 삶, 진실로 그들에게 자양분이 되고 힘과 희망을 주는 영적인 삶을 모색할 시기이다.

그래도 특정 나이의 사람들에게는 그들이 믿어온 종교가 모든 것을 의미한다는 사실을 그 가족이나 그를 돌보는 사람이라면 알고 있어야 할 것이다. 젊은 사람들은 자기네가 더 첨단을 걷고 더 똑똑하고 더 많이 알고 있다는 생각에 나이 든 사람들이 구시대의 종교를 믿는 것을 참지 못할 수도 있다. 나는 많은 다양한 종교 전통을 공부한 사람으로서, 그리고 새로운 영성의 최첨단에 서 있다고 자부하는 사람으로서 전통적인 접근 방식이 많은 사람들에게 효과적이고 가치 있다고 말할 수 있다. 병원이나 공동 시설, 그리고 가족과 함께 가정에 머무는 모든 노인이 그들에게 친숙한 기존의 종교를 포함해 그들이 좋아하는 형태의 영적인 실천을 추구할 자유와 지지를 얻기를 희망한다.

그런데 지금 또 다른 세대가 늙어가고 있다. 예전에 교회를 채웠던 이들이 아니라 탐구자들과 실험자들이. 그들 또한 원숙기의 영적인 삶을 위한 자원과 지원이 필요하다. 그 형태가 다르고 더 산만

하고 더 개인적일지는 몰라도 그들은 삶의 영적인 측면에 진지하고 헌신적이다.

내가 2014년에 출간한 『자기만의 종교ᴀ Religion of One's Own』에 쓴 모든 말이 이 어려운 시대에 늙어가는 사람들에게 해당된다. 탐구자가 되고 실험을 하는 것은 괜찮다. 자연, 봉사, 문학, 예술, 명상, 요가, 그리고 그 외에 좀 더 알려지지 않은 다른 데서 영적 자양분을 발견할 수 있다. 자신의 전통적인 영적 가르침과 실천을 독특하고 효과적으로 조합하는 것도 괜찮을 것이다.

린다 섹슨Lynda Sexson은 종교에 관한 자신의 책 『일상의 신성 Ordinarily Sacred』에서 이를 아름답게 묘사하고 있다.

'종교는 인간의 경험 안의 별개의 범주가 아니라 모든 경험에 스며드는 어떤 자질이다.'

가장 심오한 의미에서 종교는 인생이나 세상과 별개의 것이 아니다. 언제 어디서나, 특히 우리가 종교에 대해 생각하지 않을 때 일어나는 것이다. 감정과 생각이 가라앉아 긍정적이고 다채로운 어둠 속으로 들어갈 때, 우리가 경험하는 모든 것 속에 항상 깊이 자리하고 있는 그 신비 속으로 들어갈 때 우리는 그것을 안다.

이 새로운 영적 모험의 모델로 나는 자주 헨리 데이비드 소로, 에밀리 디킨슨, 그리고 랄프 왈도 에머슨, 변화하는 세계에 대해 지금의 우리와 흡사하게 대응했던 뉴잉글랜드의 작가들을 든다. 그들은 깊이 탐구하고 스스로를 아름답게 표현했으며 전통 종교의 형식적인 구조 밖에서 영적인 삶을 일구는 데 비옥한 아이디어를 제공한다. 동시에 그들은 전통을 중시했으며 거기서 많은 영감을 얻었다.

영혼이 자연스럽게 찾아오게 하라

가브리엘 가르시아 마르케스Gabriel García Márquez의 이야기는 노년이 어떻게 그 나름의 영적인 면을 갖고 있는지를 아름답고 상징적으로 묘사한다. 그것은 '거대한 날개를 가진 노인'이라는 제목의 단편으로 더럽고 냄새나고 해충이 슨 거대한 날개를 가진 남자, 노인 천사에 대한 판타지 소설이다. 아무도 그를 어찌해야 할지 모르고 사람들은 그를 경멸한다. 노인은 오랫동안 무시당하고 학대받다가 어느 날 좋아진 날개를 펼쳐보려 애쓰다 날아간다.

그 이야기는 세부적인 묘사가 풍부하고 해석의 여지가 다양하다. 내게는 그 늙은 남자가 오해받고 잘못 다뤄지는 나이 듦 자체로 보인다. 그 신비한 침입자는 부분적으로 인간이고 부분적으로는 천사라서 결함이 많아도 날 수가 있다. 사람들은 그것을 이해하지 못하고 흥미를 잃어버린다.

우리가 부분적으로 인간이고 부분적으로 천사라는 것은 고대의 생각이다. 내게는 그 이야기가 말이 된다. 사실 우리는 병에 걸리고 쇠퇴하기 쉬운 육신의 고통을 겪고 정서적 갭과 장애에 시달리며 일반적으로 사물을 꿰뚫어볼 능력이 없기 때문이다. 그렇지만 우리에게는 우리의 무지와 인간의 한계를 알고 초월하기를 갈망하는 부분이 있다. 우리는 불완전한 정신과 몸을 지녔어도 위대한 일을 할 수 있는 것이다.

우리는 초월적인 예술과 음악을 만들었고, 철학과 신학을 통해 사고 속에서 날아올랐다. 그런 의미에서 우리는, 비유적 의미에서 날개를 갖고 있다고 할 수 있다. 칼 세이건Carl Sagan이 바흐의 음악을 우주로 내보냈을 때, 그는 천사의 정신이 낳은 작품을 내보낸 것이다. 그러나 우리 모두는 병들고 부서지기 쉬운 날개를 갖고 있다. 노년기에 우리는 이 날개를 간과할 수 있고, 또 약해지고 해충이 슬어 버린 것을 볼 수도 있다. 그 이야기에서처럼 우리는 날개를 치유할 수 있는 시간이 필요하다. 그렇게 되면 노년에도 날 수 있다. 나이가 들면서 날개가 살아나서 하늘을 날 수 있다는 것을 우리는 이해해야 한다.

노년을 위한 영성

영성은 인생이나 자기로부터의 도피가 아니다. 흔히 그런 식으로 이용되는 것 같지만. 노후에 그것은 삶의 한가운데서, 우리가 어디에 있었고 무엇을 했는지 되돌아볼 때 시작된다. 사건들과 그에 대한 우리의 반응이 어떻게 지금의 우리를 만들었는가를 회상할 때 만족감과 뉘우침이 함께 등장한다. 현재의 우리 자신은 완성품 내지는 그에 가까운 것이다. 우리는 후회하거나 희망을 갖거나, 아니면 자화자찬의 이유를 가질 수도 있다. 우리의 삶을 생각하면 보통은 이런 다양한 감정이 모두 뒤섞인다. 그러므로 우리의 이야기를 하고 손상된 관계, 마치지 못한 프로젝트와 같은 끝내지 못한 일들을 해결하고 원래의 자기self를 마지막으로 다듬는 것은 영적인 삶의 토대이다.

사람들은 흔히 영성을 이 세계에서 벗어나는 것이라고 생각한다. 그 결과 영성에는 비현실적이고 적절하지 못한 뭔가가 있게 된다. 영혼과 정신, 영혼의 작업으로서의 심리학과 초월로서의 영성은 병존한다는 사실을 알면 도움이 될 것이다. 어느 한쪽이 없으면 결코 작동하지 않는다.

내가 말하는 초월은 최고의 존재나 초자연적인 세계에 대한 믿음이 아니라 단지 우리가 희망할 수 있는 모든 것이 되기 위한, 더 크고 더 포괄적인 자아를 느끼기 위해 끊임없이 전진하고 상승하려는 우리 자신의 노력을 의미할 뿐이다. 우리는 작은 개인적인 삶으로 시작해 먼저 자기 확장으로서 사랑과 친밀함을 발견하고 다양한 공동체의 일부가 되며, 어쩌면 세계와 보편적 공동체 의식까지도 발전시킬 수 있다. 우리는 심지어 그 이상으로 나아가 아직 보지 못했거나 시험하지 못한 현실을 상상할 수 있다.

신과 내세를 믿는 일은 만물의 중심에 있는 지성을 상상하고 이생 이후의 삶에 대한 생각을 즐기는 것만큼 중요하지 않다. 아니면 할 수 있는 한 최대로 정직해져서 삶 이상의 존재에 대한 증거를 보지 못할 수도 있다. 그런데 바로 그 정직성이 초월의 한 표현일 수 있다. 근거 없는 믿음을 애지중지하는 것을 거부하는 것이다.

사람들이 음식을 먹으려고 모이는 것만큼이나 대화를 하기 위해서도 모이는 피터버러에 있는 시끄러운 한 작은 식당에서 엘리자베스 토마스는 내게 이렇게 말했다.

"나는 사후 세계를 믿지 않아요. 나는 죽으면 우주의 원자와 분자의 일부가 될 거예요."

이 말을 할 때 그녀는 행복해 보였다. 그러나 나는 속으로 이렇게 말했다.

'나는 그 문제를 미해결 상태로 놔두는 게 더 좋아요. 알 수 없는 것은 그대로 놔두고 싶어요. 나의 무지를 소중히 여기고 죽음 후에 무슨 일이 일어나는지에 대해 어떤 결론도 내리고 싶지 않아요.'

나는 또한 우리 둘 다 확고한 신념을 가지고 열린 마음으로 정직해지기 위해 최선을 다하고 있기에 그렇게 생각해도 기쁨을 발견할 수 있을 거라고 느꼈다.

영성이란 지적으로, 정서적으로 계속 확장하려는 노력이다. 그런데 종교는 유물론적이고 자기중심적인 삶의 철학에 갇히지 말라고 가르친다. 종교는 보이지 않는 것과 불가사의한 것을 진지하게 고려할 이유를 준다. 가령 종교는 사랑을 실재로 다루며, 마치 사람인 양 비유적으로 말하면서 에로스니 아프로디테니 성령이니 하고 부른다. 우리는 그런 이름을 들으며 그것이 우리가 주목할 만한 상상 속의 실재가 아니라 주변을 날아다니는 곤충들처럼 이 우주 안의 생물이라고 생각하는 경향이 있다. 그렇다면 우리는 영적인 영역을 알아보는 능력을 상실했기 때문에 천사를 무시하는 가르시아 마르케스의 소설에 나오는 사람들과 같은 것이다.

나이가 들면 우리 시대의 심각한 유물론을 버리고 스스로 생각하는 것이 가능할지 모른다. 어떤 것도 믿을 필요가 없다. 믿음에는 비용이 많이 들지 않지만. 그러나 가능성에 자신을 열 수 있다. 우리는 무한히 의미 있는 우주에서 살 수 있다. 현대의 교양인들에게 회유되어 무엇이 실재하는가에 대한 제한된 견해를 가질 필요가 없다. 상상력을 자유롭게 풀어줄 수 있다.

나는 가끔 현대의 삶을 선명하고 굵은 원에 둘러싸인 것으로 생각한다. 이 원 안에 있는 사람들은 과학이 모든 해답을 가지고 있으며, 무엇이 실재인지에 대해 최종 결정은 과학이 내린다고 가정한다. 고도로 발전된 우리의 도구로 볼 수 있는 것이면 실재하고, 볼 수가 없다면 그것은 허상인 것이다.

영적인 삶은 이 원에서 벗어나 그 엄격한 시야의 한계에서 자유로워지는 데서 시작된다. 여전히 똑똑하고 신중할 수 있지만 더 많은 가능성을 자유롭게 고려하는 것이다. 어쩌면 우리는 영혼이 있을지 모르며, 어쩌면 지금은 이해할 수 없어도 어떤 면에서 그 영혼은 불멸인지도 모른다.

내게 영성은 어떤 사물이나 목표가 아니다. 그것은 마음, 상상력, 그리고 삶의 접근 방식을 확장하는 끝없는 과정이다. 우리의 윤리와 정의감은 언제든 더 민감해질 수 있다. 베풀고 봉사하는 것 역시 언제든 더 커질 수 있다. 중요한 것들에 관한 우리의 지능과 지혜는 언제든 더 깊어질 수 있다.

초월한다는 것은 현재의 한계를 넘어서는 것을 의미한다. 그런 의미에서 '신'은 동기를 부여하는 단어이지 어떤 목표나 사물이 아니며 고정된 실재조차도 아니다. 우리가 신이라는 말을 사용할 필요가 없다고 해도, 신이 마음과 가슴의 무한한 확장의 이미지라면, 신은 실재한다. 우리의 상상력이 열리면 우리가 사는 세상도 열린다. 세상에 우리의 상상력이 미칠 수 없는 것은 없으므로 상상력의 교육에는 끝이 있을 수 없다.

나이 들면서 삶에 대한 이전의 이해를 넘어서지 않는다면 우리는 확장하고 있는 것이 아니다. 그렇다면 정말로 영적인 것이 아니고 어떤 믿음에 사로잡혀 있는 것이다. 영성은 역동적이고 실존적인데, 이는 영성이 그냥 개념이 아니라 과정임을 의미한다. 그러므로 나이 든 사람은 이전의 자신이 확장된 버전이다. 이런 의미에서 영성은 믿음의 문제가 아니라 우리가 어떤 사람이며 어떻게 사는가의 문제이다. 우리가 점점 더 넓은 세상과 더 큰 삶의 일부가 된다면 영성은 살아 있다. 그것은 끊임없는 변화와 전개를 의미한다. 자기가 진화하는 끝없는 과정을.

이런 종류의 영성에 또 다른 장애물은 그저 무의식적으로 사는 것이다. 대중을 따라서, 모든 사람이 당연하게 여기는 목표를 향해 나아가기는 쉽다. 경제적 이득, 직업상의 성공, 재산, 명성, 안락함 같은. 미디어가 퍼붓는 것은 뭐든 받아들일 수도 있다. 스스로 생각을 하지 않을 수도 있다. 만일 자신의 생각이 확고하다면 주변의 평균적인 가치관에서 벗어나봐야 한다. 너무 편안하게 거기에 맞추지 말고 떨어져서 한번 스스로 생각해봐야 한다.

공동체, 봉사, 그리고 사회 진화라는 보다 높은 가치를 실천하며 살아갈 수 있는가? 아니면 시대의 철학에 영합해 계속 침묵하고 싶은가? 후자라면 신앙이 있다고, 혹은 개인적으로 명상을 하고 교회에 나간다고 영적이라 착각하지 말자. 인생이란 하나의 전체이다. 인간 사회의 진화에 참여하던가, 아니면 미디어가 몰아가는 세상의 무의식에 갇히는 것이다.

노후에 이러한 가치관의 붕괴는 위기가 된다. 충분히 의미 있는 삶을 살면서 과거의 실수를 만회할 시간이 많지 않기 때문이다. 그러나 영적 비전을 강화하면 그럴 수 있다. 더 큰 관점에서 인생이 무엇인지 진지하게 생각하고, 영적 전통을 배우고 실천하는 데 더 많은 시간을 쏟을 수 있다.

자신을 위한 영적 교육

쓸데없이 시간을 낭비할 필요가 없다. 세계의 종교와 영적 전통에는 위대한 예술과 시, 그리고 가르침이 넘쳐난다. 결코 다 소진되지 못할 그런 저작들을 우리는 서점이나 온라인에서 쉽게 찾아볼 수 있다. 그런 글들을 읽고 연구하고 마음에 새겨 영적 모험의 기반으로 삼으면 된다.

이것저것 다 시도하면 피상적이 될까 걱정하지 않아도 된다. 우리가 흔히 듣는 그런 비판은 거의 근거가 없다. 다양한 전통들은 보통 유사한 접근 방식을 권한다. 그것들은 제각각인데, 서로 화해시켜보라고 권하지는 않겠다. 그냥 영적 교육을 시작하면 된다. 그러면 노년이 무한히 더 의미 있어질 것이며, 틀림없이 삶을 확장할 조치를 취하고 싶어질 것이다.

구체적으로 말해보겠다.

1. 『도덕경』. 자연스러움을 추구하고 분투노력하지 말라고 권장하는 이 아름다운 중국 고전으로 영적 교육을 시작해보자. 이 책은 '세상만사 순리대로'를 말한다.
2. 『오디세이』. 집으로 돌아가는 여정에서 인생에 입문하는 한 남자

의 신성한 이야기이다. 핵심 단어는 '노스토스nostos', 즉 귀향인데 향수병을 의미하는 '노스탤지어nostalgia'와 관련되어 있다. 이 것은 집을 떠나 기숙학교에 가거나 여행 중에 느끼는 일반적인 향수가 아니다. 이것은 마침내 세상에서 편안함을 느끼고 싶은 갈망이다. 그 이야기에는 질병, 사랑과 같은 깊은 신비와의 만남이, 그리고 죽은 자들과의 만남이 있다. 그리고 마지막으로 자신이 누군지를 발견하게 되는 영혼의 여정이다.

3. 『창세기』. 전 세계의 창조 설화는 우리의 영적인 삶의 중요한 부분이 될 수 있다. 그 이야기들은 실제 자연 세계뿐 아니라 우리 자신의 세계를 그 기원과 발전에서 상상할 수 있도록 해준다. 『창세기』는 시작에 대한 아름다운 이야기이지만 수 세기 동안 지나치게 문자 그대로 이해되어왔다. 최근에 나온 좋은 번역본과 해설을 찾아서 창조 이야기를 영적 도서관에 포함시키자. 다른 창조 이야기들도 알게 될 수 있다. 내가 가장 좋아하는 창조 이야기 중 하나는 데니스 테들록Dennis Tedlock이 쓴 『중심 찾기Finding the Center』에 나오는 호피Hopi 인디언의 창조 설화이다.

4. 『선심초심禪心初心』. 스즈키 순류鈴木俊隆는 1959년 미국 북캘리포니아에 선불교를 알렸고 샌프란시스코의 젠 센터에서 많은 학생들을 지도했다. 이 책은 그의 유명한 강연 모음집이다. 교리로부터 자유로운 선 철학과 무엇보다도 영적인 생활 방식에 속이 후련해지는 이야기들을 제공한다. 이 책은 나의 영적인 삶을 형성한 중요한 전통적 자원이다. 적극 추천한다.

5. 영성 시집들도 오랫동안 나를 지탱해주었다. 심오한 직관력을 지

닌 미국 시인 제인 허시필드Jane Hirshfield가 편집한『술 취한 우주
: 페르시아 수피 시선집·신성한 이들을 기리는 여인들The Drunken
Universe: An Anthology of Persian Sufi Poetry; Women in Praise of the Sacred』같은.
또한 영적 지향을 지닌 두 시인, 에밀리 디킨슨과 로렌스의 많은
시들도.

6. 나의 영성을 확장시키고 풍요롭게 하는 데는 랍비들의 도움도 컸
   는데, 나이 들수록 감사의 마음이 커진다. 아브라함 헤셸Abraham
   Heschel의 오래된 작품은 세월이 흘러도 여전히 지적이고, 랍비 로
   렌스 쿠슈너Lawrence Kushner의 여러 책은 유대교의 영성을 생생하
   고도 적절한 것으로 만든다. 랍비 해롤드 쿠슈너Harold Kushner도 오
   랫동안 내게 지지와 조언을 베풀었다. 그의 책들은 어려운 문제
   를 쉬운 말로 현명하게 다룬다.

7. 1970년대에 처음으로『검은고라니는 말한다』를 읽었는데, 그 풍
   요로움에 지금도 놀란다. 또한 노먼 브라운Norman O. Brown의『사랑
   의 몸Love's Body』도 가까이 두고 있는데, 이 책은 전반적으로 영적
   인 이미지와 가르침에 대한 접근법을 심화시킨다.

8. 칼 구스타프 융과 제임스 힐먼도 항상 내 곁에 있다. 그들은 영혼
   과 정신을 이어주기에 나는 그들의 눈을 통해 모든 것을 본다.

이 밖에도 훌륭한 자료가 많지만, 이 정도면 영적 교육을 시작
하는 단계에서는 충분하다.

나이가 들면 많은 사람들이 이제 오랫동안 미뤄왔던 책을 읽어
보자고 마음먹는데, 보통 그 목록에는 중요하고 필수적인 것이 아니

라 흥미로운 것이 가득하다. 정말 중요한 것으로 시작하라고 권하고 싶다. 만일 세계의 위대한 영적 문학에 익숙하지 않다면 이제부터 스스로 그 기초를 닦는 수밖에 없다. 우리가 노년을 다루는 방식은 거기에 달려 있다.

텍스트와 번역에 대해서도 한마디 하고 싶다. 성경이나 다른 성전聖典을 읽을 때 친숙한 옛날 번역본을 좋아하는 사람이 많다. 그러나 어떤 사람들에게는 표준 번역본이, 그리고 일부 현대 번역본도 텍스트의 중요 메시지와 독자 사이를 가로막는 장벽으로 작용한다. 개인적으로 나는 정확하고 최신이면서도, 매끄럽고 쉽고 솜씨 좋게 현대 영어로 번역된 『도덕경』이나 복음서를 좋아한다. 그리스어로 된 신약성경을 번역해봐서 좋은 번역이 어떤 일을 할 수 있는지 알고 있다. 좋은 번역은 단어의 의미를 연구하고 원문을 독자에게 친근한 모국어로 표현해 독자가 원작을 이해할 수 있도록 해준다.

특히 오래된 텍스트들은 약간의 배경지식과 설명이 필요하다. 원본의 내용을 깊이 있게 이해하도록 해주는 해설서를 찾아보자. 그런 다음 명상하듯 반복해서 읽어보자. 영적인 텍스트들은 한 번만 읽어서는 이해하지 못한다. 예전에는 영적 전통의 고전어를 문자 그대로, 그리고 도덕적으로 해석했을지 모르지만 우리는 그럴 필요가 없다. 나이를 먹어 좋은 점 중 하나는 자유롭게 규칙을 깨고 성숙한 방식으로 자신의 길을 갈 수 있다는 것이다. 이는 젊은이들이 아직 입문도 하지 않은 상태에서 무지와 충동에서 규칙을 어기는 것과는 다르다.

사실인 것과 적절한 것보다는 깊이 있는 통찰을 찾자. 살면서 결정을 내려야 할 때 우리의 마음속에 있는 텍스트가 방향을 가르쳐 준다. 가령 나는 『도덕경』의 다음 구절을 마음에 품고 산다.

'지면 이기고, 굽히면 펴지고, 비우면 찬다.'

이 간단한 구절이 내가 사는 방식과 치료하는 방식을 정의한다.

세상의 이치인 도道는 강기슭 사이를 흐르는 물과 같다. 질병과 같은 나쁜 일이 생기면 염려하거나 걱정할 필요가 없다. 머리와 가슴에서 '굽히면 펴진다'는 말이 들린다. 말 그대로 포기하는 게 아니고, 죽기 살기로 운명과 싸우지 않는 것이다. 나는 굴복에서 힘을 찾는다.

세계의 종교적·영적 문학과 의례, 노래와 예술과 건축물에는 아름다움과 진리가 가득해서 우리는 살면서 몇 번이고 영감을 얻고 그 가르침을 받을 수 있다. 그런데도 사람들은 너무 자주 장벽을 치고 종교의 손길을 뿌리친다. 그들은 현대식으로 세세히 따진다. 사실적으로 정확한가? 어느 쪽이 사실적으로 더 정확한가? 증거가 어디 있는가?

이는 잘못된 질문이다. 영적인 삶을 살리는 것은 특별한 종류의 시학이다. 인생의 의미는 사실 꾸러미로 압축될 수 없다. 그것은 우리를 깊은 반성으로 이끄는 특별한 이미지를 필요로 한다. 영적 이미지는 통찰을 추구하도록 만드는 아이디어와 생각을 불러일으키는데, 그러한 추구는 평생에 걸친 점진적 과정이다. 그래서 노후에는 전통적 이야기와 이미지를 관조하는 시간을 갖는 것이 중요하다. 우리의 인생이 어딘가에 도착했기를 바라며 좋은 생각을 품고 생각에 잠길 수 있다. 노년에는 전 세계의 통찰을 자신의 상황에 적용할 수 있을 정도로 연습이 잘되어 있어야 한다. 편안히 앉아서 어느 쪽이 옳은지 묻지 말자. 내가 어느 편인지 하는 문제는 접어두고 그저 깊은 사색으로 들어가자.

다시 한 번 말하지만, 영적 가르침에는 사실 여부를 결정해야 한다는 낡은 생각으로 접근하지 말자. 영적 문학은 대부분 우리의 삶에 직접 말을 거는 특별한 종류의 시이다. 사실적 내용이 아니라 영적 메시지를 찾기 위해 탐구하고 연구해야 한다. 문자주의는 일종의 영적 미숙함이며 시적 문장이 갖는 많은 차원을 보지 못한다. 어떤 관점에서는 역사조차도 시의 한 형태로 보는데 가치 있는 입장이라고 하겠다.

가장 좋은 상황이라면 나이가 든다는 것은 전반적으로 인생에 대해 곧이곧대로 해석하는 일이 줄어든다는 의미이다. 일어나는 모든 일에 다층적인 의미가 있음을 알게 되고 그 속에 과거의 많은 요소가 들어 있다는 사실도 알게 된다. 한 사건의 의미는 역설적이고 모순적이며 암시적일 수 있다. 그러니까 우리가 들었던 이야기나 겪었던 경험을 가리킬 수도 있다. 내가 치료사로서 하는 일은 주로 단일한 경험에 내포되어 있는 많은 것들을 이해하도록 돕는 것이다.

일반적으로 우리는 종교에 대해 순진한 태도를 취한다. 과학과 문화에는 굉장히 교양 있게 접근하지만 종교는 극단적으로 단순하게 보는 경향이 있다. 요즘도 터키에서 노아의 방주를 찾고 있는 사람들의 이야기가 뉴스에 나온다. 이는 셜록 홈스 신드롬과 같다. 홈스는 분명 허구의 인물인데 런던의 베이커 스트리트에 있는 그의 방을 찾아가서 그가 거기서 어떻게 살았는지를 보며 감탄한다. 그렇게 허구의 인물을 기리는 장소를 두는 것은 아름다운 일이라고 생각되지만 허구의 인물과 역사적 인물을 혼동하지는 말자. 종교에서는 그런 혼동을 자주 보게 된다.

다른 한편으로 많은 사람들이 우리가 사는 이 신경과학과 인공지능의 시대에는 영적인 삶을 위한 여지가 없다고 느낀다. 그들은 영적인 삶에 대해 너무 지적인 태도를 취한다. 그들에게는 영적인 삶에 대한 필요가 전혀 없다. 이런 식으로 21세기 유물론은 사실 다른 관점에 폐쇄적인 일종의 종교이자 교리가 된다. 유물론은 불안과 질투로 가득 차 있는데, 그리하여 사람들은 완전한 세속주의의 로봇 왕국에서 살려고 한다.

그러나 이 새로운 유물론은 인간적인 삶의 방식을 조성하지 못한다. 그것은 나르시시즘과 자기중심주의를 강조하는데, 그래서 유명인들은 번성하고 다른 사람들은 그들을 지켜본다. 자신의 제한된 삶에 체념한 채. 우리는 날개를 돋게 해야 한다. 독수리의 날개처럼 깨끗하고 매끈하지 않더라도. 그리고 우리에게는 약간의 높이가, 공간이, 그리고 가벼움이 필요하다.

나이 든 사람의 개인적 영성

고대의 영적 전통들은 나이 든 사람들의 영적인 삶을 위해 훌륭한 토대를 제공하지만 그것은 기초일 뿐이다. 남자든 여자든 풍요롭고 의미 있는 영적 수련을 독창적으로 하기 위해서 많은 일을 할 수 있다.

다음은 교회 활동이나 기본적인 영적 활동 외에 누구나 할 수 있는 일들이다.

1. 보다 관조적으로 살자. 건강과 몸 상태가 보내는 신호에 따르자. 조금이라도 기동성과 힘이 떨어지면 나이에 맞춰서 보다 조용하고 차분하게 살자. 보다 조용하고 보다 사색적인 성격과 생활 방식을 채택하자. 무의식적으로가 아니라 실제로 생활 방식을 수도승의 그것과 비슷하게 바꿔보자. 관조적인 생활 방식을 생활철학으로 선택하고 수련하자. 나이가 들면 자연과 신체 상태에 의해 제약을 받는다고 느끼게 된다. 하지만 우리는 자신의 영적인 면을 강화해 자신의 삶을 책임질 수 있다.

2. 다양한 명상 방법을 탐구하자. 명상을 하려고 하는데 프로그램을 따라갈 수 없다고 말하는 사람을 많이 보았다. 지루하다거나 배운 대로 안 된다면서. 그런 사람들을 보면 왜 그렇게 자신의 영성에 수동적일까 싶고, 명상이 무엇인지에 대해 왜 그토록 좁은 견해를 갖고 있을까 궁금해진다.

명상을 하는 데는 수많은 방식이 있다. 가장 중요한 것은 자기 자신이건 주변 세계이건 안으로 들어가는 것이다. 그것은 간단하다. 어디든 조용한 장소를 찾아서 자리를 잡고 일정 시간 동안 앉아 있겠다고 마음먹는다. 오래 앉아 있을 필요는 없다. 집중을 유지하려고 노력한다. 그 대상이 자신의 호흡이건 그냥 앉아 있는 것이건 음악이건 예술이건 자연이건 상관없다. 아니면 정처 없이 오가는 생각에 너무 정신을 팔지 말고 그냥 앉아 있는 것이다. 하지만 집중을 방해하는 것을 없애겠다는 계획을 세우면 안 된다. 집중을 방해하는 것보다 그 계획이 더 안 좋을 수 있다. 조용히 집중하는 자신을 느끼자.

3. 자연 속을 걷자. 자연은 영원과 무한으로 가는 관문이다. 우리는 자연을 완전히 이해할 수 없으며, 그래서 자연은 우리에게 무한으로 가는 다리 역할을 한다. 엄숙할 필요는 없다. 그냥 산책을 즐기면 된다. 하지만 자연 깊숙이 끌려 들어가겠다는 의도를 가져야 한다. 경이를 느끼고 거대한 질문을 하고 자세히 관찰하자.

4. 꿈을 계속 추적하자. 내게는 나이 든 사람들과 그들의 꿈을 가지고 작업을 한 경험이 아주 많다. 꿈은 흔히 깨어 있을 때의 가정들을 연장한 관점을, 심지어는 그 가정들과 모순된 관점을 제공한다. 꿈은 우리의 마음을 확장하고 새로운 관점을 제공한다. 물론 꿈에서 뭐라도 얻으려면 이미지 다루는 법을, 현대인들 사이에서는 별로 연구되지 않는 기술을 배우는 것이 도움이 된다. 나는 다른 책들에서 꿈 작업의 기술을 탐구했지만, 이 분야는 독자적인 책이 필요하다.

꿈 작업은 경험의 신비로운 차원과 계속 접촉하는 정기적인 일이라서 영적인 삶의 일부라고 할 수 있다. 꿈은 의식 너머로 우리를 이끌며 통찰력을 제공하고 상상력을 자극한다. 꿈은 일상 세계의 지성을 완성시킨다.

꿈은 타자의 느낌, 심지어는 다른 자기self들과 신비스러운 시간의 붕괴에 대한 감각까지도 제공하기 때문에 영혼에 더 깊고 더 가까이 다가가게 함으로써 영적인 삶에서 하나의 역할을 담당한다.

5. 세상에 봉사하자. 이 책의 어른 되는 법을 다룬 장에 나이 든 사람이 다른 사람을 도울 수 있는 방법이 간략히 소개되어 있다. 그러나 봉사는 영적인 삶의 필수라고 보는 편이 좋다. 위대한 전통들을 살펴보면 하나같이 윤리와 봉사가 그 핵심이다. 그중 대표적인 것이 예수의 삶인데, 예수는 가르치고 치유하는 데 자신의 삶을 바쳤다. 복음서를 보면 기도에 대한 강한 언급은 있어도 명상에 대한 직접적인 언급은 없다. 복음서가 주로 강조하고 있는 것은 봉사이다.

부처의 삶에서는 명상과 봉사의 결합을 볼 수 있고, 『도덕경』에서는 영웅적이거나 위압적이지 않은 리더십을 강조하고 있다. 마호메트의 가르침은 도움이 필요한 이들에 대한 구체적인 봉사를 강하게 지향한다.

에머슨과 소로 같은 비제도권의 영적 스승들도 노예제도에 맞서 싸우는 등 당대의 정치에 참여하는 삶을 살았다. 소로와 그 가족은 캐나다를 향해 북쪽으로 가는 노예들을 도왔다. 에머슨은 처음에는 소극적이었지만 대체로 활발하게 정치 활동을 했으며 노예제에 강력히 반대하는 연설을 여러 차례 했다.

봉사와 행동이 없다면 가치는 이론적이고 추상적일 뿐이다. 강한 지성만 있고 몸이 없는 것이다. 현대의 윤리학자들은 행동으로 시험되기 전에는 진정한 가치가 아니라고까지 말한다.

6. 최고의 영적 사상을 공부하자. 수 세기 동안 공부는 영적인 삶의 중요한 부분이었다. 오늘날에는 공부나 영적 지성의 중요성을 역설하는 이야기가 별로 들리지 않는다. 그런데 현대 영성에서 가

장 약한 것은 분명 헌신이나 참여, 실천이나 스승 밑에서 배우는 것이 아니다. 빠진 것은 헌신적인 공부에서 나오는 지성이다. 수도원의 역사는 주로 책, 신학자, 그리고 지적 운동에 관한 것이다. 이제 공부에 중점을 둔 영성으로 돌아갈 때가 되었다.

나이가 들수록 훌륭한 사상을 알고 싶은 욕구는 커진다. 그리고 대부분의 경우 신체 상태를 염려하지 않고 공부에 진지하게 몰두할 수 있다. 기억력이 감퇴하는 사람도 있겠지만 대부분은 영적인 문제에서 알찬 독학의 즐거움을 발견할 수 있는 기회가 있다.

내가 보기에 이 영역에서 나타나는 문제 중 하나는 어느 것이 확고한 가르침과 출처인지, 그리고 누가 가장 좋은 스승인지 식별하기가 쉽지 않다는 것이다. 사람들은 흔히 내게 영감을 원한다고 말한다. 그들은 자신을 자극할 스승을 원하는 것이다. 그리고 주변에 그런 사람이 많다. 나는 무슨 말을 해야 할지 모른다. 내게는 일시적이고 근거 없는 흥분보다 견실한 사상이 더 중요하다.

이런 책을 쓸 때면 나는 융과 힐먼의 도전적인 저작들을 참고하고 그리스어나 라틴어로 된 고전 원전을 읽으며 현대의 관념에 대해 고대인들은 어떻게 이해했는지 찾아본다. 나는 현재의 표현만이 아니라 관념의 역사를 알고 싶다. 그런 공부는 신앙이나 용서 같은 핵심 개념에 대한 이해를 심화시킨다. 나는 공부하지 않고 그냥 무턱대고 말하는 현대의 작가들은 읽고 싶지 않다.

어쩌다 보니 내가 가장 좋아하는 현대의 영적 작가는 아일랜드인들이다. 마크 패트릭 헤더만Mark Patrick Hederman과 존 모리어티, 그

리고 조앤 치티스터Joan Chittister와 데이비드 휘트David Whyte 같은 작가
는 아일랜드에서 시간을 보낸다. 그들은 모두 상아탑에서 내려와 평
범한 사람들과 이야기하는 학자이다. 나는 존 웰우드John Wellwood, 제
인 허시필드, 그리고 존 타랜트John Tarrant를 신뢰하며 랍비 해롤드 쿠
슈너와 랍비 로렌스 쿠슈너에게 가르침을 받았다. 내가 오늘날 읽
는 심리학 저술가로는 노르 홀Nor Hall, 로버트 사르델로Robert Sardello,
패트리샤 베리, 라파엘 로페즈 페드라자Rafael López-Pedraza, 메리 왓킨
스Mary Watkins, 아돌프 구겐빌 크레이그Adolf Guggenbühl-Craig, 지네트 패
리스Ginette Paris, 그리고 마이클 커니Michael Kearney가 있다.

세계 속의 영성과 세계의 영성

영적인 삶은 세계와 모든 존재의 영혼에 대한 감사로 시작된다.
그것은 사물의 표면을 뚫고 그 고동치는 심장을 볼 수 있다. 그것은
깊은 공감 속에서 다른 존재들, 그리고 그들의 필요성을 경험하는
일이다. 영성은 구름 속의 신이 아니라 초월에 관한 것이지만, 제한
된 자기self와 작은 세상을 넘어 꾸준히 나아가는 것이다. 그것은 어
릴 적에 배운 것을 훨씬 넘어서서 상상하며 늘 발견하고 경이로움을
느낄 수 있는 경지에까지 마음을 키우는 것을 의미한다. 내면에 경
이가 살아 있지 않으면 영적일 수가 없다. 전통과 수련, 스승과 워크
숍도 도움이 되지만 궁극적으로 각자 스스로 독특한 영적인 생활 방
식을 만들어내야 한다. 그것은 누구도 대신해줄 수 없다. 평생이 걸
릴 수도 있는 일이다. 그래서 우리는 노년에 마침내 많은 실험과 더

불어 아마도 약간의 실수를 한 후에 우리가 빚어낸 영성을 느낄지도 모른다. 실수는 유익할 수 있는데, 우리에게 올바른 길을 보여주기 때문이다.

영적으로 세련되고 모험적이 되는 것은 나이 드는 데 꼭 필요한 일이다. 영혼으로 나이 먹는 데는 확실히 그렇다. 이 과정에는 우리 시대의 가치관에서 벗어나는 어려운 일이 포함될 수 있다. 그러니까 대부분의 과학적·기술적·문화적 '업적' 뒤에 유물론 철학이 숨어 있는 시대, 종교조차도 유물론을 많이 담고 있는 이 시대의 가치관에서. 어떻게 보면 영혼 없는 사회에 참여하지 않기로 선택하는 일은 젊은이들보다 나이 든 사람들에게 더 쉬울 것 같다. 나이 든 사람들은 괴짜처럼 시대와 보조를 맞추지 않아도 별다른 결과가 따르지 않을 테니까. 나이 든 이들은 자신의 처지를 이용할 수도 있고 영적으로 별나게 굴 수도 있다. 그리하여 과도한 상업주의, 과학 숭배, 삶의 정량화, 그리고 온전한 인간으로서 성숙해지는 것보다 판매 가능한 기술 훈련을 목표로 삼는 교육의 형태를 띤 유물론을 무시할 수도 있을 것이다.

나는 노인으로서 나 자신에게 많은 돈을 안 쓰고, 물건을 다시 바꾸기보다는 고치고, 편집자가 숫자 몇 개만 넣어달라고 해도 정량적 연구는 내 글에서 피하는 데서 즐거움을 느낀다. 내가 교수직에서 해임된 것은 어느 정도 그냥 물질적인 삶보다 세계영혼을 가르쳤기 때문이었다. 아니, 어쩌면 에로스에 대해 강의했기 때문일 것이다. 에로스와 영혼은 짝이다. 나는 정량화된 연구를 인용하기보다는 차라리 균형 잡힌 문장을 쓰고 싶다.

거대한 날개를 가진 노인에 대한 가르시아 마르케스의 소설은 처음에는 그의 진기함을 이용해 돈을 벌어보려다가 그 남자의 오래되어 너덜거리는 날개에 거부반응을 보이는 사람들에 대해 이야기한다. 그것이 우리가 보통 노인을 대하는 방식이고, 그래서 우리는 늙는 것을 걱정하는 것이리라. 우리가 나이 든 이들을 조롱했으니 우리를 기다리는 것이 뭔지를 아는 것이다.

젊은 부부와 아이가 할아버지와 함께 사는 가족에 대한 동화가 있다. 그들은 모두 식탁에서 편안하게 식사를 하면서 노인에게는 나무 그릇 하나만 준다. 어느 날 아이가 뭔가를 열심히 만들고 있는 모습을 젊은 아버지가 보게 된다. 그가 묻는다.

"뭘 만들고 있니?"

아이는 대답한다.

"아빠가 늙으면 주려고 그릇을 만들고 있어요."

말할 필요도 없이 그날 밤 저녁에는 할아버지도 다른 가족과 함께 근사한 접시에 담긴 음식을 먹는다.

이는 아주 쉬운 방정식이다. 오늘 우리가 노인을 존중한다면 우리는 아마 노년을 즐겁게 생각할 것이다. 그러나 노인에 대한 신경증적인 경멸감에 굴복한다면 고통스런 노년을 보낼 준비를 하는 것이다.

어느 추운 11월의 이른 오후, 엘리자베스 토마스와 나는 뉴햄프셔의 피터버러에 있는 노니스네라는 단골 식당에서 식사를 했다. 그 자리에서 그녀는 이렇게 말했다.

"늙으면 사람들이 당신을 봐도 당신을 보지 않는 게 문제예요.

당신이 거기 서 있어도 당신과 함께 있는 더 젊은 사람과 이야기를 하죠. 당신은 존재하지 않아요."

도널드 홀은 회고록 『80 이후의 에세이Essays After Eighty』에서 노인들이 어떻게 유아나 보이지 않는 존재, 혹은 그 둘 다로 취급될 수 있는지를 몇 가지 이야기로 보여준다.

"한 여자가 내가 한 어떤 일이 좋다며 신문에 글을 썼는데, 나보고 '멋진 노신사'란다. 날 칭송하려는 것인데…… 하지만 그녀의 말은 그녀가 내 머리를 쓰다듬으면 내가 좋아 흥흥댈 거라는 암시를 준다."[5]

노인들에게는 접혀 있어 눈에 보이지 않아도 날개가 있다. 그 날개에 주목하자. 그것은 세월이 흐르면 그들을 날아오르게 해줄 그들의 정신이다. 그들은 매년 그들을 변화시킨 삶을 살아왔다. 그들은 그렇게 짜증을 내고 불평을 늘어놓아도 평범한 인간이라기보다는 천사에 가깝다. 그들은 그 고약함 덕분에 주변의 영혼 없는 세상에서 편히 쉬지 못하는 것이다.

나이가 어떻든 인생에 '예'라고 말하며 사람이 된 사람에게는, 그 비전과 업적이 표준 이상인 사람에게는 경의를 표해야 한다. 또한 우리 자신도 명예롭게 여겨야 한다. 우리가 실패했을 때를, 그리고 인생이 제시한 기회를 확인하기 위해 편안한 수준을 뛰어넘었던 때를 생각하면서. 이런 것이 나이 드는 것이다. 그러니까 사람이 되고 자신을 초월하고 사람들이 생각한 우리의 가능성을 뛰어넘는 것, 이것이 나이를 먹는 것이다.

삶과 죽음, 그리고 희망

인간은 신비의 우주를 표류한다. 우리가 거의 혹은 전혀 알지 못하는 너무나 많은 것이 있다. 사물들만이 아니라 가장 중요한 것들도. 우리는 태어나기 전에 어디 있었을까? 어떻게 생물학적으로 태어나 심오한 감정을 지닌 삶을 살게 되는 걸까? 힘들고 진지하게 의미를 추구하는 존재가 어떻게 평범한 두 인간의 열정적인 육체적 결합으로 잉태되어 인간의 몸에서 나올 수 있는 걸까? 우리는 왜 여기에 있으며 무엇을 해야 하는 걸까? 그리고 무엇보다 가장 큰 신비, 그러니까 우리는 죽으면 어떻게 되는 걸까?

어떻게 죽음을 준비할까? 언젠가는 죽어야 한다는 사실을 어떻게 이해해야 할까? 그리고 죽으면 그것으로 끝일 수도 있다는 가능성에 대해서는 어떻게 대처할까? 환생이니 천국의 행복이니 영원한 심판이니 다른 세계로 간다느니, 그리고 결국에는 사랑하는 사람들과 다시 만난다는 이야기들을 믿어야 할까? 사랑은 정말 영원할까?

나이 듦의 가장 중요한 의미와 경험 중 하나는 다가오는 죽음을 의식하는 것이다. 나이가 몇이건 언젠가 죽는다는 사실을 의식하게 되면 돌연 경이와 두려움을 느끼기도 하고 겁에 질리기도 한다. 그래서 우리는 덧없는 인생과 자신의 죽음을 지적으로, 그리고 긍정적으로 이해할 방법이 있는가를 묻게 된다.

만일 어떤 관점에서 나이 든다는 것은 본질적으로 끝을 향해 가는 것이라고 한다면 우리는 이 보편적인 상황을 다뤄야 한다. 그것도 우리만의 방식으로. 누구에게 의지할 수 있을까? 우리에게 해답을, 적어도 우리의 끝을 어떻게 직시해야 하는지를 알려줄 정말로 믿을 만한 사람이 있을까?

어느 날 아버지가 전화를 걸어 내가 예수에 대해 쓴 책을 읽고 있다면서, 예수에게 천국이란 사랑의 원리가 완전히 확립된 이 세상의 나라라는 네 말은 무슨 뜻이냐고 물었다.

"죽은 뒤에 천국이 없다는 거냐?"

아버지는 상당히 걱정스럽다는 듯이 물었다. 당시 90대 중반이었던 아버지는 죽음에 대해 생각하고 있었던 것이다.

나는 아버지가 교회의 도덕적 가르침에 대해서는 거리낌 없이 의문을 제기했어도 복음서에 대한 믿음은 견고하고 깊다는 것을 알고 있었다.

나는 아니라고 대답했다.

"제 말은, 예수님은 우리가 말하는 천국이 아니라 그분이 그린 인류의 삶에 대해서 말씀하셨다는 겁니다. 사후 천국이 없다는 말이 아니에요."

나는 아버지가 더할 나위 없는 행복의 관점에서 내세를 생각하도록 교육받고 자랐다는 것을 잘 알고 있었으며, 그렇다고 내가 더나은 접근 방식을 알고 있는 것도 아니었다. 다른 식으로 말할 수도 있겠지만, 자신의 삶의 끝에 대한 아버지의 믿음에 도전할 생각은 없었다.

우리는 가능성에 열려 있어야 하지만 동시에 다양한 종교의 가르침에서 영감과 위안을 찾을 수 있어야 한다고 생각한다. 환생이니 천국이니 하는 것은 말이 되는 것 같으면서도 있을 수 없는 일 같기도 하다. 어쨌거나 과학의 유물론과 종교적 환상으로 분할된 이 세상에서 이 수수께끼에 대한 진정한 해결책을 찾기는 어려운 일이다.

인생의 많은 중요한 문제들이 그렇듯 우리는 이 문제를 다룰 때도 문화적 신념의 원 밖으로 한 걸음 나아가야 한다. 이른바 우리의 세속 문화는 중요한 사안에 대해서 특정 입장들을 맹신하는 경향이 짙다. 우리의 영적 배경의 환상에서도 어느 정도 벗어나야 하지만 현대 문화의 종교들, 특히 시야가 좁은 과학적 믿음과도 어느 정도 거리를 둬야 할 것이다.

일단 우리 문화의 유물론과 종교적인 환상, 이 둘 다에서 자유로워지면 죽음의 문제를 검토해볼 수 있다. 열린 마음과 지적인 탐구 정신으로 죽음과 내세에 대해서 각자 나름대로 생각해보는 것이다. 그 생각은 잠정적일 수 있다. 이렇게 혼잣말을 할 수도 있다.

"모르겠다. 나는 어떤 해답도 갖고 있지 않다. 그렇지만 생각해보면 이러저러할 수도 있겠다."

가족과, 그리고 친한 친구들과 다시 만날 거라는 희망으로, 이 지상의 삶이 어떤 식으로든 계속되리라는 희망으로 살 수도 있다. 이런 종류의 희망은 실재하며 많은 이들에게 위안과 영감을 준다. 또는 가능한 한 현실적이고 싶어서 그냥 사후 세계에 대해서는 전혀 알지 못한다는 사실을 인정하고, 그렇게 모른 채로 살아갈 수도 있다. 그러나 죽은 뒤에는 아무것도 없다고 말하는 것은 유사종교적 신앙고백에 가깝다. 그것은 개방적이지 않으며 아무런 희망도 주지 않는다.

앞에서 제임스 힐먼이 예민한 순간에 내게 선언하듯 했던 말을 언급했다.

"죽음에 대해서 난 유물론자라네. 아무것도 없어."

나는 늘 눈에 보이는 것 너머를 꿰뚫어볼 수 있어야 한다면서 영혼, 정신, 종교 같은 영원한 것들에 대해 그토록 많은 글을 쓴 이지적인 사람이 갑자기 직사주의literalist의 일종인 유물론자가 되려는 것에 놀랐다. 나는 그가 항상 자신의 견해에서 감상성을 배제하려고 치열하게 노력했다는 사실을 알지만, 삶에 대해서 그랬듯 죽음에 대해서도 세련된 접근 방식을 개발했을 거라고 생각했다. 이것은 내가 그와 의견이 일치하지 않은 몇 안 되는 것들 중 하나이다.

하지만 오해하지 말기를 바란다. 나는 순진한 신자가 아니다. 너무 많은 희망을 가지거나 환상을 만들어내어 인간이라는 것이 무엇을 의미하는지, 그 현실에 직면할 필요가 없는 사람들의 편도 들고 싶지 않다. 모든 것에서 우리는 있는 그대로에서 시작하고 거기서부터 나아가야 한다.

여기서 최대한 확실하게 요점을 말해보겠다. 우리는 전적으로 마음을 연 채로 죽음과 내세에 대한 무지를 인정하면서 동시에 환생과 천국 같은 전통적인 가르침에서 위안과 도움을 받을 수 있다. 그러나 우리는 계속 '이것은 확실히 알 수 없는 문제이지만, 나는 환생이나 천국의 관점에서 생각하는 게 좋다. 나는 평생 천국을 믿으며 살았다. 그것은 의미가 있다', 혹은 '내 생각에 환생은 인생과 죽음을 이해하는 아름다운 방법이다'라고 말할 수 있어야 한다.

평생 나이 먹고 평생 죽기

나이 먹는 것이 태어나기 전부터 시작되는 과정이듯, 죽는 것 역시 평생에 걸쳐 일어나는 일이다. 중년을 이야기하며 중년을 전환점으로 여기는 사람들도 있다. 나는 인생 전체를 살고 죽는 과정이라고 생각하는 게 더 좋다. 우리는 동시에 오르막길과 내리막길을 가는 것이다. 그러니까 항상 두 가지 방식으로 인생을 다룰 수 있다는 말이다. 우리는 매일 살고 죽을 수 있다.

이것은 부정적으로 사물을 보는 게 아니다. 그냥 그런 것이다. 그리고 우리가 이런 식으로 살고 죽는다면, 평생 그래왔으니 죽는다고 우울해지지 않을 것이다. 그런데 어떻게 평생 죽으면서 사는 걸까?

그 모든 작은 죽음들

평생 죽으면서 사는 방법 중 하나는 인생에 늘 따르는 '작은 죽음들'을 받아들이는 것이다. 상실과 실패와 무지와 좌절과 질병과 우울증 같은 것을. 그런 경험들은 어떤 의미에서 반생명적antilife이다. 삶의 과정을 중단시키거나 지연시킨다. 특히 우리 사회는 그러한 경험에 영웅적 입장을 취하는 것이 일반적이다. 우리는 그런 경험을 피하고 극복하고 통과하고, 결국에는 그런 경험에서 자유로운 삶을 살고자 한다.

또 다른 방법은 그런 경험에 굴하지 않으면서 그런 일 역시 인생이라고 생각하며 받아들이는 것이다. 그런 경험에 대해 영웅처럼 말하고 행동할 필요가 없다.

나의 상담 사례 하나를 소개하겠다. 50대 여성이 찾아왔는데 결혼 생활이 무너지고 있어서 매우 불안해했다. 그녀와 남편 둘 다 불륜을 저질렀는데, 그녀에게는 그것이 결혼 생활이 끝장나고 있다는 신호였다. 그녀는 내가 그녀의 결혼 생활을 유지하도록 도와줄 거라고, 그러기 위해서 내가 가능한 모든 일을 할 거라고 기대하며 이야기를 했다.

나는 상황이 상당히 복잡하다는 것을 알았다. 게다가 그녀의 결혼 생활을 지켜주기 위해 내가 끼어드는 게 도움이 될 거라고 생각하지 않았다. 어쩌면 별거라도 해야 할 때일 수도 있다. 나는 알지 못했다. 나는 결혼 생활을 지켜주는 것이 아니라 결혼 생활을 계속할 수도 있고 이혼을 할 수도 있는 사람들의 영혼을 돌보는 것이 나의 일이라고 생각한다. 그런 관점에서는 결혼 생활이 깨지는 것이 나을 때도 있다.

더 나아가 결혼 생활의 실패란 죽음을, 심각한 결말을 맛보는 것이었다. 그런 의미에서 죽음이 일어나고 있는 것이라면 나는 그것을 부정하며 삶의 편만 드는 사람이 되고 싶지 않았다. 또 내가 무슨 일이 있어도 그 결혼 생활을 유지하려는 그녀의 편을 든다면 그 종말을 내가 앞당길 수도 있었다. 결혼이 그 자체의 죽음의 터널을 통과해야 할 수도 있다. 깨지려는 결혼 생활을 지키려고 하는 것은 분명 상황을 악화시키기만 할 것이다.

그러므로 나는 결혼 생활을 깨는 데도, 지키는 데도 동의하지 않았다. 나는 평소대로 중립적인 입장이었다. 내담자는 내가 분개하며 그녀의 결혼 생활을 지키도록 도와줄 거라고 기대했기에 내게 전적으로 만족하지는 않았다. 그런데 웬일인지 중립적인 나의 태도에 대해 크게 신경 쓰지 않았다. 그녀는 계속 상담을 받으러 왔고 나의 반응을 면밀히 살폈다.

결국 일이 잘 풀려 그녀의 결혼 생활은 깨지지 않았다. 나는 그녀에게 분명하게 말하지 않았지만 속으로는 죽음만큼이나 삶에도, 결혼이 깨지는 것만큼이나 유지되는 데도 많은 지지를 보내고 있었다. 나는 길게 내다보았고 이 여성이 심오한 함축을 지닌 위기나 이니시에이션의 순간에 있다고 느꼈다. 그녀가 만일 자신의 결혼의 죽음과 싸웠더라면 자신의 죽음과 싸우는 것으로 끝났을 것이다.

그녀의 죽음이 수면 위로 떠올랐는데, 그녀는 영웅의 역할을 맡아 그것을 물리치려고 애쓸 필요가 없었다. 그것을 받아들이는 법을 배우고 죽음이 익숙한 사람인 양 두려워하지도, 영웅적으로 맞서지도 않으면서 계속 살아가야 했다. 이 경험을 통해 그녀는 더 깊고, 더 진짜인 사람이, 자신의 친구와 아이들에게 피상적이지도, 지나치게 방어적이지도 않는 유익한 사람이 될 것이다. 우리가 사는 세상에서 이런 깊이를 지닌 사람은 보기 드물다. 우리의 문화가 본질적으로 영웅적이고, 죽음에 저항하는 것이기 때문에.

살다 보면 죽음이 끝남과 실패의 형태로 자주 찾아온다. 나이를 잘 먹는다는 것은 활기찬 인생의 과정에 죽음도 포함시키는 것이다. 더 큰 의미에서 죽음은 사람으로서 우리에게 깊이를 부여한다. 그러나 이 은유적 죽음은 우리 삶의 끝을 위한 실제적인 준비이다. 나이를 잘 먹어서 죽음의 역학에 익숙해지면 병에 걸리거나 오래 살아 실제로 죽음이 닥치고 있음을 알게 되어도 기겁하지 않게 된다. 심지어 노년을 환영하고 귓가에 들리는 죽음의 속삭임을 반길지도 모른다. 죽음은 우리의 일부였기에 다가오는 죽음이 삶을 강렬하게 만들어줄 것임을 아는 것이다.

활력과 장수

인생은 오래 사는 것보다 얼마나 강렬하게 사느냐가 중요하다. 미지근한 인생을 오래오래 산들 무슨 가치가 있겠는가? 몇 년을 살아도 활기차고 흥겹게 산다면 진정으로 살았다고 느낄 수 있다. 인생은 양이 아니라 질이다.

대학에서 학생들을 가르치던 시절 나는 엘리자베스 퀴블러 로스Elisabeth Kübler-Ross에 관한 단편영화를 보여주곤 했다. 그녀가 대학원 심포지엄과 관련해 말기 암 환자를 인터뷰하는 영화였다. 상당히 젊은 그 남자는 죽음을 받아들이려고 애쓰는 것 같았다. 대학원생들은 그가 죽음을 부정하고 있다고 생각했다. 그러나 퀴블러 로스의 생각은 달랐다.

그 남자는 농장에서 일하다 다쳤는데 결국에는 모든 게 잘되었다는 이야기를 했다. 그는 암에 걸리자 그 경험을 떠올렸는데, 그 경험 덕분에 그가 죽음을 준비하게 된 것이라고 퀴블러 로스는 믿었다. 그는 특히 자신의 이야기를 하면서 죽음에 대한 입장을 보여주고 있었다. 그 청년은 자신이 잘 살아왔다고 느끼고 있었다. 암 때문에 인생이 짧아지는 것은 절대적 비극이 아니었다.

그는 오래 사는 것보다 활기차게 사는 데 관심이 많아 보였고, 그런 관점이 모든 것을 다르게 만들었다. 나는 그의 이야기를 30년이 넘도록 잊지 않았고 병을 앓거나 친구가 죽는 것을 봐야 할 때면 그 청년과 그의 놀라운 견해를 떠올린다. 나는 그가 용기 있는 사람이 아니라 생명이 충만한 사람이었다고 말하고 싶다. 그는 생사고락을 다 받아들일 수 있는 사람이었다.

죽어가는 사람들과 가까이 있으면 우리가 죽는 데도, 우리가 사는 데도 도움이 된다. 삶과 죽음은 너무나 가까워 서로가 서로를 지탱한다. 내 친구 존 모리어티가 암에 걸려 죽음을 앞두고 있을 때 나는 더블린의 한 병원에 입원해 있는 그를 찾아갔다. 그가 죽기 몇 주 전이었다. 그는 암에 걸린 것을 알게 되고 그에 적절히 대처하기까지 겪어야 하는 그 무섭고도 절망스러운 과정을 거친 뒤였다. 내가 보았을 당시 그는 매우 장엄해 보였다. 주위에 은은한 빛이 감돌았고 그에게서 생명력을 느낄 수 있었다. 암이 이제 그의 가장 좋은 부분을 잠식하고 있는데도.

한두 시간 동안 진지하게 대화한 뒤 병실을 막 나서려는데, 그가 내게 축복을 청했다. 나도 그에게 축복을 청했다. 우리는 라틴어로 공식적인 의식을 간단하게 행했는데, 그것이 우리 둘 다에게 필요한 평화를 준 것 같았다. 나는 그 축복과 은은히 빛나던 그의 모습을 기억하며 거기서 더 많은 용기를 얻어 나 자신의 작은 죽음을 직시하면서 큰 죽음을 준비한다.

선, 악, 신, 그리고 죽음

죽는 것은 여러모로 가장 사적인 일이다. 운이 좋으면 삶을 돌아보며 평가할 시간이 있을 것이다. 진실로 새로운 모험을 시작하는 데 누구도 함께할 수가 없다. 물론 떠날 때 사랑하는 사람들이 곁에 있으면 도움이 될 테지만 이 중요한 일을 우리가 어떤 사람이 되었고 또 어떻게 살아왔는지에 대한 표현으로 만들도록 도와주는 것이 최선일 것이다. 가능하다면 어떤 종류의 도움을 원하는지 분명하게 요청하는 것이 좋다.

현대 문화는 죽는 것을 의학적인 것으로 만들지만 그것은 영적인 경험일 수 있다. 늘 도발적이었던 전직 사제이자 철학자였던 이반 일리치Ivan Illich는 무슨 의학적 상태로 죽고 싶지 않다는 말을 즐겨 했다. 그는 죽음으로 죽고 싶어 했다. 이런 가치 있는 생각을 마음에 간직하자면 약간의 노력이 필요할 수도 있다. 보통 죽음을 둘러싼 그 모든 의학적 문제에도 불구하고 그것을 영적인 경험으로 존중할 수 있다. 죽음을 의학적 문제로만 만든다면 도처에 널린 유물론에 굴복하는 것이다. 그러면 죽음은 영혼의 삶에서 비범한 순간이 아니라 장기臟器의 고장이 된다.

영혼이 아프냐고, 영혼이 죽느냐고 묻는 사람들이 있다. 그렇다. 실제로 이 중요한 이행, 즉 죽음에서 영혼이 중요한 부분, 주된 부분을 차지한다. 제임스 힐먼은 자신이 걸린 암을 치료할 수 없다는 말을 들었을 때 '프시케에 충격'을 받은 느낌이었다고 나중에 말했다.

왜 몸이나 자기self에의 충격이 아니었을까? 영혼은 우리 존재의 가장 사적인 요소이면서 또한 다른 것이기 때문이다. 영혼은 '나'의 그 어떤 느낌보다 더 '나'이다. 그러나 그것은 '나' 이상이기도 하다. 우리는 우리의 영혼에 충격을 느낄 수 있다. 우리가 동일시할 수 있는 그 어떤 것도 넘어설 만큼 깊고도 근본적으로.

그러면 어떻게 영혼으로 죽을까?

가능하다면 홀로 죽지 말자. 그 전보다 더 가족과 친구들을 가까이하려고 노력하자. 상처 입은 관계를 회복하려는 노력을 하자. 필요한 대면을 회피하는 일을 그만둘 기회를 잡자. 이전에는 써본 적이 없는 말로 감정을, 특히 사랑과 우정의 감정을 분명히 보여주자.

가능하다면 사랑하는 사람들이 우리를 위해 원하는 것을 헤아리면서 우리가 원하는 방식으로 죽자. 너그럽고도 책임감 있는 리더이자 경청자가 되자. 존 모리어티가 『노스토스』에서 썼듯 마음을, 그리고 자기조차도 초월해야 한다. 그는 이렇게 덧붙였다.

'지혜는 명확하고 분명한 관념에 깃들지 않는다.'

나는 이렇게 덧붙이고 싶다. '죽음의 맛을 피하지 않고 사는 것은 분명한 자기 감각을 초월하는 것이다'라고. 우리는 이 안에 있는 것만큼 저 밖에 있다. 우리는 이 사람인 만큼 저 사물들이고 저 사람들이다.

자신이 죽는 과정을 설계하자면 틀림없이 먼 길을 가야 할 것이다. 그래서 오랫동안 준비하고 계획하는 것이 좋다. 그러니까 자신이 죽을 수 있다는 것을 처음 느낄 때부터. 자신에게 중요한 것을 생각하자. 죽는 것에 대한 자신의 생각과 비전을 세세한 과정으로 옮기자.

의료적 개입 문제는 일찍 결정해서 인위적인 생명 연장이 아닌 존엄사를 원한다는 사망 선택 유언을 진지하게 받아들이자. 죽어갈 때 어떤 처치를 받고 어떻게 몸을 돌봐주길 바라는지 알리자. 받고 싶은 영적 보살핌의 종류, 전문가들, 특히 의료인들과 함께 누가 곁에서 도와주면 좋겠는지 같은 중요한 내용을 상세히 적어놓자. 곁에 있어주길 원하는 의사와 간호사들을 이미 알고 있을 수도 있다.

처치를 받거나 회복 중에 듣고 싶은 특별한 음악이 있는가? 곁에 두고 싶은 물건이 있는가? 고독도 동반자도 모두 필요한가? 위안과 영감을 줄 시각예술이 있는가? 사진이나 녹음은? 옷과 세면용품은? 아로마테라피와 음악 치료를 받기에 좋은 시간일 수도 있다. 소음 제거 헤드폰이 도움이 될까? 음악을 듣거나 영화를 보는 것은?

죽는 것은 대체로 영적인 과정이다. 평생 해온 영적 수행을, 이니면 예전에는 했지만 한동안 소홀히 한 것이라도 더 열렬하게 하고 싶을 수도 있다. 이때는 신학적으로 누가 옳은지, 자신에게는 어떤 수행이 맞는지와 같은 싸움을 놓아버리는 시간이 될 것이다. 믿고 지지하는 일에 집중하고자 하면서 포기했던 수행에 좀 더 마음을 열수도 있을 것이다.

내 경우를 말하자면, 여행을 떠날 때 어머니의 묵주를 갖고 다니기 시작했다. 어린 시절의 버릇으로 돌아가서가 아니라 단지 그 묵주가 어머니의 강렬한 영성을 담고 있는 것 같아서다. 내가 수십 년간 지키지 않았던 관행이지만. 어머니의 묵주를 가까이 두는 것은 어떤 마법을 믿는 것과 같다고 생각할 수 있을 텐데, 그래도 괜찮다. 내 삶의 끝에 다다랐을 때 곁에 어머니와 아버지의 영적인 물건이 여러 개 있으면 좋겠다. 우리의 믿음과 스타일의 그 모든 차이에도 불구하고 그분들은 나의 모델이다.

철학자들이 죽을 때

플라톤은 깊이 사고하는 철학자들은 죽음을 준비하는 것이라고 말한 것으로 유명하다. 그들은 육체보다 영혼에 초점을 맞추고 있으므로 죽을 때, 몸에서 영혼이 분리될 때 편안할 것이고 두렵지 않을 것이라고 했다. 자주 인용되는 이 생각에는 몇 가지 흥미로운 점이 함축되어 있는데, 충분히 깊이 받아들이면 우리에게 도움이 될 것이다.

나는 우리의 경험을 반성하는 일의 가치를 역설해왔다. 그래야 경험이 의미 있는 기억이 되고 좋은 삶을 찾아나설 때 교훈이 된다. 철학자의 주된 임무는 사색하는 것이고, 생각을 통찰로 빚어내는 것이며, 그리하여 더 나은 삶을 준비하는 것이다. 사고가 너무 추상적이어서 읽어도 생각과 삶을 연결하는 데 상당한 노력이 필요한 철학자들도 있다. 그러나 전반적으로 철학은 단순한 실용적 분석에서 벗어나게 해주며 우리의 생각에 약간의 높이를 부여한다.

우리 각자가 경험을 좀 더 깊이, 그리고 포괄적으로 되새긴다면 도움이 될 것이다. 사고하는 데 있어 표면적이고 실용적인 태도가 줄어들 것이며 영혼의 문제에 더 가까이 다가가게 될 것이다. 이는 삶에서 분리되는 것이 아니고 경험을 바라볼 수 있는 충분한 거리를 두는 것이다. 유물론자, 그러니까 실용적인 결정과 경험의 정량화만 생각하는 사람은 죽음을 생각하면 전부를 잃는다. 그러나 철학자들은 눈에 보이는 그 이상을 보고 죽음이 끝이 아니라는 것을 여러 가지 방식으로 이해할 수 있다. 존 모리어티는 '지식인이어야 철학자가 되는 것은 아니다'라고 했다.

그러므로 영혼으로 나이를 먹는 것에 관심이 있다면 실용적이고 기술적인 책만 읽지 말고 생각을 불러일으키고 깊게 하는 인문학과 소설과 논픽션을 읽는 게 좋다. 문학 작품을 읽는 것도 영적 수행이 될 수 있다. 우리는 너무 자주 우리가 신성시하는 것에 불필요한 제한을 둔다. 나는 특히 고전적인 경전들을 보완하는 월리스 스티븐스, 로렌스, 그리고 에밀리 디킨슨의 시들을 좋아한다.

예술에 대해 몇 가지만 언급하자면, 문학과 음악과 회화는 우리의 영혼을 살찌우고 삶의 토대인 원형적이고 영원한 문제로 우리의 초점을 옮겨준다. 예술은 우리가 죽음을 준비하게 해주는데, 우리가 무엇을 믿건 간에 죽음은 영원과의 궁극적인 만남이다.

좋은 예술과 함께 살라는 나의 말은 영혼 지향적인 사람은 죽음에 대해 유물론적 태도를 취할 필요가 없다는, 앞에서 말한 나의 생각과 연관된다. 그런 사람은 죽음에 대한 해결책을 생각해내고, 죽음이 무엇이고 그게 어떻게 일어나는지 아는 척할 필요가 없으며, 어떠한 제한도 없이 인생에 희망과 신뢰를 가질 수 있다.

이 희망이 모든 차이를 만든다. 그러나 희망은 기대와 다르다. 희망은 어떤 결과를 요구하지 않지만 인생의 선의를 믿는 기쁨이 어린 긍정적인 관점이다. 죽음에 대해 어떻게 생각하는지를 놓고 누구와도 논쟁할 필요가 없다. 그런 논쟁은 부질없다. 그러나 삶 자체를 어떻게 느끼는지에 대해서는 다른 사람들과 철학적이고 영적인 대화를 할 수 있을 것이다. 지지받고 죽음에 대한 새로운 생각을 얻을지도 모른다. 최종 결론을 내릴 필요는 없다.

애버더피 데이

나의 삶에 내려진 은총 중 하나는 점성가이자 시인인 융 학파의 앨리스 호웰Alice O. Howell과의 우정이었다. 앨리스에게는 언어적 재능과 함께 변함없이 생생한 상상력이 있었다. 그녀는 영국의 섬들, 특히 스코틀랜드에 있는 아이오나 섬과 영원한 사랑에 빠졌다. 그녀는 여러 의식을 스스로 만들었는데, 거기에는 '스코틀랜드식 교감'도 있었다. 탈리스커 스카치위스키(몰트 스카치위스키 - 옮긴이)를 작은 잔으로 한잔하며 이별의 포옹을 나누는 의식이었다. 또 다른 의식은 그녀의 '애버더피 데이Aberduffy Day', 그러니까 자신이 죽는 날에 대해 자주 말하는 것이었다. 그녀를 알고 지낸 30여 년 동안 나는 그녀가 그

날을 언급하는 것을 여러 차례 들었다. 그녀는 결코 자신의 죽음을 멀리하지 않았는데, 그녀가 내게 남긴 큰 교훈 중 하나가 이 연습이 라는 생각이 든다. 진심으로 이 순간을 살면서도 최후와 가까이 있는 것.

물론 우리 각자에게도 애버더피 데이가 있으며, 그것은 우리 생일만큼이나 중요하다. 앨리스는 그날을 우울하게가 아니라 평소 인생을 수용하는 적극적인 태도로 곱씹었다. 우리의 마지막 날을 평생 축하하자는 것은 아니지만 하나의 이행으로서, 또 다른 통과의례로서 마음에 담아둘 수는 있지 않을까 싶다.

나는 이행이라는 말을 쓸 때 다른 세상이 있음을 암시하지 않는다. 뭔가가 있는지 없는지 모르지만 영생의 희망으로 살 수 있다는 것은 안다. 희망은 이상한 것이다. 에밀리 디킨슨의 말처럼 그것은 깃털을 가졌다. 그것은 다음에 무엇이 올지 아는 것도 아니고 우리의 상상대로 일이 잘되리라 소망하는 것도 아니다. 희망은 그처럼 열려 있는데, 디킨슨의 마음에 있던 게 이것이 아닐까 싶다.

앨리스 호웰이 남긴 지혜로운 말들 중에서 이런 말이 있다.

움켜쥔 것을
놓아라,
떨어지는 씨앗들만이
자라리라.

늘 있는 그대로의 나 자신으로

죽음에의 두려움은 삶에 대한 두려움에서 나온다.
온전히 사는 인간은 언제든 죽을 준비가 되어 있다.

_마크 트웨인

결국, 나이 듦을 다루는 가장 효과적인 방법은 있는 그대로의 자신으로 사는 것이다. 나이가 들지 않았으면 어떠할지 상상하면서 나이 듦을 피하려 하지 말자. 자신보다 형편이 나은 젊은 사람 생각도 하지 말자. 다시 젊어졌으면 좋겠다는 생각도 하지 말자. 나이 듦의 부정적인 측면들을 부정하지도 말자. 있는 그대로의 자신으로, 그리고 자신의 나이대로 살자.

있는 그대로의 자신으로 산다는 것은 삶의 모든 영역에서 그렇게 한다는 것이다. 내가 자주 그러듯 음악적 재능이 좀 더 있었더라면 좋았을 것이라고 생각할 수도 있다. 지금의 배우자가 아니라 학창 시절의 연인과 결혼했더라면 좋았을 것이라고 생각할 수도 있다. 20년 후에 태어났더라면 지금 더 젊을 텐데 하고 생각할 수도 있다. 이 모든 바람은 부질없는 망상으로, 현실 회피를 조장한다. 있는 그대로의 자신이 되지 못한다면 진정한 인간이 되는 과정에서 살 수 없고 그 과정에 들어설 수조차 없다.

이 원칙은 병에도 적용된다. 이 책을 쓰면서 나이 듦을 주제로 한 많은 대화에서 내가 자주 들었던 이야기 중 하나는 이제 막 나이 들고 있음을 느끼는 사람들이 갖는 두려움에 대한 것이었다. 병드는 것에 대한 두려움. 병은 아무 때나 닥쳐와 인생을 바꿔버릴 수 있는 정말 알 수 없는 것이다.

그러나 병도 인생의 일부이며 살아 있음을 느끼려면 병을 포함해 인생이 주는 모든 것을 받아들여야 한다. 그냥 그렇다. 병은 나에게 온다, 다른 누구에게가 아니라. 병은 나의 것이며 내가 이룬 여러 업적만큼이나 지금의 나를 만드는 것이다. 병을 '신의 의지', 나의 운명, 혹은 나의 성품을 한층 깊어지게 할 기회로 받아들이는 수밖에 없지 않을까.

내가 나의 좋은 친구 제임스 힐먼이 죽어가는 병상 옆을 지킬 때 간호사들이 그의 집으로 찾아와 여러 가지 일들을 해주었는데, 나는 그가 불평하는 모습을 본 적이 없었다. 그는 이 도전을 피할 수 있었더라면 좋았을 것이라고 말하지 않았다. 자신을 치료한 의사들에 대해서도 나쁜 말은 한마디도 하지 않았다. 적어도 난 부정적인 말은 전혀 듣지 못했다. 어쩌면 그런 감정들은 다른 사람들에게 배출해야 했는지 모르지만, 나는 알 수 없는 일이다.

내가 더블린의 한 병원에 있는 내 친구 존 모리어티의 병상 가장자리에 앉아 있을 때 그는 몇 분 전에 최종적인 암 치료가 실패했다는 소식을 들었지만 운명을 탓하지도, 다른 운명을 소망하지도 않왔다. 자신의 병을 받아들이기까지 1년이 넘게 걸렸지만 그것을 자신의 삶의 일부로 만드는 지점에 도달했던 것이다. 그냥 그랬다.

우리의 운명은 우리의 정체성의 일부가 된다. 나이가 드는 것은 우리의 공통된 운명이다. 그것 또한 우리가 누군지를 늘 정의한다. 사람들은 내가 몇 살인지 알고 싶어 하는데, 그래서 그들은 내가 어떤 사람인지 더 잘 알게 된다. 진실로 살아 있으려면 자신의 인생을 살아야 하고 자신의 나이가 되어야 한다.

누군가에게 자신의 나이를 말하는 법

자신의 나이가 된다는 것은 사람들에게 자신의 나이를 알린다는 뜻이다. 사람들은 내가 실제보다 젊다고 생각할 수 있고, 나는 그 실수를 즐길 수도 있다. 사실을 말하는 것을 피하고 싶어질 수도 있다. 있는 그대로의 자신으로 존재할 기회를 놓칠 수도 있다. 그것은 추상적인 관념이 아니다. 그것은 말하면 현실이 된다. 나는 오늘 큰 소리로 분명하게 말해야 한다.

"나는 일흔여섯 살이오."

사람들이 나를 실제보다 더 젊다고 생각할 수 있다. 나이를 말하면 관심이 줄어들 수도 있다. 그냥 노년에 대한 일반적인 사회적 편견 때문에. 하지만 그것이 지금의 나이다. 나는 오늘날 그다지 이해받지 못하는 범주의 사람인 것이다. 이 사실을 인정할 수 있다면 사람들이 나의 두려움을 이용해 나를 조종하지는 못할 것이다. 협박당하는 것을 두려워하지 않는 사람을 협박할 수는 없다.

나이에 대한 사회적 오명을 바꿔보려고 할 수 있지만 그럴 때에도 있는 그대로의 자신이어야 하며 노인 차별에 대한 투쟁이 자신의 나이에 대한 개인적 방어로 바뀌지 않도록 해야 한다. 동시에 많은 일을 할 수 있다. 그러니까 노인 차별에 저항하고, 더 젊게 느끼려 노력하고, 자신의 나이 그대로 사는 것이다.

자신의 상황을 있는 그대로 받아들이자. 살아온 햇수를 포함해서. 방어적으로 그 상황을 흐리게 하는 소망이나 후회에 빠지지 말고. 아무리 힘들더라도 기꺼이 자신의 나이대로 있자. 탐닉하거나 빠지거나 체념하거나 포기하지 말고. 그런 것들은 상황을 회피하는 부정적인 방법이다. 대신 지금 있는 그대로 자신의 삶을 소유할 방법을 찾아야 한다.

중심점

조금이라도 부정하거나 굴복하지 않는 태도가 필요하다. 일어나고 있는 일을 거의 감정 없이 인정하는, 서늘하고 텅 빈 중심점이. 오래 걸릴 수도 있지만 일단 이 지점에 도달하면 보다 정서적이고 창의적인 길로 나아갈 수 있다.

이 정지점靜止點의 발견은 우리가 꼭 이뤄야 할 성취이자 시작이다. 나를 예를 들자면, 나는 그냥 '일흔여섯 살이오'라고 말해야 한다. 때로는 마흔 살 같기도 하지만 가장 중요한 이 순간에는 마흔은 잊고 내 나이를 인정해야 한다. 내게는 더 젊었으면 하는 바람이 있고 그런 바람은 내 환상의 삶에서 중요하다. 그러나 이 수용의 순간에 그런 것은 잊는다.

바람보다 현실에 초점을 맞추는 것은 한순간이 아니라 영구적인 기반이며, 그것은 영적인 나이 듦의 일부이다. 『선심초심』에서 스즈키 순류 선사는 이를 특히 명료하게 표현하고 있다.

'참된 존재는 무無로부터 매 순간 나온다. 무는 늘 있으며 그것으로부터 모든 것이 나타난다.'

선사는 그것을 자연스러움 혹은 '부드럽고 유연한 마음'이라고 부른다.

내가 이해하는 바에 따르면, 우리의 경험을 상황을 있는 그대로 받아들이는 이 중심점에 근거시킬 때 우리는 자연스럽다. 설명을 붙이고 방어적으로 조건을 달지 않는 것이다. '일흔여섯 살이지만 마음은 젊다'고 말하지 않는다. 그냥 '일흔여섯 살'이라고 말하는 것이다. 이렇게 중심을 잡기는 생각만큼 쉽지 않다. 사람들이 나이를 말할 때 얼마나 다양한 방식으로 자신의 나이를 인정하려 하지 않고 현실을 회피하려 드는지 상기해보자.

어떤 사람은 "내 나이 오십이지만, 요즘은 젊은 나이지요"라고 말한다. 맞다, 비교적 젊긴 하지만 그것이 바로 당신의 나이이다. 또 어떤 사람은 "이제 막 서른입니다. 인생의 전성기죠"라고 말한다. 친구, 맞네만, 또한 나이 들고 있는 거지. "예순다섯이오, 망가지고 있는 중이지요[웃음]"라고 말하기도 한다. 이런 말…… 그렇기는 한데, 프로이트라면 그런 농담은 일종의 방어, 나이 듦을 멀리하려는 신경증적인 방법이라고 할 것이다.

『도덕경』은 이렇게 말한다.

만사 제 갈 길을 가게 해야 인생은 나아간다.

간섭하면 나아가지 않는다.

나이 듦이 제 갈 길을 가게 하자. 아무리 좋은 동기로도 간섭하지 말자. 흔히 선한 의도가 일을 가장 망치는 법이다. 좋은 의도에서 한 간섭이 인생이 나아갈 길을 막는다. 강이나 개울처럼 인생이 흐르지 않으면 막히고 혼돈이 지배한다. 상담 치료를 받으러 온 내담자들 사이에서 가장 흔히 볼 수 있는 문제는 삶의 흐름에 저항하는 것인데, 그것은 내가 생각하는 신경증이라는 말의 정확한 정의이다.

나이 듦에 있어서 나는 자주 두 가지 관점 사이에 끼어 있다는 느낌이 든다. 그냥 솔직하게 늙는 게 얼마나 비참한 것인지 인정하든가, 아니면 젊다고 느끼면서 노년에 굴복하지 않기 위해 할 수 있는 일을 하든가. 그런데 어느 쪽도 부드럽고 유연하지 않으며 둘 다 자연스럽지도, 비어 있지도 않다.

우리는 선禪과 도道의 길을 택해 나이 듦을 생각함이 없이 받아들일 수 있다. 그럴 경우 나이 듦의 세계의 중심은 텅 빈 점과 같다.

'일흔여섯 살이오. 그것이 답니다.'

그 점은 가만히 두고 거기서부터 젊음을 유지하고 나이 듦에 굴복하지 않을 방법을 모색하는 데로 나아가는 것이다. 그런 다음 젊은 사람들이 부럽다는 생각도 하고 덧없는 소망도 맘껏 품어보는 것이다. 우리의 자유와 만족은 그 점이 보존할 것이다.

여기, 한국의 화가 박광진이 그린 큰 그림이 있다. 여러 해 동안 우리 집에 있었는데, 내가 말하고 있는 그 점을 그린 것이다.

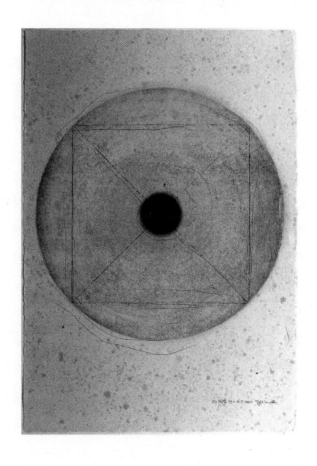

이 그림의 제목을 '나이 듦의 선The Zen of Aging'이라고 하자. 살아 가는 내내 우리는 삶이 무엇인지 알기 위해, 혹은 삶을 더 쉽게 만들 기 위해 너무 힘들게 애쓰지 않고 그저 나이 들어가기를 원한다. 그 모든 단계에서 우리는 그냥 우리 자신이다.

다음은 우리를 안내할 몇 가지 원칙이다. 만일 우리가 자신의 나이를 그냥 인정하고 나이 듦에 대한 두려움과 그 느낌을 규명하려 는 유혹 모두를 떨쳐버린다면 젊음을 유지할 자유를 갖게 될 것이다. 그리하여 늙음과 젊음을 다 유지하는 것이 잘 나이 드는 최고의 비결이다. 어느 한쪽으로 너무 기울지 말자. 만일 출발점, 영점零點으로서 지금의 자신을 온전히 그대로 인정하지 않는다면 젊음을 유지하려고 부자연스러운 시도를 하게 될 것이다. 다시 한 번 말하지만, 젊음을 지키려면 망설임 없이 자신의 나이를 있는 그대로 인정해야 한다.

박광진의 그림에서 그 점이 구체적인 삶의 이미지인 사각형 안에 있음을 주목하자. 그리고 우리의 실제 삶인 사각형의 모서리와, 무無의 이미지이자 나이 드는 법의 가장 중요한 자연스러움의 이미지인 그 선점禪點이 연결된 선들이 있다. 그 그림은 비어 있으면서도 충만한 것으로, 인생의 한가운데에 있는 무위에 중점을 두면서도 시간의 압박 아래서 우리가 사는 모든 방식에 있어서 적극적으로 살도록 우리를 안내한다. 또한 그 점을 나이 듦에 있어서 오늘 이 순간 우리가 서 있는 지점으로 볼 수도 있다. 그 점을 존중하고 그에 대해 분명히 말하는 한, 나이 들면서 생기는 모든 다른 문제는 해결책을 찾게 될 것이다.

선禪에서 말하는 자연스러움은 수십 년 동안 내가 따라 살고자 했던 원칙이었다. 안다. 그렇다고 다른 사람들도 그래야 한다는 것은 아니다. 그러나 나 자신의 철학에는 우리의 모든 환상이 소중하다는 생각도, 우리가 좋다고 혹은 나쁘다고 여기는 것도 들어 있다. 나이 듦이 두렵다면 그 두려움을 선점으로 삼고, 거기서부터 나이 듦과 관련된 모든 복잡한 문제들로 나아갈 수도 있다. 우리가 나이 드는 것에 대해 우리 자신에게, 그리고 다른 사람들에게 하는 이야기와 친구, 친척들이 나이 들었을 때의 기억과 시간과 정체성에 관한 우리의 생각을 다뤄볼 수 있다.

이 점點을 간과하지 말자. 나이 드는 것이나 죽는 것에 대한 두려움이 나이 듦과 관련된 감정의 중앙에 있는 점이라면 그 두려움이 해결의 시작점이다. 두려움이나 혐오감을 부정하지 말자. 거기서부터 시작하자. 그 어두운 요소, 흔히 우리 삶의 중심에 놓인 그 어두운 요소가 필요한 시작점이며 우리의 진보의 핵심일 수도 있다. 그러나 그 어둠 속에 머물지도 말고 자신의 두려움에 빠지지도 말고 집착하지도 말자. 인정한 다음 놓아버리는 것이다.

나 자신으로 행동하자

70대에 들어서면서 나이가 들고 있음을 의식하게 될 때면 예전처럼 미래를 계획할 수 없다는 슬픔이 밀려들곤 한다. 향후 20년간의 목표를 세우는 젊은이들을 보는데 나는 그럴 수 없다. 새 책 한 권이 출간되기까지 얼마나 오래 걸리는지를 보면서 낭비할 시간이 없다고 느껴져 낙담하게 된다. 생각들은 내게 할당된 시간의 끝을 역행하며 달려가는데, 보통은 내가 고령임을 나는 받아들인다.

그런 생각들을 하다 보면 현재의 내 나이에 어울리게 시간 감각을 재설정해야 한다는 생각이 든다. 있는 그대로 인생을 살기 위해서. 다시 그 점. 나는 더 젊었기를, 시간이 더 많기를 바라는 그 모든 환상적인 희망도 나 자신에게 허용할 수 있다. 그런 것도 도움이 되니까. 그러나 이런 현실도피적인 생각을 하면서도 나의 사고방식과 생활 방식을 바꿀 수 있다. 이제는 제한된 시간에 편안한 마음을 먹을 수 있다. 아니면 융이 권한 대로 수 세기를 산다고 생각하며 하던 일을 계속할 수 있다. 나는 결국에는 마찬가지인 두 가지 해결책을 생각하는 것이다.

98세까지 살면서 작업했던 탁월한 예술가 루이즈 부르주아 Louise Bourgeois의 수수께끼 같은 아름답고도 슬픈 말이 생각난다. 죽은 해에 그녀는 이렇게 썼다.

결코 날 풀어주지 않을 이 짐에서 날 풀어주지 말라.

제약과 부담을 느낀다고 자유롭게 살지 못하고 창조적인 표현을 할 수 없는 것은 아니다. 제약은 일종의 자유이다. 나는 지금 50대 때보다 더 자유롭게, 비평에 대한 걱정을 덜하면서 글을 쓴다. 마흔인 나를 사랑하지만 그때는 지금처럼 자유롭지 않았다. 아니, 거의 자유롭지 못했다.

루이즈 부르주아에게는 고전적 정신분석학을 거부하며 프로이트를 조롱하는 현대인의 버릇이 없었다. 그녀는 평생, 그리고 노년에도 영감을 얻고 처리할 자료를 얻기 위해 자주 어릴 적 기억을 헤집었다. 이 점에서 그녀는 우리에게 좋은 본보기이다. 나이 들면서 기본적인 자료를 훑어보고 끊임없이 처리하면서 어린 시절과 젊은 시절을 바라보는 새로운 관점을 얻을 수 있다. 어린 시절 그 모든 세세한 기억은 성숙한 어른이 될 수 있는, 더 나아가 원숙한 노인이 될 수 있는 원료가 된다. 나이 들면서 그런 어린 시절의 기억들은 더 날카로워지고 적절해질 수 있지만, 강렬한 사색과 정리의 과정이 있어야 한다. 중요한 것은 자신을 지적으로 이해하는 것이 아니라 노년에도 자신의 씨앗이 될 재료를 더 많이 살려내는 것이다.

과거의 슬픈 기억에 빠져 허우적거리거나 더 잘하지 못했다고 후회하거나 자책하지 말자. 그 모든 고통스런 기억이 현재 무無인 그 선의 구멍 속으로 빨려들게 하자. 노년을 위해 이룬 그 텅 빔 속에서 삶의 기억들은 그 아픔과 무게를 상실한다. 그저 존재하겠다는 결정의 그 가벼운 무에 흡수되는 것이다.

모두는 아니래도 많은 이들에게는 어린 시절의 짐이 있다. 우리는 그 짐을 지고 이 직업에서 저 직업으로, 이 관계에서 저 관계로 옮겨 다니며 10년을 보내고 또 10년을 보낸다. 이 짐에서 벗어날 필요는 없지만 어느 정도 즐길 줄은 알아야 한다. 그 재료를 끊임없이 처리하면서 좀 더 살기 좋은 성격과 생활 방식을 만들어나가야 한다.

나는 어린 시절의 충격적인 사건들과 한 인간을 완전히 파괴하는 끔찍한 혹평에 대한 기억에 완전히 짓눌린 사람들을 많이 보았다. 그들은 언제 그 짐에서 벗어날 수 있을지 궁금해한다. 그러나 부르주아의 말이 여기에 적용된다. 우리 자신의 특별한 삶인 그 짐에서 벗어나길 바라지 말자. 그것은 나의 재료이며, 나만의 것이라는 점에서 소중하다. 비록 쓰라릴지라도.

그러니 여기서 선점의 또 다른 면을 보게 된다. 그것은 비어 있고 자연스러울 뿐 아니라 우리 정체성의 핵심이기도 하다. 그런데 내가 대체로 충실히 따랐던 힐먼은 핵심 정체성에 대해 말하는 것을 좋아하지 않았다. 그는 그 모든 것을 복합적이고 다양한 채로 두길

원했다. 하지만 나는 영혼의 다양성과 함께 핵심 내지는 중심의 느낌에 대해서도 말하는 게 좋다.

이는 『도덕경』에 나오는 또 다른 핵심 이미지로 이어진다.

바퀴통에는 서른 개의 바큇살이 있다. 하지만 바퀴를 움직이는 것은 그 비어 있는 중심이다.

여기서 바큇살은 앞에 나온 그림의 사각형, 원과 같으며 비어 있는 중심은 점이다. 살아가려면 삶과 텅 빔이 둘 다 필요하다. 젊게 살기 위해서 모든 생각과 노력을 기울일 필요가 있지만 빈 중심이 있어야 그 생각과 노력이 작동한다.

젊은 여성인 케이는 힘들다고 할 수밖에 없는 어린 시절을 보냈다고 한다. 그녀의 부모는 통제가 안 되는 사람들로, 어린 소녀의 자신감과 자존감을 무수히 짓밟았다. 그녀는 아무것도 제대로 할 수 없었다. 이제 어른이 되었는데도 그런 메시지들이 그녀에게 달라붙어 자신이 세운 목표를 아무것도 이룰 수 없었다.

"이제 50대 후반인데, 살아갈 희망이 없어요. 후회만 가득 안고 끝날 거예요"라고 그녀는 말한다.

힐먼은 트라우마는 그냥 역사적 사실이 아니라 이미지라고 말한다. 그 이미지는 우리 곁을 떠나지 않으며 우리가 짊어진 짐이자 우리의 희망을 앗아가는 것이다.

나는 여러 해 동안 케이를 알고 지냈기에 그녀의 고통과 함께 그녀의 심리적·영적 지능을 잘 알고 있다. 그녀는 정서적으로 고통받고 있지만 영적으로는 내가 아는 대대수 사람들보다 훨씬 더 앞서 있다. 나는 그녀의 고통이 그치기를 바라지만 그다지 걱정하지 않는다. 그냥 지나치는 사람들에게는 불쌍해 보일지 몰라도 그녀는 고통스런 기억에서 놀라운 자기self를 만들어냈다. 그녀에게 영점, 그 점, 치유나 변화가 필요 없는 자연스럽고 부드러운 그곳으로 갈 용기가 있었던 것일까. 역설적으로 우리 대부분은 잘못된 방향에서 치유를 찾는다. 우리 자신 속으로 더 깊숙이 들어가는 대신 우리 자신으로부터 멀어지는 것이다.

나이가 어떻게 케이의 고통에서 하나의 요인이 되는지 들여다보자. 지금 그녀는 자신에게 인생의 그 비극적인 구성 요소를 해결할 시간이 있는지 궁금해한다. 사실 그녀는 지금까지 그 일을 해왔다. 그녀의 영혼과 정신은 훌륭한 상태이지만 그녀의 인생이 따라가지 못했다. 나는 장차 그녀가 그 부분을 해결하기를 바라며 그렇게 될 거라고 상당히 확신한다. 그녀는 끈기와 결단력이 있고 총명하다. 그러한 미덕 없이 어떻게 치유의 길로 들어설 수 있겠는가.

노년의 큰 과제는 시간의 원과 인생의 흐름을 완성시키는 것이다. 이 원은 '우로보로스urobouros'라고도 불린다. 그것은 자기 꼬리를 물고 있는 뱀의 형상이다. 융에게 이것은 연금술, 우리가 물려받고 경험한 모든 것에서 영혼을 만들어내는 일생의 사업인 연금술의 본질이었다. 우리는 우리 자신의 꼬리를 문다. 어린 시절이 입을 크게 벌린 뱀의 입을 통해서 우리에게 다시 들어온다. 우리는 다시 한 번 생애의 첫날, 첫 달, 첫해로 돌아감으로써 나이 듦의 문제를 해결한다.

나의 끝은 나의 시작이다. 인생의 비밀은 연금술사들과 헤르메스주의자(르네상스 시대 신비 사조의 추종자 - 옮긴이)들이 자주 사용하는 이미지에 있다. 아름다운 원을 만들고 있는 뱀, 그 꼬리를 받아들이기 위해 벌린 그 입에. 시작은 그때와 지금 사이의 인생의 모든 순간이 그러하듯 자기self를 구성하는 기억으로서, 그리고 현재의 요소로서 늘 존재한다. 그렇다면 요점은 그냥 젊음과의 접촉을 유지하는 것이 아니라 삶의 모든 순간과, 특히 우리의 정체성을 빚어낸 것처럼 보이는 시절과 계속 접촉하는 것이다.

분열 콤플렉스를 치료함으로써 잘 나이 들기

수잔이라는 젊은 여성이 상담을 받으러 온다. 그녀가 내게 온 것은 직장 생활이 만족스럽지 못해서이다. 일도 순조롭지 않고 상담 사이자 교사로 근무하는 학교에 가는 것도 행복하지 않다. 처음에 나는 그녀의 자기 인식과 침착성에 감명을 받고 어디서 이렇게 보기 드물게 침착한 여성이 왔나 싶었다. 그녀는 보기에도 아름답고 함께 있기에도 아름답다.

두 번째로 만났을 때는 그녀의 이야기에서 조화롭지 못한 음조가 더 많이 들린다. 그녀는 자신이 살아온 방식을 전혀 마음에 들어 하지 않고 미래에 대해서도 산발적인 감정과 계획의 느슨한 가닥이 많이 보인다. 처음 생각했던 것만큼 그녀는 조화로운 사람이 아니다.

수잔은 이제 곧 오십이 되는데 나이가 그녀를 압박하고 있다.

어떤 방향으로 나아가야 할지 감도 못 잡은 상태에서 변해야 한다고 느끼고 있다. 오십에 가까운 나이라기엔 너무 젊어 보여서 나는 어떤 종류의 젊음이 그녀의 성격을 물들이고 있을까 궁금하다. 어쩌면 그녀는 개인적 역사의 어느 시점에 붙박여 있거나, 아니면 그녀 안에 젊음이 살아서 작동하고 있는지도 모른다.

단순해 보일 수도 있는 문제 하나가 눈에 띄는데, 나는 그것이 그녀의 행복의 열쇠라는 느낌이 든다. 그녀는 사람들을 실망시키거나 비판하거나 다치게 하는 일을 못하며 거절을 하지 못한다. 그녀는 상냥하고 이해심이 있어야 하는 것이다. 우리는 그녀의 상냥함에 깊이가 거의 없다는 문제를 두고 이야기를 나눈다. 때로는 심한 말이 튀어나와 사람들에게 상처를 준다고 그녀가 이야기한다. 그러면 사람들이 그렇게 온순한 여자가 가혹한 사람으로 돌변할 수 있다는 사실에 놀란다고 한다.

나는 그녀에게 흔히 그런 일이 생긴다고 말한다. 상냥함이 진짜가 아니지만 정서적 삶의 주변부에 머물러 있다가 자동적으로, 심지어는 강박적으로 나타난다고. 그와 정반대로 가혹함이 나타나기도 하는데, 그것 역시 통제 불능이라고. 이러한 감정상의 분열은 정서적 콤플렉스를, 수잔이 삶의 기쁨이나 개인적 권위를 갖고 있지 못한 상황을 보여준다. 결과적으로 수잔은 상냥함과 가혹함이라는 두 감정에 휘둘린다. 그러다 결정적으로 중요하지는 않지만 흥미로운 일이 일어난다. 그녀가 나가는데 내가 말한다.

"곧 화장실 꿈을 꾸었다는 얘기를 해도 전혀 놀라지 않을 겁니다."

아니나 다를까, 그녀는 다음 상담 시간에 눈을 동그랗게 뜨고서 어떻게 화장실 꿈을 꾸게 될지 알았느냐는 질문으로 시작한다. 그녀는 창피하다면서도 표면상의 상냥함과 통제할 수 없는 가혹함 사이에서 분열된 많은 사람들에게서 내가 들었던 배설물에 관한 꿈 이야기를 한다. 보통 화장실에 있는데 변기가 넘치고 주위의 오물에서 가치 있는 뭔가를 집어내야 하는 꿈이다. 꿈속에서 수잔은 배설물이 닿아 더럽고 창피하다. 그녀는 아무도 보지 않았으면 한다.

나는 이런 종류의 꿈을 이니시에이션의 꿈으로, 전환점으로 본다. 자신의 엉망인, 심지어는 역겨운 측면과 긴밀한 접촉을 유지해야 함을 알려주는 꿈이라고. 수잔의 경우에는 아니라고 말할 줄 아는 강한 사람이 되려는 시도일 것이다. 이제 그녀가 자신의 모든 잠재력을 자기 것으로 만드는 과정을 시작할 수 있다면 그녀는 바뀔 것이라는 느낌이 든다. 그녀의 표면적 상냥함은 견고한 우아함과 선의가 될 것이고, 그녀의 가혹함은 거절을 해야 할 때 거절하는 능력이 될 것이다. 화장실은 그녀의 변신을 위한 완벽한 장소이다.

이 이니시에이션은 수잔이 나이가 들어가는 상황에서 폐경의 첫 징후를 감지하면서 일어나고 있다. 인생의 통로 하나를 통과하고 더 온전한 인간이 되기에 완벽한 시기이다. 수잔의 꿈은 역겨울지 몰라도 나는 그녀가 이제 나이 들기 시작할 거라는 희망을 갖는다. 변하지 않으면 그녀는 그냥 나이만 먹게 될 것이다. 하지만 나는 삶에 대한 그녀의 갈망에 강한 믿음을 갖고 그녀가 한층 더 현명하고 유능한 사람이 되리라고 기대한다.

이후 몇 달간 수잔은 놀랄 만한 인생의 변화를 만들어냈다. 그러자 신비스러운 연금술이 바로 그녀의 관계 방식을 바꿔놓는 게 보였다. 그녀는 보람 없는 직업을 포기하고 자신의 재능을 쓸 수 있고 기질에도 맞는 직업을 택했다. 그녀는 자신만의 독창적인 방식으로 글을 쓰고 가르치면서 세상에 뛰어들었다. 그러한 변화를 만들어내자 그녀의 어조가 달라졌다. 그녀에게는 아직도 불필요한 상냥함이 남아 있지만 그것은 현명하고 현실적인 여성이라는 황금으로 바뀔 것이다. 그녀는 그 방향으로 나아가고 있었다.

영혼으로 나이를 먹으려면 오랫동안 지속된 갈등과 대면하고 불행의 원료를 취해서 한층 깊어진 성품과 자기 인식이라는 정제된 물질로 바꿔야 한다. 자기 점검과 용감한 변화의 시간이 필요할 수 있다.

수잔과 내가 그녀의 꿈 이야기를 하고 있을 때 그녀에게 자신의 부모 이미지가 떠올랐다. 그녀는 자신이 겪는 갈등의 뿌리를 일부 보았다. 그리고 그녀 자신의 인생에서 어머니가 해결하지 못한 문제와 아버지의 성급함을 처리하고 있다는 것을 이해하게 되었다. 그녀는 자신의 많은 결심과 희망을 살펴보고 그것들을 받쳐줄 것이 필요하다는 사실을 알게 되었다. 내가 보기에 수잔은 나이를 먹고 있다. 진짜 사람이 된다는 의미에서, 그녀의 성격과 생활 방식을 나이를 먹지 않는 그녀의 깊은 영혼과 조화시키면서.

나이 듦은 도전이지 저절로 이뤄지는 일이 아니다. 한 상태에서 다른 상태로 가는 통로를 지나는 일이다. 누군가가 되는 일이다. 도전에 직면했을 때 장애물을 피하기보다는 그것을 이겨내며 살기로 선택하는 일이다. 과정에 참여하기로, 적극적으로 참여하기로 결정을 내리는 일이다.

흔히 그 과정에 들어서면 다시 한 번 있는 그대로 자신의 젊음과 만나야 한다. 그것은 말뿐인 깨달음과 완전히 뒤덮인 기억을 놓아버릴 시간, 그 모든 것을 드러내고 용서하고 받아들이고 서서히 묻을 시간일지도 모른다. 머리로 꼬리를 물면서 뱀은 시간의 흐름 속에서 완전한 원을 그리며 오는 자신의 다른 쪽 끝을 먹고 산다.

나이 듦은 날것의 기억과 성격적 특질을 진정한 자기로 바꾸는 껄끄럽고 힘든 과정이다. 그러면 이제 더 이상 미숙한 사람이 아니게 된다. 갈등이 성격적 특질과 생활 방식의 측면들로 바뀐 것이다. 나이 든다는 말을 그냥 늙어가는 것이 아니라 살아온 경험을 반성하면서 진짜 사람이 되어 자신의 운명을 성취하는 것으로 이해해야 한다.

지금 이 순간을 살아야 한다고 이야기하는 게 아니다. 그것은 다른 이야기이다. 자신과 다른 사람들에게 있는 그대로의 자신을, 그리고 자신의 실제 나이를 인정하는 것이 좋다는 이야기를 하고 있는 것이다. 살아온 햇수를 말이다. 거기서부터 출발해야 깊이 있게 나이를 먹을 수 있다. 영혼이라는 단어의 기원을 살펴보면 영혼은 숨결로, 지금 있는 그 자리에서, 있는 그대로의 자신으로 시작한다. 어떤 조건도 없다. '그러나' 혹은 '만약' 같은 방어도 없다. 점점 복잡해지지만 늘 있는 그대로의 자신으로 존재하는 것과 관련되어 있다. 우리는 우리의 젊음을 느낄 수 있고 양성할 수 있다. 다른 과거를 원하고 다른 미래를 희망할 수도 있다. 하지만 자신의 나이에 충실해야만 한다. 자신의 나이로 살면 더 젊어 보이려고 애쓰다 신경증에 걸릴 일은 없다.

여기서 비결은 바라는 것과, 있는 그대로를 확실히 구별하는 것이다. 뭔가를 바란다는 것은 있는 그대로의 자신을 부정하는 것일 수 있다. 그것은 자기self로부터, 자신의 영혼으로부터 멀어지게 할 수 있다. 많은 사람들이 나이 들지 않기를 바라며 나이 드는 것의 긍정적인 이점을 허비해버린다.

그렇긴 하지만 바라는 것도 좋은 경우가 있다. 더 젊었으면 좋겠다고 생각하는 것은 삶에 대한 사랑의 표현일 수 있다. 인생이 결코 끝나지 않기를, 혹은 적어도 인생의 끝에 가까워지지 않기를 더 좋아하는 마음의 표현일 수 있는 것이다. 부정으로서의 신경증적인 소망과, 삶에 대한 사랑으로서 아름다운 소망의 차이를 알아야 한다. 실제로 늙어가면서 많은 이들이 느끼는 슬픔의 이면에는 삶에 대한 사랑이 있다. 죽음의 불가피성을 받아들이는 것도 좋지만 인생을 위해 싸우고 너무 쉽게 포기하지 않는 것도 좋다고 생각한다.

자, 역설 중의 역설로 끝내자. 나이 드는 가장 좋은 방법은 적당히 멜랑콜리를 느끼면서 자신의 나이를 받아들이는 동시에 최대한 즐겁게 나이에 상관없이 나이를 먹지 않으면서 살기로 하는 것이다. 그러려면 우리는 단지 우리의 몸이 아니라는 것을, 우리는 그저 우리 경험의 총합이 아니라는 것을, 그리고 우리는 생각만큼 시간의 제약을 받지 않는다는 사실을 이해해야 한다. 우리에게는 영혼이, 우리의 삶이 흘러나오는 활력의 강인, 훨씬 장엄한 세계영혼의 한 지류인 영혼이 있다. 우리의 영혼은 시간 속에서 경험의 모든 순간에 있지만, 또한 나이를 먹지 않는다. 우리는 두 곳 모두에서 사는 법을 배워야 한다. 피치노는 '영혼은 일부는 시간 속에, 일부는 영원 속에 있다'고 말한다. 그 영원한 부분과 접촉하며 사는 것은 현대 기술과 달력에 따라 사는 사람에게 도전이며, 차분하고 즐겁게 나이를 먹는 가장 좋은 방법이다.

책을 쓰는 동안에는 가족이나 친구, 동료들과 함께 있을 때 나오는 모든 유용한 아이디어에 귀를 열어놓는다. 아무리 사소한 것이라도. 흥미로운 이야기를 들을 때면 내 머리에서는 색인 작업이 이뤄진다는 사실을 그들은 알아차리지 못한다.

다음에 나오는 사람들에게 이루 말할 수 없는 고마움을 전한다. 새로운 사고와 새로운 방향이 필요할 때 너그럽게도 도움을 준 이들이다.

나의 친구들인 로버트 심Robert Sim · 파트리스 피넷Patrice Pinette · 게리 피넷Gary Pinette · 캐롤 렌윅Carol Renwick · 휴 렌윅Hugh Renwick · 주디스 잭슨Judith Jackson · 조엘 라스키Joel Laski · 존 반 네스John Van Ness · 엘리자베스 토마스Elizabeth Thomas · 팻 투메이Pat Toomay · 마이크 배링거Mike Barringer에게, 동료이자 친구들인 토드 셔스터Todd Shuster · 데니

스 바락Denise Barack · 낸시 슬로님 아로니Nancy Slonim Aronie · 조지 니켈버그George Nickelsburg · 휴 반 두센Hugh Van Dusen에게, 그리고 새로이 알게 된 버트 바카락Burt Bacharach · 크리스탄 알티무스Kristan Altimus · 칼 셔스터Carl Shuster에게 감사의 말을 전하고 싶다. 내 인생의 사랑인 아지트Ajeet와 에이브Abe에게, 내 영혼의 동반자인 하리 키린Hari Kirin에게도 고맙다는 말을 하고 싶다. 또한 세인트 마틴 출판사의 조지 위트George Witte와 샐리 리처드슨Sally Richardson에게도 깊이 감사드린다.

노년의 강을 건너는 우아한 지침서

왜 우리는 노년을 두려워하는가? 모두가 거치는 과정인데? 우리 사회, 우리 문화의 어떤 면 때문에 나이 들고 늙어가는 삶의 자연스런 이행이 그저 싫고 무서운 일이 되어버린 것은 아닐까?

나이 들지 않으려고, 늙지 않으려고 애쓰는 시대이다. 젊은이들은 어른이 되면 져야 할 무게 때문에, 나이 든 이들은 늙음에 따르는 그 모든 불편함 때문에. 그러나 아무리 젊음을 연장하며 사는 시대이지만 세월을 이기는 장사는 없으니 우리 앞에 놓인 선택지는 두 가지이다. 죽을 때까지 늙음을 부정하고 저항하며 품위 없이 늙어가던가, 아니면 태어나고 자라고 나이 들고 죽는다는 생의 법칙을 겸허히 받아들이고 인생을 풍요롭게 마감할 수 있는 방법을 찾아보던가.

이 책, 토마스 무어의 『나이 공부』는 언젠가 우리 모두가 이르게 되는 노년이라는 낯설고 무서운 강을 품위 있게 건널 수 있는 지침서이다. 여태까지 노년에 관한 책들이 건강이나 재정 문제 같은 현실적인 차원에 초점을 맞춰 사실적이고 과학적인 해결책을 제시하고자 했다면 이 책은 노년의 정신적이고 영적인 차원을 다루면서 늙음을, 노년을 바라보는 새로운 관점을 모색한다. 그리하여 나이 들면 따르게 되는 외로움, 우울, 질병, 성적 감퇴, 그리고 분노 같은 경험들이 지닌 깊은 차원을, 영적인 차원을 탐색한다. 요즘 나오는 정량화된 연구에 기반을 둔 심리학책들이 사실적인 문제 해결책을 제시하는 데 목적을 둔다면 이 책은 독자의 상상력에 기대어 인생을 바라보는 새로운 관점의 변화를 유도한다.

전직 수도사이자 교수였으며 30년 넘게 심리치료사로 일하면서 스물네 권의 책을 낸 토마스 무어는 칼 구스타프 융과 제임스 힐먼의 영향을 받은 심리학자이자 신학자이고 철학자이다. 평생 이 덧없는 인생과 죽음을 지적으로, 긍정적으로 이해할 방법을 탐색하며 인간의 고통스런 경험에서 긍정적이고 희망적인 요소를 찾고자 했던 그는 글을 쓸 때 설명보다 통찰을 선택한다.

심리 치료psychotherapy의 영어 어원이 그리스어로 영혼을 나타내는 'psyche'와 돌본다는 의미의 'therapeia'에서 나왔다는 사실을, 그러니 심리 치료란 영혼을 돌보는 일임을 잘 아는 그는 이 책에서 시종일관 차분한 어투로 반성reflection과 스토리텔링을 매끄럽게 오가며 나이 드는 기쁨과 슬픔을 이야기한다. 그리고 자신의 인생뿐 아니라 오랜 시간 그리스어와 라틴어로 된 원전들과 융의 전집을 탐독하고 제임스 힐먼과 수없이 나눈 강렬한 대화에서 건져 올린 통찰을 건네며 노년에 만날 수 있는 긍정적인 가능성들을 이야기한다.

인간과 인생을 바라보는 심오한 관점을 제시하며 우아하고 긍정적으로 노년에 접근하는 책이다. 나이 드는 것이, 늙는 것이 두려울 때 읽기 좋으며 노년에 접어든 이들에게 큰 위로가 될 것이다.

서문 · 나이 드는 것이 즐거우려면

1 Ralph Waldo Emerson, "Oversoul," *The Portable Emerson*, eds. Carl Bode and Malcolm Cowley(New York: Penguin, 1981), 214.

제1부 우리 모두가 걸어가는 길

1 C. G. Jung, *Memories, Dreams, Reflections*, ed. Aniela Jaffé, trans. Richard and Clara Winston(New York: Pantheon Books, 1963), 359.

2 Manfred Diehl, Hans-Werner Wahl, Allyson F. Brothers, Martina Gabrian, "Subjective Aging and Awareness of Aging: Toward a New Understanding of the Aging Self," *Annual Review of Gerontology & Geriatrics* 35, no. 1(April 2015), 1-28.

3 Brent Schlender and Rick Tetzeli, *Becoming Steve Jobs*(New York: Crown Business, 2015), 40.

4 C. G. Jung, *Memories, Dreams, Reflections*, ed. Aniela Jaffé, trans. Richard and Clara Winston(New York: Pantheon Books, 1963), 174.

5 C. G. Jung, *Memories, Dreams, Reflections*, ed. Aniela Jaffé, trans. Richard and Clara Winston(New York: Pantheon Books, 1963), 4.

6 Ralph Waldo Emerson, *The Portable Emerson*, eds. Carl Bode and Malcolm Cowley(New York: Penguin Books, 1981), 214.

제2부 나이 들며 깊어지기

1 James Hillman, *The Force of Character and the Lasting Life*(New York:

Random House, 1999), 202.

2   *Golf Magazine*, January 2007, 25.

3   Michael Pollan, *The Botany of Desire*(New York: Random House, 2001).

4   Joseph Campbell, *The Hero with a Thousand Faces*(New York: Pantheon Books, 1949), 4.

제3부 나이 듦을 다르게 상상하기

1   James Hillman, "Abandoning the Child," *Loose Ends*(Zürich: Spring Publications, 1975), 28.

2   Thomas M. French, *Psychoanalytic Interpretations*(Chicago: Quadrangle Books, 1970), 465.

3   "(G. Stanley) 홀Hall은 노년에는 노화가 시작되면서 성적 열정의 점진적 감소와 더불어, 그의 표현에 따르면 '정서적 강렬함도 감소한다'는 유서 깊은 생각을 받아들인다. …… 홀은 자신의 책 『노화Senescence』에서 노년기 전반에 걸쳐 시간이 흐를수록 느낌과 감정의 강도가 감소하고 그것이 지혜의 조건 중 하나라는 견해에 대체로 동의한다."[Kathleen Woodward, "Against Wisdom: The Social Politics of Anger and Aging," *Cultural Critique*, no. 51(2002), 186-218.]

4   James Hillman, *The Force of Character and the Lasting Life*(New York: Random House, 1999), 195.

5   John Lahr, "Hooker Heaven," *Esquire*, June/July 2016, 89-140.

6   Gloria Steinem, *Doing Sixty and Seventy*(San Francisco: Elders Academy Press, 2006).

제4부 미래를 향해 가슴 열기

1   Peggy Freydberg, *Poems from the Pond*, ed. Laurie David(Los Angeles: Hybrid Nation, 2015).

2   John O'Donahue, *Anam Cara: Spiritual Wisdom from the Celtic World*(London: Bantam Books, 1999), 31.

3   James Hillman, *Anima: An Anatomy of a Personified Notion*(Dallas: Spring Publications, 1985), 181-83.

4   Anne Truitt, *Prospect*(New York: Scribner, 1996), 216.

5   Olivia Laing, "10 Books About Loneliness," *Publishers Weekly* Tip Sheet, February 26, 2016, http://www.publishersweekly.com/pw/by-topic/industry-news/tip-sheet/article/69506-10-books-about-loneliness.html.

1   D. W. Winnicott, *Playing and Reality*(New York: Routledge, 1971), 65.

2   *The Odyssey of Homer*, transl. Richard Lattimore(New York: Harper & Row, 1967), 173. † Ibid., 166.

3   *The Odyssey of Homer*, transl. Richard Lattimore(New York: Harper & Row, 1967), 166.

4   John Moriarty, *Nostos*(Dublin: Lilliput Press, 2001), 682.

5   Donald Hall, *Essays After Eighty*(New York: Houghton Mifflin Harcourt, 2014), 8.

나이 공부

초판 1쇄 발행 | 2019년 2월 25일
초판 2쇄 발행 | 2021년 1월 20일

지은이 | 토마스 무어
옮긴이 | 노상미
펴낸이 | 박남숙

펴낸곳 | 소소의책
출판등록 | 2017년 5월 10일 제2017-000117호
주소 | 03961 서울특별시 마포구 방울내로9길 24 301호(망원동)
전화 | 02-324-7488
팩스 | 02-324-7489
이메일 | sosopub@sosokorea.com

ISBN 979-11-88941-17-9 03100
책값은 뒤표지에 있습니다.

이 도서의 국립중앙도서관 출판예정도서목록(CIP)은 서지정보유통지원시스템 홈페이지(http://seoji.nl.go.kr)와
국가자료공동목록시스템(http://www.nl.go.kr/kolisnet)에서 이용하실 수 있습니다. (CIP제어번호 : CIP2019003333)